通识 大学通识教育教材

经济学原理
十六讲

（第二版）

主　编　高　辉
副主编　杨　征　杨珂嘉

JINGJIXUE
YUANLI
SHILIU JIANG

PRINCIPLES OF

ECONOMICS

中国教育出版传媒集团
高等教育出版社·北京

内容简介

本书是大学通识教育教材。

本书共 16 讲，主要内容包括市场运行、消费者选择、企业决策、市场结构、博弈与经济行为、信息不对称：逆向选择与道德风险、不确定性与风险、生产要素价格、外部性、公共物品、经济行为背后的制度、GDP 与经济增长、货币与银行体系、失业与通货膨胀、国际贸易与国际金融、宏观经济调控。

本书在内容上坚持实用性、针对性原则，选取了百姓关注的经济生活热点问题，采用问答方式释疑解惑，使高深的理论转化为通俗易懂、可以运用的"工具"。本书既可作为高等学校相关课程的教材，也可作为社会相关专业从业人员辅导用书。

图书在版编目（CIP）数据

经济学原理十六讲／高辉主编. -- 2 版. -- 北京：高等教育出版社，2025.1. -- ISBN 978-7-04-063286-6

Ⅰ. F0

中国国家版本馆 CIP 数据核字第 2024EP8408 号

| 策划编辑 | 熊柏根 | 责任编辑 | 熊柏根 | 封面设计 | 张文豪 | 责任印制 | 高忠富 |

出版发行	高等教育出版社	网　址	http://www.hep.edu.cn
社　址	北京市西城区德外大街 4 号		http://www.hep.com.cn
邮政编码	100120	网上订购	http://www.hepmall.com.cn
印　刷	上海叶大印务发展有限公司		http://www.hepmall.com
开　本	787mm×1092mm　1/16		http://www.hepmall.cn
印　张	18.25	版　次	2016 年 1 月第 1 版
字　数	400 千字		2025 年 1 月第 2 版
购书热线	010-58581118	印　次	2025 年 1 月第 1 次印刷
咨询电话	400-810-0598	定　价	43.00 元

序

改革开放后,我国的经济建设取得了令人瞩目的成绩,经济学专业和学科得到了长足的发展,经济学教材建设取得了令人兴奋的成果,涌现出许多优秀教材。对于高校一个专业和学科的发展来讲,作为知识载体和传播媒介的教材尤其重要。一本好的教材,一方面,能反映该学科领域的学术水平和科研成就,能引导学生沿着正确的学术方向步入所向往的科学殿堂;另一方面,作为一名教师,可以总结自己钻研专业的心得和教学中积累的经验,不断了解学科发展动向,提高自己的科研和教学能力。

学习经济学不是经济学专业学生的专利,不论我们是哪一个学科专业的学生都应该了解和掌握经济学的基本原理,运用经济学的相关原理分析和解决工作和生活中的基本问题。因为经济学是社会大众改进生活、认识世界的一种武器。

第一,学习经济学有助于我们作出更好的决策。在我们的一生中,需要作出各种各样的决策。比如说,高中毕业的时候,我们需要决定是否去上大学;在选择大学的时候是到北京、上海还是西部,还有选择什么样的专业;在大学毕业的时候,我们需要决定继续在国内读研究生,还是出国留学;自己创业,或者去人才市场找一份工作;在工作之后,我们要决定如何分配我们的收入:多少用于现在的消费,多少用于储蓄,多少用于投资股票等金融投资品;或许我们准备创业,我们需要决定我们的企业应该生产什么产品,卖什么样的价格,怎么与对手竞争;我们要招什么样的员工,怎样找到合适的员工或经理,怎样激发员工好好努力工作;等等,不一而足。为了避免决策的失误,我们需要一些理论的指导。经济学是有关选择的科学,学习经济学有助于我们作出更好的决策。

第二,学习经济学有助于我们理解我们生活的世界是如何运转的。我们的生活不仅取决于我们自己的决策,而且依赖于其他人的决策和周围环境的变化。理解我们周围的世界如何运行,自然有助于改进我们的决策。我们可能为生活中的许多事情感到惊奇。比如说,当我们想买电脑的时候,只要支付必要的价格,就可以把它从商场搬回家,当然也可以在京东或淘宝上买;当我们在大街上走得饥肠辘辘的时候,走进一家饭馆就可以请服务员给我们上菜,而无须回家自己做饭。而事实上,我们事前并没有让电脑的生产厂家为我们生产一台电脑,也没有通知饭馆的老板为我们准备饭菜。那么,是什么因素使得我们得到想要的东西?经济学是有关人们的决策如何相互作用的科学。学了经济学,我们就可以明白市场这只"看不见的手"如何使自利的个人为大家服务。

第三,学习经济学有助于我们理解政府政策的优劣。每个社会都离不开政府,学习

序

了经济学,我们会明白为什么需要政府,什么是政府应该干的,什么是政府不应该干的。我们需要政府,是因为存在诸如外部性、公共产品这样的场合,仅仅依靠市场不能达到资源的有效配置。比如说,如果没有政府的干预,我们可能每天都会被雾霾所笼罩;金融危机就会演化为经济大萧条,我们都可能会失业,生活水平下降。但政府对市场的过多干预常常导致市场供给不足、价格扭曲、资源浪费、垄断横行。政府的政策选择不仅影响整个社会的资源配置效率,而且影响每个公民的福利。所以当我们希望政府制定某种政策的时候,必须谨慎考虑这种政策的不利后果。经济学常识有助于我们思考这样的问题。学习经济学会使我们不过于依赖政府。

最后,学习经济学可以用经济学思维来观察世界。经济学家通过观测现实经济现象归纳经济规律,经济学家有自己的语言和思维方式。诸如需求、供给、均衡、弹性、垄断、机会成本、外部性、道德风险、GDP、CPI、M2,以及通货膨胀和通货紧缩等,都是经济学的基本语言。掌握了这些经济学语言,我们就可以更好地思考我们周围的世界是如何运行的。科学的力量就在于把复杂的问题简单化。经济学家就像一张指路图,它舍弃了现实中的许多细节,却使我们更清楚自己要去的地方。无论今天你学的是什么专业,今后要从事什么工作,我们都不会后悔自己学过经济学原理。

以高辉教授为主编的教材编写团队,花费了大量的精力和时间,总结了教学经验,形成了《经济学原理十六讲》,结构安排清晰合理,案例贴近现实,故事讲述生动有趣,语言表达清新,易于初学者接受。教材也会有不尽人意的地方,但瑕不掩瑜。

是为序!

西南财经大学原副校长　刘　灿

第二版前言

《经济学原理十六讲》的第一版自 2016 年出版以来,接受了广大师生的检验,已连续印刷 9 次。转眼已过 8 年,承蒙广大读者厚爱和高等教育出版社的大力支持,此次迎来再版,这在国内外经济学教材汗牛充栋的今天,本人深感荣幸!

我们这本《经济学原理十六讲》是一门经济学的通识教育教材,注重培育学生的经济学知识、人文素养,以及社会责任感等综合素养。内容安排上共十六讲,既有经济学的微观基础,又有宏观经济,既可独立成篇,又可系统讲解。在教学实践中,不同学科专业背景的学生对理解掌握经济学原理的需要越来越大,特别是理工科背景的大学生大多喜欢选修"经济学"这门课,通识类的经济学俨然成为大学选修课的一门显学。

《经济学原理十六讲》这次再版,我们对每一讲的内容都做了或多或少的修改,以更好地反映经济学原理、经济形势和经济政策的最新变化,提升学生对经济理论和现实经济的直觉和领悟力。

1. 强调思想品德教育,引导学生树立正确的世界观和价值观。一方面,仍然采用多种形式,讲清经济学基本原理,特别是经济学与其他学科的交叉方面,培养学生的探索精神和批判性思维。另一方面,对"生活中的经济学"专栏更新调整,这些专栏列举了最新的经济政策或社会变化,调强品德修养、社会责任感与社会担当。

2. 突出案例式教学,体现经济原理与实际应用紧密结合。为了使教材更加具有实用性和针对性,删除了非核心且难度较大的内容,对第一版的案例进行了较大幅度的删减和修改,着重选取了本土化案例和社会经济活动的热点问题,如气候与环境、能源安全问题,使得理论知识能够联系实际经济生活。

3. 扩充了教学资源,拓展了学习视野。"延伸阅读"专栏改为扫描二维码阅读。以往的"延伸阅读"专栏可能打乱全书的衔接,很多学生一带而过。采用二维码阅读的方式,内容详尽且不会与正文其他内容相割裂,同时更好地利用了教材背后的大量教学资源。

4. 另外,对"案例引入"和"生活中的经济学"补充了"思考题";为突出重点概念,正文插入了重要概念的总结。同时,更新和充实了部分数据,增加和修改了课后"思考及运用"。

本次再版修改中,杨征博士和杨珂嘉博士在案例收集、数据更新以及思考题设计等方面做了大量卓有成效的工作;担任本课程教学的杨宇教授、辜秋琴教授、胡锡琴教授、钟永健教授、李琼副教授、兀晶副教授、肖忠海副教授,以及赵春霞、颜霜、彭逢明等老师在教学过程中提出了许多宝贵的修改建议。高等教育出版社的刘自挥、熊柏根老师一直关心本教材的发行和使用,对本书的修改提出过很多有见解的建议。对于他们的真知灼见和无私奉献,在此表示衷心的感谢。

本书修编过程中参考了大量的有关经济学的优秀教材、奋战在教学一线的同行们建议,以及一些门户网站的实时资讯,将他们的精华融入渗透和充实到再版教材中,今天我们已无法在参考文献中一一列举出这些教材和同行们的大名,只能真诚地向他们表达谢意和敬意!

鉴于编者学识水平有限,再版教材无法达到最好,书中难免存在偏误和不当之处,恳请广大读者和同行专家不吝赐教,以帮助我们使本书日臻完善。

高 辉

2025 年 1 月

第一版前言

经济学是研究如何将稀缺资源有效配置的学科，是经济学家提供给社会大众的一种改进生活、认识世界的武器。或许你不想做一个经济学家或经济学研究者，但你的工作和生活都离不开经济学。特别是理科或工科背景的学生，技术解决问题的可行性，管理解决有效性，经济学解决的是合理性，我们的工作中需要经济学；同时，在我们的生活中无时不碰到选择问题或决策问题，这都需要进行成本收益的权衡取舍，同样需要经济学思维。

本书的内容和体系，以及表现形式是在经济学原理教学过程中形成的。为了体现"接地气"，平衡经济学原理与现实中的经济问题，我们编写了本书。本书共分为十六讲，各讲可单独成章，又相互联系。其特点是：第一，理论框架上清晰、适用。内容安排上，书中先讲微观后述宏观展现经济学的原理，如需求理论、消费者原理、企业理论、市场理论，以及经济增长、货币理论、国际贸易与国际金融等。对原理中的比较深的部分进行了"延伸阅读"的处理，以满足学生掌握经济学知识的要求；同时，在现实中很有用的理论我们也进行了展现，如不确定性与风险、信息不对称、环境问题是如何解决的，以及经济行为背后的制度等都属于工作生活中普遍存在的问题，书中都进行了较为深入的运用。第二，学生可以学以致用。以"应用型、复合型"人才培养为目标，本书注重理论和现实的综合运用，"案例引入""生活中的经济学"，以及"即时思考"的设计都体现人才培养目标，学生必须学会正确评价像权衡得失和模棱两可政策的现实问题，使学生在参与公共经济生活中更有洞察力；第三，表现形式上体现"亲民"。通过案例引入，吸引读者，边讲边思考，并考察生活中的经济学，特别是比较新的事物，如一路一带、亚投行、雾霾等现象的经济学分析。特别是对市场与政府的政策评价或建议等，增强了本书的可读性和趣味性。

本书是在成都理工大学开设的通识课程"现代社会经济活动"的基础上，由学校长期从事经济学教育的教授、博士组成《经济学原理十六讲》编写组，经过多年边教学边调查边研究，先后进行近十次集体讨论的研究成果。其间，我们研究了国内外现有教材等相关文献，几易其稿，通过论证，提出了理工科背景学校掌握经济学知识和运用经济学分析专业问题能力的原则。按照中西结合、贯通古今、联系实际、面向未来、兼容并蓄的原则编成本书。本书内容较多，在教学中可以根据实际情况进行选择。

本书是集体合作的产物。各章编写分工如下：第一章彭逢明、钟永建；第二章钟永建；第三章高辉；第四章杨勍；第五章赵春霞、颜霜；第六章高辉、颜霜；第七章杨勍；第八章钟永建、吴颖华；第九章赵春霞；第十章古冰；第十一章高辉；第十二章李志慧、邹庆；第十三章辜秋琴；第十四章辜秋琴；第十五章胡锡琴、邹庆；第十六章邹庆。全书由高辉任主编,钟永建、辜秋琴、邹庆任副主编;在各章节编写修改基础上,由钟永建、辜秋琴、邹庆等统稿。最后由高辉总纂定稿。

在成书过程中,本书得到了西南财经大学刘灿教授(西南财经大学原副校长)的支持和帮助;还得到了成都理工大学商学院原院长淳伟德教授、成都理工大学教务处原副处长花海燕教授的关心和大力支持;同时,本书参阅和借鉴了大量同行的相关文献,恕不能一一列出,均致以谢意!

本书适合于理工科院校非经济与管理类专业的学生、也可供经济学专业的启蒙课程使用,以及社会人士了解经济学知识之用。

教材源于学术,也源于生活。由于编者学术水平有限,生活阅历尚浅,书中难免有疏漏和不尽人意之处,请读者给予批评指正,我们将不遗余力地在经济学教学的道路上继续前进,更上一层楼。

高　辉

2015 年 10 月

目　　录

目　录

目　录

第一讲　市场运行

引导问题

均衡价格是如何形成的？

影响需求和供给变化的因素有哪些？

弹性原理有什么作用？

市场是如何配置资源的？

核心概念

需求　　供给　　均衡价格　　弹性　　资源配置

✏️ **案例引入**

讨价还价与价格形成

人们随时都可能和价格发生联系,那么,商品的价格是如何形成的? 比如在一个服装店里我们发现顾客和老板正在讨价还价:

顾客:你这件衣服多少钱?

老板:550 元。

顾客:太贵了,我最多给 250 元。

老板:250 元多不好听啊,干脆我以进价卖给你,450 元!

顾客:还是太贵了,300 元怎么样?

老板:300 元太便宜了,要不咱们都让让,400 元就成交。

顾客:350 元给不给? 不给我就走人。

老板:等会儿,350 元就 350 元吧。这次绝对是亏本卖给你了。

你认为最后的成交价格是怎么形成的呢?

如果你认为厂商为商品生产付出了成本,那你只找到了问题答案的一半。其实,商品的价格还取决于市场矛盾的另一面——需求主体,买方同样在决定商品价格的高低,而且,你也参与其中。

思考题:

1. 讨价还价分别反映了什么因素对价格的影响?
2. 讨价还价体现了怎样的供求规律?

通过本讲的学习,你不仅会发现理论价格如何形成,也会发现价格在不同时点发生变化的原因。更有趣的是:为何有的行业总是避不开价格"忽高忽低"的周期性"怪圈"。所有这一切,都要求你通过本讲的学习自己找到答案,也期待你的突破与新的发现。

第一节　需　求

有人曾经说过,只要教鹦鹉学会说供给与需求,就能把它培养成经济学家。如此表达未免夸张,但供给与需求作为价格分析的逻辑起点是不言而喻的,许多人甚至把供给与需求作为经济学的同义词。

有必要说明的是:在本讲中,我们讨论的是某一种商品的价格是如何形成的,也就是人们常说的"局部"均衡价格的形成。至于市场上"全体"商品的价格如何同时被决定(即一般均衡),有待后面各讲讨论。

一、个人需求

经济学研究消费者的选择行为,而不去研究人们的需要。因为需要是一种主观意愿,它和价格及消费者的收入无关,是当价格为零时你想要多少的问题。但是,一旦收入为给定,在某一个大于零价格的条件下,你想买多少,便是一个需求的问题。

经济理论中的需求有两层细微的区分:个人需求与市场需求。市场需求是个人需求的加总。为了理解市场需求,我们从个人需求开始本讲的讨论。

> 需求(demand):在某一定时间内,在各种可能的价格水平下,个人愿意并且有能力购买的某种商品的数量。

这里的个人需求界定中,有两个要点:第一,个人有购买的意愿;第二,个人是有支付的能力,如果缺少其中的一个条件,就不构成真正意义上的需求。没有意愿谈不上需求;没有支付能力,则只是一种需要而不构成现实的需求。无支付能力的主观需要,对现实的市场价格很难构成任何冲击和影响。

二、影响需求的因素

在现实生活中,是哪些因素影响着个人对某种商品的需求?几个最为基础的因素无外乎:商品本身的价格,个人的偏好,个人的收入等。此外,我们会发现相关商品的价格,以及消费者对商品价格的未来预期等,都会影响或决定消费者的个人需求。其中:相关商品的价格、消费者收入和价格预期对需求的影响尤其重要。

(一)相关商品的价格

以花生油价格为例,试想当花生油价格上涨,菜籽油的需求量是否会因此上升?或者,当市场上苹果的价格飞涨,那么市场的香蕉的需求量会有怎样的变化?

也许你会发现:当花生油的价格上涨,市场对于菜籽油需求会增加;当苹果价格飞涨,香蕉的需求趋旺。

下面我们再举一例,试想当汽油价格飞涨,大家猜猜汽车的销售量将是怎样一种情况?无疑,当汽油价格飞涨,汽车(特别是家用汽车)的销量很可能会因此下降。

总结我们前面的两类例子,你会发现花生油价格与菜籽油需求或苹果价格与香蕉需求是一种正向的关系;而后一个例子中,汽油的价格与汽车的需求是一种反向的关系。

仔细分析,你会发现花生油与菜籽油(或苹果与香蕉)在消费中是可以相互替代的两种商品,我们称之为替代品。替代品是指在效用上可以相互替代的商品。而汽车与汽油在消费中必须相互配合或补充,我们称之为互补品,互补品是指相互配合,相互补充才能产生效用的商品。

对此,我们可以得到以下基本结论。

替代品:一种商品的价格与另一种替代品的需求数量存在正相关关系。

互补品:一种商品的价格与另一种互补品的需求数量存在负相关关系。

> **即时思考**：当房地产市场出现价格下降情况，试想装修与家具市场的状况会怎样？

（二）消费者收入

如果要分析商品的需求与消费者收入的对应关系 $q_d = f(m)$，结论也许不言自明。一般来说，需求与收入是正相关的。你会发现：当你的收入越来越高，对于日常生活中的商品与服务的消费需求，许多时候会因此增长。例如：当收入增加，也许你会增加购物量。

但是，事情往往也有例外的情况，当收入增加，作为消费者的你，反而会减少某一类商品的消费或需求的数量。

如果将前述消费者收入对于需求数量的影响做出总结，大致有两种情况：

第一，需求与收入呈正相关，我们将这类商品称为正常品。也就是说随着人们收入的增加，人们对某种商品的消费是增加的。

第二，需求与收入呈负相关，如大家观察所发现，这类商品不是消费者热衷的商品，我们将这类商品称为劣等品。

需特别说明的是，不同的消费者主体，或同一主体在不同时点，对于正常品与劣等品的界限划分是不断变化的。例如，现在人们普遍使用的手机，在历史上就曾以正常品的面目出现。

（三）价格预期

一般而言，预期价格的高低与消费者当前消费呈同方向变动，即预期价格上升，消费者当前需求将会增加，反之，则减少。

> **即时思考**：当市场普遍对于房产价格出现向下的预期，试想，你是现在决定买房？还是准备等一等，再看看情况？

到这里，就需求而言，我们讨论了商品本身的价格这一重要因素，也讨论了除商品本身价格以外的几种代表性因素。

仔细推敲，除上述诸因素，其实还存在一些因素同样对需求会产生影响。诸如天气状况、政策法规，甚至风俗与习惯等。如果将这些因素集合起来，那么影响需求的因素将是一个无限的序列。通常，类似因素或由于其对需求影响的必然性并不显著，抑或因为其难以量化，而更多被视为一般需求函数的外生变量——不在一般需求函数这一系统内讨论。

三、需求函数

按需求影响因素分析，个人需求函数表现为一个多元函数，如果要建立商品需求与诸因素的对应关系，则存在：

$$q_d = f(p, p_i, \cdots, p_j, p_e, m, h, \cdots)$$

式中，p 为商品本身的价格，$p_i, \cdots, p_j$ 为其他与该商品关联的商品（i, $\cdots$, j）价格，p_e 为消费者对未来价格的预期，m 为消费者的收入约束，h 为消费者偏好。

在这一讲，我们的重点是分析商品价格的决定因素，也就是说重点讨论商品本身的价格。为了简洁地分析问题，我们暂且假定商品本身价格 p 以外的其他因素为常数。这样，问题就简化为需求量与商品本身价格的对应关系：

$$q_d = f(p)$$

因此，需求函数如果没有特殊的说明，都是指商品需求与商品本身价格的函数关系。

显然，此时的需求函数仍是抽象的函数关系，我们是否可以将其具体化？我们可以将需求函数具体化为线性函数或非线性函数。比如：

$$q_d = a - bp$$

这就模拟出了一个线性的需求函数。

即时思考：商品需求与商品本身价格负相关的原因是什么？你可以根据生活实际来讨论这一问题。

需求函数是否仅是线性的，答案显然是否定的。那么前面的线性的需求函数是如何得到的呢？

一般而言，我们可通过下述行为来得到需求函数，如我们将特定市场中某种商品，不同价格下的消费者需求数量（每日或每月需求量）做出统计。例如：当价格为 10 元时，消费者的商品需求数量为 2 单位；当价格为 1 元时，消费者的需求数量为 20 单位……便得到该商品的需求表，如表 1-1 所示。

表 1-1 某种商品的需求表

商品价格(p)	商品需求量(q_d)	商品价格(p)	商品需求量(q_d)
10	2	5	12
9	4	4	14
8	6	3	16
7	8	2	18
6	10	1	20

有了上述的需求表，要得到类似前面 $q_d = a - bp$ 的需求曲线就不难了。有了这样的需求函数，便可在二维平面中，做出如下的需求曲线，如图 1-1 所示。

$q_\mathrm{d}=a-bp$

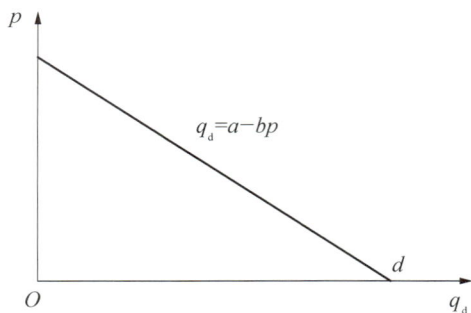

需求曲线（demand curve）：表示一种物品的价格与需求量的关系的图形。

图 1-1　需求曲线

通过需求表，我们描述了需求曲线的一般性状。而就个人的具体需求曲线而言，其具体如何形成，还有其特定的内涵。留待后面各讲讨论。

四、需求规律及例外商品

（一）需求规律

显然，上面的需求曲线，表现出了需求量与价格的反向变动关系，即：需求数量与价格呈现负相关关系。

这时的量价负相关也就是通常所说的需求规律，即：价格上升，需求量减少；价格下降，需求量增加。

需求规律就绝大多数商品而言是成立的，但在现实生活中还有一些例外。

（二）例外商品

1. 吉芬商品

英国统计学家吉芬（Giffen）在研究爱尔兰土豆销售状况时发现：当土豆价格下降时，消费者购买得更少；当土豆价格上升时，需求量反而上升。这种情形被后人称为吉芬之谜（Giffen paradox）。

2. 炫耀性商品

社会心理因素也会导致某些商品的需求量与价格的变化方向出现"反常"。例如，一些家庭为了显示其地位尊贵，愿意购买价格昂贵的名画、古董等。而当这些商品价格下跌到不足以显示其身份时，就会减少购买。具有这种炫耀性消费特征的商品被称为炫耀性商品，它是著名经济学家凡勃仑（Veblen）提出的。

生活中的经济学　如何避免消费主义下炫耀性消费？

商务部研究院 2020 年发布的数据显示，我国"90 后"与"00 后"人口规模达 3.4 亿人，在总人口中占比接近四分之一。这些人最大的共同特点是：他们都在中国经济开放与高速增长中长大,且大部分是独生子女。优渥的成长环境让他们有着比上一代更强的消费欲望,2021 年,35 岁以下的年轻消费者创造 65% 的消费增长,是当之无愧的消费主力军。但问题是年轻人手上没什么钱,超前消费开始成为他们的日常。"90 后"在消费贷中占据半壁江山。一组数字显示,全国有 1.75 亿个"90 后",其中只有 13.4% 的年轻人没有负债,而 86.6% 的"90 后"都接触过信贷产品。

伴随着互联网发展长大的"90 后"与"00 后"消费观念与上一辈截然不同。他们认为,消费是为了更好的体验,追求更有品质感的生活。他们愿意在自己喜爱的领域投入更多的资金。然而过度和盲目的借贷行为也会导致消费主义对年轻人生活的侵蚀。商家的广告煽动人们及时享乐的欲望,甚至将消费与亲情、爱情和孝道等情感捆绑;各类 App 深度挖掘用户的消费需求;互联网金融产品让年轻人的消费少了很多约束。

消费主义盛行,是一国经济从低收入国家向中高收入国家迈进的必要阶段,经济发展的最终目的是满足人民群众的消费需求,满足人民群众对美好生活的向往。

思考题:

1. 在"90 后"与"00 后"的消费中,是否存在吉芬商品与炫耀性商品? 请举例说明。
2. 如何培养理性消费观,如何避免炫耀性消费对年轻人的不良影响?

五、需求量的变化与需求的变化

这里事实存在两种类型需求函数,即一个多元需求函数 $q_d = f(p, p_i, \cdots, p_j, m, h, \cdots)$,以及一般的需求函数 $q_d = f(p)$,为了清晰两种类型需求函数的理解,我们变通地引入两个概念,需求量的变化与需求的变化。

以一般需求函数 $q_d = f(p)$ 为起点,当商品本身价格以外的因素,如收入 m 发生改变,需求曲线将产生怎样的变化呢?

当收入增加,同样的价格 p_0,当需求数量可能从 q_0 变动到 q_1,如图 1-2 所示。

显然,q_1 只能位于另外的一条需求曲线 d_2 上。

试想,如果消费者对于某种商品的偏好增强,无疑,需求曲线同样会产生类似的结果,即需求曲线向右移动。不妨再设想:当替代品价格上扬,或互补品价格下降,结果也将是一样的。

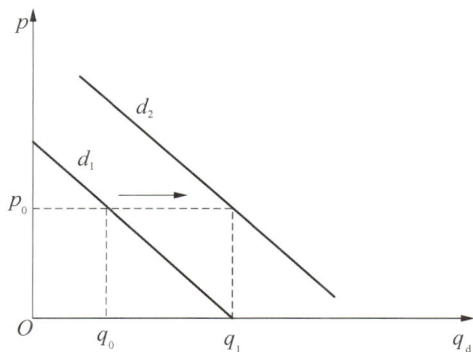

图 1-2 需求的变化与需求量的变化

因此,人们通常将需求的变动与需求量的变动进行了区分——需求量的变动事实上是商品本身价格变动所起的需求的数量变动,在需求曲线上表现为点的移动,如图 1-3 所示。

需求的变动,是指商品本身价格这一因素之外其他因素的变动所引起的需求的变动(或既定价格水平下需求数量的变动)。在需求曲线上,表现为需求曲线本身的位移。当需求曲线向右移动,意味着需求增加;当需求曲线向左移动,意味着需求减少,如图 1-4 所示。

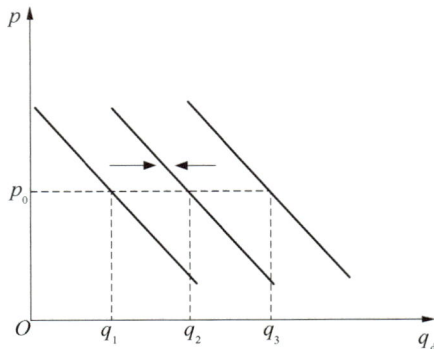

图 1-3　需求量的变化

图 1-4　需求的变化

生活中的经济学

如何减少香烟需求量？

因为吸烟对健康有不利的影响，公共政策制定者经常想减少人们吸烟的数量。其可以使用两种政策方法来实现这一目标。

一种方法是使香烟或其他烟草产品的需求曲线移动。吸烟有害健康的公益广告、香烟盒上有害健康的警示及禁止在电视等媒体上做香烟广告，都是旨在减少任何既定价格水平下香烟的需求量的政策。如果奏效，这些政策就会使香烟的需求曲线向左移动，吸烟的人明显减少。另一种方法是政策制定者可以试着提高香烟的价格。例如，如果政府对香烟生产者征税，烟草公司就会提高价格将这种税的大部分转移给消费者。较高的价格使吸烟者减少吸烟数量。这种情况下，吸烟量的减少就不表现为需求曲线的移动，而表现为沿着同一条需求曲线变动到价格更高而数量较少的一点上，说明需求量减少。

思考题：

随着科技的发展，市场上出现了越来越多的香烟替代品（如电子烟、尼古丁贴片、戒烟药物等）。请分析这些替代品对香烟需求的影响。

六、市场需求

市场需求是市场所有个人需求的加总，因此市场需求可以定义为在某一特定时间，各种可能的价格水平下，消费者全体购买的某种商品全部数量。如果 Q_d 表示市场需求；q_{di} 表示消费者的个人需求，则：

$$Q_d = \sum_{i=1}^{n} q_{di}$$

可见，市场需求曲线是所有消费者个人需求曲线的加总。

第二节　供　给

前面介绍了市场中的买方(即需求分析)。现在接着讨论市场中的卖方(即供给分析)。我们仍将分别讨论:单个厂商供给与市场总体供给。

一、单个厂商供给

单个厂商供给是指在某一特定时期内,厂商在各种价格水平下愿意并且能够提供的某种商品的数量。如果厂商仅有提供商品的意愿而无提供的能力,那么此时的供给并非现实供给。非现实的供给,当然不能影响与决定现实的市场价格。

> 供给(supply):是在一定时期内,在一定价格条件下企业愿意生产并销售某种商品的数量。

二、影响供给的因素

影响厂商供给的因素有很多,主要包括:商品本身的价格,相关商品的价格,厂商生产投入的要素成本,生产的技术状况,以及厂商对未来价格的预期等。

(一) 相关商品的价格

某种商品的供给会受到相关商品价格的影响。即:一种商品价格变化会明显影响另一种商品的供给。例如,一块土地既可用来种植小麦,也可以用来种植油菜。试想,如果市场油菜籽价格飞涨,农场主自然会减少小麦的供给,假定存在如下的函数关系:

$$q_x^s = f(p_y)$$

式中,q_x^s为小麦的供给,p_y为油菜籽的价格。很明显:如果油菜籽与小麦存在生产上的替代种植(将其界定为生产替代),那么它们表现为一种负相关的关系。

(二) 厂商的价格预期

当厂商对未来价格的预期发生变化,无疑将影响目前供给的数量,意即:

$$q_x^s = f(p_0)$$

式中,p_0为厂商对商品未来价格的预期值。一般来说预期的价格下跌,厂商会减少当前的供给;预期价格上扬,厂商就会增加当前产品的供给。也就是说,厂商会以预期价格来适时调整当前产品的提供。

甚至,除上述的主要影响因素以外,影响厂商供给还可能包括制度法规、自然状况、风俗习惯等。自然状况这一因素,对某些行业的供给影响较为显著,例如,农业对自然状况就有较强依赖性。如果我们将所有这些因素,都加进厂商供给的分析,那么,厂商供给的影响因素,又将组成一个无限的因素序列。

三、供给函数

如果要建立一个厂商供给数量与影响因素的对应关系,则存在:

$$q_s = f(p，p_i，\cdots，p_j，c，t，p_e，\cdots)$$

式中，p 为该种商品的市场价格；p_i，$\cdots$，p_j 为该商品以外，其他可能与之关联的商品的价格；c 为厂商投入要素的成本；t 为厂商的生产技术状况；p_e 为厂商的价格预期等。因此，要建立一个厂商的供给函数，则很可能是一个关于厂商供给数量的多元函数。

为了将讨论的问题集中于商品价格（微观经济的理论中心），我们同样假设其他因素为已知条件。这样，厂商供给函数则表现为供给量与商品本身价格的函数关系：

$$q_s = f(p)$$

当然这一函数可能是线性的，也可能是非线性的，例如：$q_x^s = -c + dp_x$ 或 $q_x^s = \alpha p_x^{\beta}$。在今后的分析中，如果没有特殊说明，供给函数一般指商品供给数量与其本身价格的对应关系，即供给函数的一般形式 $q_s = f(p)$。

这里以线性的供给函数 $q_s = -c + dp$ 为例。注意观察这一线性的供给函数假设，存在一个最显著的特点：即供给量是与商品价格一般存在正向的相关关系。一个简单的理解是：成本既定的条件下，价格越高，意味着追求利润最大化的厂商总是会提高产量。至于厂商产量如何随价格的变动而具体变动，留待后面再讲述。

即时思考： 列举你身边的厂商随价格提高而提升产量的案例，以及你观察到的价格提高导致的行业扩张。

同样可以设想：存在供给量与价格的对应列表，即通常说的供给表，如表 1-2 所示。

表 1-2　某种商品的供给表

商品价格（p）	商品供给量（q_s）	商品价格（p）	商品供给量（q_s）
2	5	4	12
3	8	5	16

有了这一表列的相应价格量与供给量指标，便可以得到类似下述的供给曲线，如图 1-5 所示。

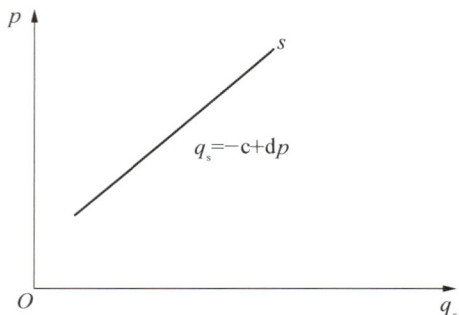

供给曲线（supply curve）： 表示一种物品的价格与供给量的关系的图形。

图 1-5　供给曲线

有必要说明的是,这里讨论的供给表或供给曲线,仅在于描述供给函数或供给曲线的一般性状。严格来讲,单个厂商的供给函数或曲线(如果存在),还有其背后的特定内涵,这一问题,留待后面的各讲讨论。

四、供给规律:价格与供给量的关系

一般供给函数的重要特征:供给量与商品价格一般呈正向相关。这就是通常所说的供给的一般法则。

所谓一般是因为许多供给函数并不严格遵循这一法则。例如,图 1-6、图 1-7 所展示的供给曲线,并不严格遵循通常的供给法则。

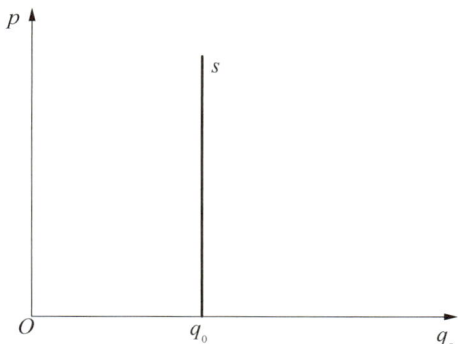

图 1-6　垂直的供给曲线　　　　　　　　图 1-7　向后弯的供给曲线

类似图 1-6 的供给曲线,其供给函数为 $q=q_1$。不论价格怎样变化,商品供给量始终为一个常数,比如一个地区土地的供给曲线就为一条垂直的直线。

关于图 1-7 所描述的供给曲线,当 $p<p_0$,供给曲线有正的斜率;而当 $p>p_0$,供给曲线表现为负的斜率。劳动力商品的供给,就会出现这样的供给曲线。关于这一问题的进一步阐释,留待后面的劳动力要素定价理论中再讨论。

即时思考: 列举你所熟悉的市场,哪些商品的供给,会呈现出如图 1-6 与图 1-7 所描述的供给曲线?

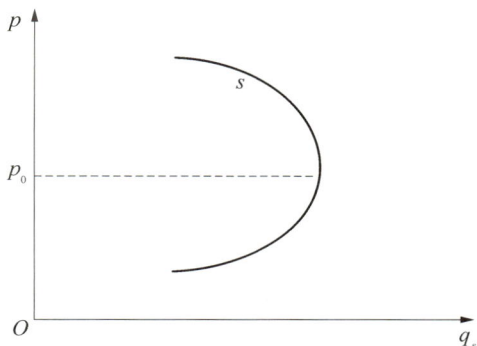

五、供给量的变动与供给的变动

供给量的变动是指商品本身价格变动所引起商品供给数量的变动。如图 1-8 所示:供给量从 q_1 到增量 q_2,是由于价格从 p_1 上升到 p_2。因此,供给量的变动完全是由于价格变动所致。这种变动被称为供给量的变动,表现为供给曲线上点的移动。

图 1-9 中,价格并没有发生变化,即价格为 p_0 时,同样存在一个供给的数量变动。从 q_1 到 q_2。为了区别前述的供给量变动,我们称之为供给的变动。在图 1-9 中,表现为供给曲线本身的位移。

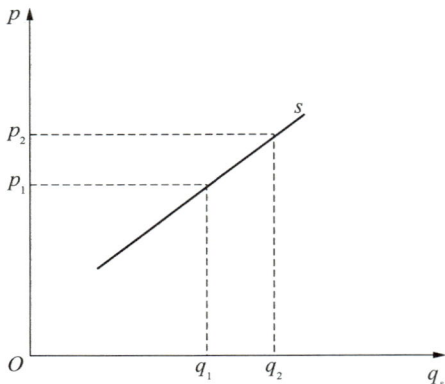

图 1-8 供给量的变动

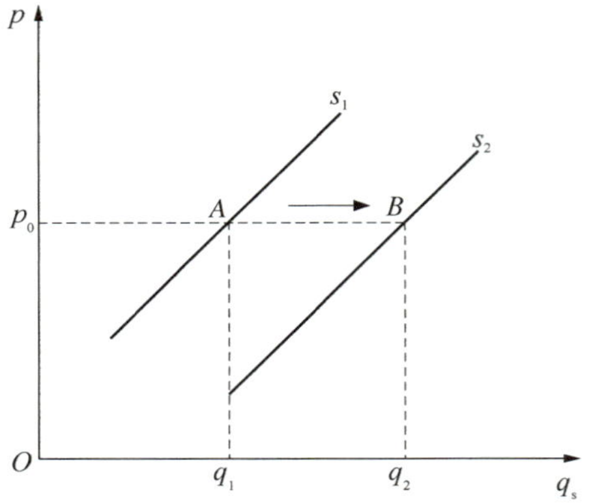

图 1-9 供给曲线的变动

那么是哪些因素导致了供给曲线的位移呢？显然是商品本身价格以外的其他因素所造成的。而商品本身价格以外，影响供给的其他因素有很多。因此，影响厂商供给的因素，也是一个商品本身价格以外的无限因素序列。

六、理解市场供给

前面分析的是单个厂商供给(q_{si})，而市场供给(Q_s)是所有厂商供给的加总，即在某一特定时期内，各种可能的价格水平下，所有厂商所提供某种商品的数量。具体表现为：

$$Q_s = \sum_{i=1}^{n} q_{si}$$

第三节 市场均衡与供求规律

市场是需求和供给双方关系的集合。商品的价格事实上是由供给与需求共同决定的。在一个自由的市场制度中，价格机制会自发促成市场的出清——即供给与需求的相等。在供给与需求平衡条件下，市场价格也不存在进一步变动的诱因，此时的市场状态，就称为市场均衡。

一、市场出清：均衡价格与均衡数量

市场均衡即供求相等时的市场状态。市场达至均衡时的价格为均衡价格，市场达至均衡时的数量为均衡数量。

关于均衡价格，结合我们前面所学习的需求函数与供给函数，不难理解，均衡价格实际是需求函数与市场供给函数的联立求解：

> **均衡价格（equilibrium price）**：使供给与需求平衡的价格。
> **均衡数量（equilibrium quantity）**：均衡价格下的供给量与需求量。

$$\begin{cases} Q_d = a - bP & (1) \\ Q_s = -c + dP & (2) \end{cases}$$

上列方程组中，事实上隐含了 $Q_d = Q_s$ 的市场出清（市场均衡）假定。

令 $Q_d = Q_s = Q$，假设可解得 $Q = Q_0$，$P = P_0$。此时的 P_0，Q_0 就是这里我们一直寻求的市场均衡——均衡价格与均衡数量。如图 1-10 中的点 $E(Q_e，P_e)$，均衡数量为 $Q_e(Q_0)$，均衡价格为 $P_e(P_0)$。

均衡价格与均衡数量可以看作市场供求力量的自发作用。任何偏离这一均衡点的状况都称为市场失衡。每当出现失衡的情况，市场的自发力量会推动市场均衡的恢复。如图 1-11(a)

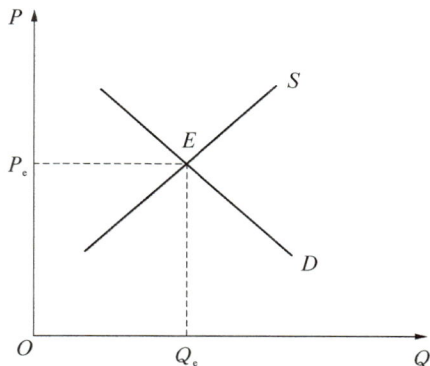

图 1-10　市场均衡

所示：假设市场价格为 P_1，即 $P_1 > P_e$，此时，$Q_d = Q_1$，$Q_s = Q_2$，$Q_d < Q_s$，形成超额供给。超额供给带来的是市场卖者之间竞争，必然对价格形成下降的压力。

同样，如图 1-11(b)所示，假定市场价格为 P_2，即 $P_2 < P_e$；此时 $Q_d = Q_4$，$Q_s = Q_3$，结果 $Q_d > Q_s$，此时出现超额需求。超额需求带来的是买者之间的竞争（竞相出价），必然形成价格向上的动力。

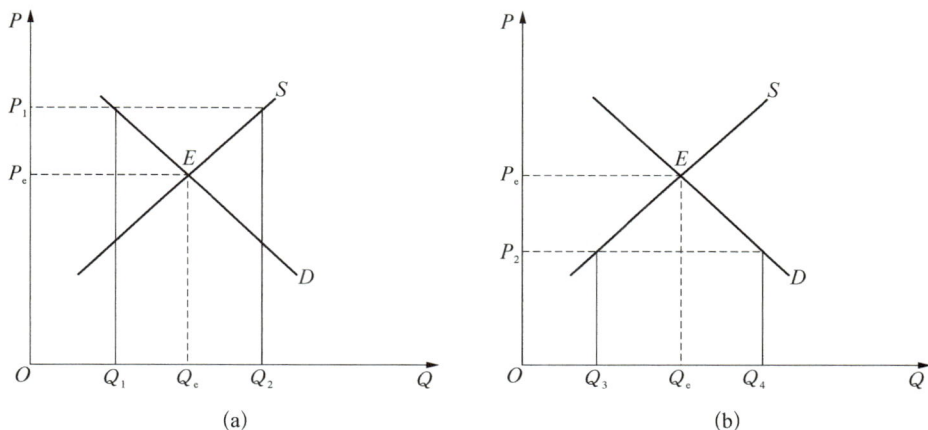

(a)　　　　　　　　　　　(b)

图 1-11　市场力量的自行修正

上述分析表明，如果不存在外力的强力干预，市场有一种自发的力量，使市场内生的经济变量相互作用，而达到一种均衡。

有必要说明的是，现实市场受到诸多因素的制约，现实中的市场并非随时都处于出清状态。

二、供求规律——需求与供给的相对变化

前述的均衡我们是一种相对静止的讨论，或称为一种静态的均衡。当供给与需求发生变动，直接的后果便是均衡的重新确定。

分析均衡变动的三个步骤如下：

图 1 - 12　需求的变动

（1）确定该事件是使供给曲线移动还是使需求曲线移动（或者是使两者都移动）；

（2）确定曲线移动的方向；

（3）用供求图说明这种移动如何改变均衡价格和均衡数量。

如图 1 - 12 所示，当供给不变，需求增加，此时，市场会自发寻求一个新的平衡，$E \rightarrow E'$。此时新的均衡价格上升，$P_e \rightarrow P'_e$，均衡数量增加 $Q_e \rightarrow Q'_e$。

人们常把供给与需求变动对均衡的影响归结为供求规律。类似的变动的不同情形，留待读者讨论，这里不赘述。

如果需求与供给同时变动，那么均衡点变动的结果则取决于各自变动的方向与程度。

即时思考： 如果供给不变，需求减少，均衡价格和均衡数量如何变化？如果需求不变，供给增加或减少，均衡价格和均衡数量又如何变化？如果供求两个因素都发生变化又会怎样呢？

生活中的经济学　为什么春节期间，电影票不断涨价而其他商品打折促销

2022 年春节假期，我国电影票房达 60.35 亿元，取得影史春节档票房第二的成绩。然而，2022 年也是"史上票价最贵"的春节档。为什么春节假期中，电影票不断涨价而其他商品打折促销呢？

我们可以利用供需模型对这一问题作出解释。电影的市场供给曲线是一条相对陡峭的曲线。这也就是说，在春节档的一天要大量增加电影的供给量是不太可能的。春节档电影票的价格之所以上升是因为：在供给相对稳定的情况下，假期对电影的需求猛增引起价格大幅上涨。

相反，其他商品的供给曲线比较平坦，春节期间储备大量商品以满足节日需求也很容易，这样，需求的增加仅带来价格的小幅上涨。

思考题：

1. 根据案例中电影票和其他商品在春节期间的价格变化情况，分析需求与供给的相对变化是如何影响商品价格的？

2. 案例中提到电影的市场供给曲线相对陡峭，其他商品的供给曲线比较平坦，结合春节期间的情况，说明供给曲线形状是如何影响商品价格变动幅度的？

三、均衡价格的应用——限制价格与支持价格

不仅普通人能意识到均衡价格的存在,政府也会意识到均衡价格的存在,且政府往往会凭借其影响力,限制某些商品的价格,使这些商品的价格脱离原来的市场均衡(均衡价格)。

(一)限制性价格政策:限价房的理论基础

限制价格,又称最高限价,即政府规定某一行业产品的价格上限,其目的是限制这些产品价格自由上涨,从而规定产品的最高限价。例如,政府为了增加贫民福利而实施的最高房租限价。

如图 1-13 所示:市场自发的均衡价格为 P_e,政府所规定的最高限价 P_m 往往低于均衡价格。在 P_m 的价格下,对应的需求数量为 Q_d,而对应的供给数量为 Q_s。其后果表现为"超额需求"($Q_d > Q_s$)。

一般来说,政府制订的最高限价的"前因",往往是供给不足或需求过旺,导致市场价格过高,从而引发政府对市场自发价格的干预。

正如我们在上面看到的"后果":超额需求的出现。如果供给与需求本身不能得到改变,这样的超额需求后果的影响,可能是长期的。紧接着出现的可能是排队购买或黑市交易等。许多时候,政府往往也采取"配给制度"来缓解这一限价的后果,如历史上出现过的凭票、凭证供应。

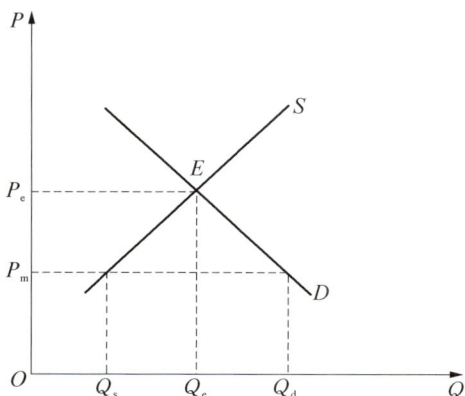

图 1-13　限制价格

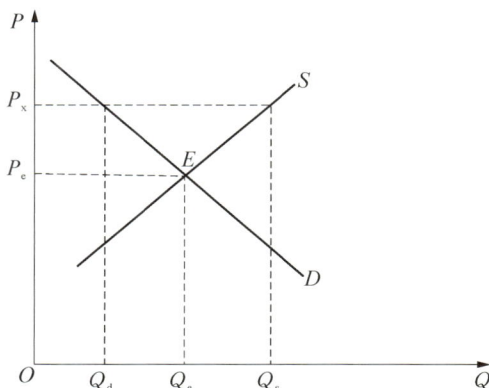

图 1-14　支持价格

(二)支持性价格政策:农产品政府收购的由来

支持价格,又称最低限价,即政府规定某一行业产品的最低价格,也称最低限价。其目的是拉高这一行业产品的价格,从而规定了这一行业产品的最低下限。价格支持一般是为了保护生产者收入而实施的,政府定价往往高于市场自发的均衡价格。

如图 1-14 所示:均衡价格 P_e,政府定价为 P_x,在这一价格状态下,对应的供给数量为 Q_s,需求数量为 Q_d。其后果表现为"超额供给"($Q_s > Q_d$)。

若供给与需求状况在短期内不改变,这样的超额供给亦将形成一种长期的状态。例如,许多国家所实施的部分农产品价格支持,最终导致超额的农产品供给的出现。

当面对市场的"过剩"产品供给,许多时候,政府只能采取"政府采购"的政策。或可以采取"限产"措施。例如,一度实施的"休耕"制度。

市场并不完美,而政府也非万能

即时思考:列举现实生活中的政府调控价格案例。

生活中的经济学　　▶ 突发情况下的涨价合理吗?

在自然灾害或者其他突发情况下,提高生存所需基本物品的价格是否合理?

根据供求规律,在供给小于需求的情况下,价格的上升是市场经济必然的结果。在发生自然灾害等突发情况后,你会不会因为商品价格很高(表 1-3),生产者试图赚取额外的费用而生气?

表 1-3　认为提高价格合理和不合理的理由

认为提高价格是合理的	认为提高价格是不合理的
更高的价格使得人们无法购买超出他们需要的东西	当替代品稀缺时,卖家提高价格,就会不公平地剥削消费者
能够使消费的人减少购买产品,而把产品留给那些无法调整消费的人	哄抬物价使得低收入人群处于不利地位
卖家被高价吸引,因此提供更多的商品	突发情况下,物资的生产依靠企业来进行

思考题:

1. 突发情况下商品的需求如何变化?
2. 反哄抬物价对经济体系有什么影响?
3. 你觉得哪个观点最有说服力?给出你的答案及理由。

第四节　弹性及其应用

通过前面的分析,了解了需求与价格的负向相关,供给与价格一般的正向相关。就需求与价格或供给与价格的精确分析来说,远远不够。

试想,当猪肉价格飞涨,市场猪肉的成交量可能会大幅度下降,假设从每千克 20 元涨至每千克 60 元,3 倍的涨幅,试想猪肉的销量是否会大幅下降? 现在我们看看另外一种商品——食盐,同样设想食盐价格从每千克 2 元上涨至每千克 6 元,那么食盐的需求量是否会因此大幅度减少?

仔细思量后,你会发现,即便需求量与价格呈负相关,但是,对不同商品而言,需求数量对价格变动的敏感程度是不一致的。即便同一商品,需求数量对价格变动的敏感程度,也会因为具体情况的不同,出现差异。这种敏感程度,就属于弹性问题。

一、弹性的含义

弹性是指因变量对自变量变动的敏感程度。设 $y = f(x)$,其敏感程度可以表达为:因变量的相对变动除以自变量的相对变动,那么弹性一般定义为:

> **弹性**(elasticity):衡量需求量或供给量对其某种决定因素的反应程度的指标。

$$Ef(x) = \frac{\Delta y/y}{\Delta x/x} = \frac{\Delta y}{\Delta x} \cdot \frac{x}{y}$$

如果函数 $y = f(x)$ 连续而且可导,则定义弹性为:

$$Ef(x) = \lim_{\Delta x \to 0} \frac{\Delta f(x)}{\Delta x} \cdot \frac{x}{f(x)} = f'(x) \cdot \frac{x}{f(x)}$$

二、需求的价格弹性

为了讨论弹性在需求方面的应用,我们将就影响需求的几个主要因素,分别讨论需求在这几个方面的弹性。

(一)需求的价格弹性的概念与决定因素

需求价格弹性是指需求量变动对于商品本身价格变动的敏感程度。表示为需求量变动的百分比除以价格变动的百分比。

> **需求价格弹性**(price elasticity of demand):常简称需求弹性,衡量需求量对价格变动的反应程度。

如果需求函数为 $Q = f(P)$,则 $E_d = \frac{\Delta Q/Q}{\Delta P/P}$。在需求函数连续可导的情况下,$E_d = -\frac{dQ}{dP} \cdot \frac{P}{Q}$。一般来说,$\frac{\Delta Q}{\Delta P} < 0$ 或 $\frac{dQ}{dP} < 0$。显然,需求价格弹性考察的是需求量变动对于商品本身价格变动的敏感程度的大小。不考虑其方向性,而取弹性的绝对值 $|E_d|$。

影响需求价格弹性大小的因素主要包括:该商品替代品的多寡及相应的替代程度(即其相近性程度);该商品就消费者来说所占的支出比重的大小,商品的用途的广泛性等。

1.商品的可替代程度

替代品数目越多,及其相对应替代程度越强,该商品则具有更大的价格敏感性,即需求价格弹性越大,反之则相反。

2.占支出的比重

如果某商品在消费者支出中所占比重较小,其需求量对价格变动敏感性相对较低。例如,火柴、食盐等这一类商品,在消费者支出的比重极小,无论其价格上涨与否,消费者对其需求量的改变一般不会很大。

3.商品用途的多少

一般来说,用途相对较广泛的商品对价格的变动更为敏感,如家庭用电。试想:电价大幅度上调,一般家庭就会在电的使用上进行掐算,以便节省用电量。

上文讨论了影响需求价格弹性大小的几个主要因素。影响需求价格弹性大小的因素还有很多。比如:时间因素,在特定条件下,长期和短期所表现出来的需求价格弹性大小并不一致。需要说明的是,对于特定的商品而言,各种因素对于需求价格弹性的影响是综合的,不能单就某一因素,孤立地做出价格弹性大小的判断。

(二)需求价格弹性的计算

1.弧弹性计算

如表1-4所列出的是冰激凌的不同价格下,某一消费者的需求量。试测算量价改变后,弹性的大小?

表1-4 冰激凌的量价变化表

冰激凌的价格(P)/元	冰激凌的需求量(Q)/个
8	3
10	1

如果已知条件为这样孤立的两点,这两点之间的需求价格弹性值的大小,被称为弧弹性。为了避免因为起点基数的选择不同,而导致的计算弹性值结果的一致,人们通常采取算术平均法的计算办法。

$$E_d = \frac{\Delta Q}{(Q_1 + Q_2) \div 2} \Big/ \frac{\Delta P}{(P_1 + P_2) \div 2}, \text{即 } E_d = -\frac{\Delta Q}{\Delta P} \cdot \frac{P_1 + P_2}{Q_1 + Q_2}$$

依此,上例中的需求价格弹性值为 $-\dfrac{1-3}{10-8} \times \dfrac{8+10}{3+1} = 4.5$。

2.点弹性的计算

如果需求曲线为 $Q = 20 - 2P$,计算 $P = 2$ 时的需求价格弹性。当 $P = 2$ 时,$Q = 16$。显然,这里需计算的是需求曲线某一点处的弹性。这样的弹性计算称为点弹性的计

算。$E_d = \left| \dfrac{\mathrm{d}Q}{\mathrm{d}P} \cdot \dfrac{P}{Q} \right| = |-2 \times 2/16| = 0.25$。

（三）需求价格弹性的分类

为了统一弹性值大小口径，人们就弹性值大小，做出了如下分类。

（1）$E_d > 1$，富有弹性：需求对价格是有弹性的，即需求变化的幅度大于价格变化的幅度。

（2）$E_d < 1$，缺乏弹性：需求对价格缺乏弹性，即需求变化的幅度小于价格变化的幅度。

（3）$E_d = 1$，单位弹性（或单一弹性）：需求对价格为单位弹性，即价格变化的百分比与需求量变化的百分比相等。

（4）$E_d = 0$，零弹性（或完全无弹性）：需求对价格是完全无弹性的，即需求量与价格无关，则需求曲线为一条垂直于横轴的直线，其需求函数为 $D = a$（a 为一常数）。

（5）$E_d = \infty$，无穷大弹性（或完全有弹性）：需求对价格是完全有弹性的，需求曲线为一条垂直于纵轴的直线，其需求函数为 $P = a$（a 为一常数）。

有了上述的分类，便对弹性值的范围大小有了一个大致明确的口径。显然，后面的三种弹性值，应该是比较特殊的。

例如，生活中很难找到完全无弹性的商品，如图 1-15(a) 所示。生活中无穷大的市场需求曲线也难以见到，在完全竞争市场，单个厂商所面对的 $P = P_0$，需求曲线是无穷弹性的，如图 1-15(b) 所示。

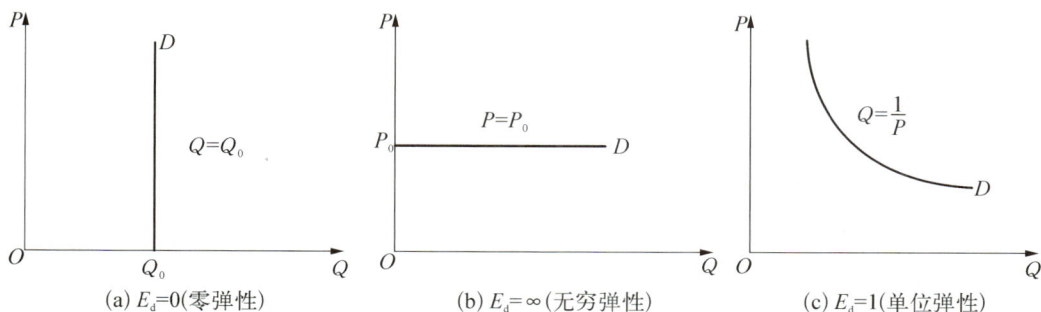

（a）$E_d = 0$（零弹性）　　　（b）$E_d = \infty$（无穷弹性）　　　（c）$E_d = 1$（单位弹性）

图 1-15　特殊的需求价格弹性

就单位弹性 $E_d = 1$ 而言，如果说需求曲线上某一点的弹性为 1，是能够理解的，而整个需求曲线的弹性值为 1，只有类似 $Q = \dfrac{1}{P}$ 这样特殊的需求曲线，如图 1-15(c) 所示。

生活中的经济学　▶ 瑞幸咖啡低价策略能成功吗？

瑞幸咖啡成立 18 个月即赴美上市，11 个月后自曝财务造假。财务造假风波后，瑞幸咖啡跌入了谷底,不仅关店闭店,付出了巨大的和解金与罚金,还陷入信任危机。在这样的情形下,瑞幸咖啡提高了产品定价,商场店单价上调了 2～4 元,普通店上调了 1 元。整体来看,瑞幸的实际售价比之前提高了不少。但是,其主打 15 元至 20 元的咖啡产品,远低于星巴克等高端品牌。这种定价策略直接吸引了大量对价格敏感的消费者。瑞幸咖啡频繁推出各类优惠活动,如"买一赠一""首单免费"等,进一步降低了消费者的实际支付成本。这些活动不仅吸引了新客户,也增加了老客户的复购率。

需求曲线上不同点的弹性

思考题:

1. 根据案例中瑞幸咖啡调整价格后销量的变化情况,分析瑞幸咖啡的需求价格弹性是怎样的? 并说明这种弹性对其定价策略的启示。

2. 假设市场上只有瑞幸咖啡和星巴克等高端咖啡品牌,当瑞幸咖啡提高定价但仍远低于星巴克等品牌时,根据供求规律,分析这会对整个咖啡市场的均衡产生怎样的影响?

(四) 总收益与需求价格弹性

引入需求价格弹性范畴,重要的是了解需求价格弹性在社会经济活动中的应用。这也是弹性理论的意义。例如:某种商品的需求曲线在一定的价格区间内缺乏弹性(非完全竞争的厂商所面对的就是这样的需求曲线)。现在厂商在这一特定的价格区间内采取降价促销的策略,以期达成销售收入的增加,情况将会怎样?

例如,某厂商降价促销,让价格下降 1%。既然该商品需求价格缺乏弹性,可以料想到的是,需求量增加将会小于 1% 的,这一降一升之间,结果十分明显:厂商(或者经销商)销售收入不仅不会增加,反而会导致总的收益的下降。

当然,如果在一定价格区间商品富有需求价格弹性,情况可能就不一样。大家也可以由此推论:在 $E_d > 1$;$E_d < 1$;$E_d = 1$;$E_d = 0$;$E_d = \infty$ 等不同情形下,厂商降价(或提价)后,其收益(背后也是消费者支出)的不同变动情况,如表 1-5 所示。

所有的商品都能薄利多销吗?

表 1-5　不同需求价格弹性下的收益变动情况

价格	富于弹性	缺乏弹性	单一弹性	零弹性	无穷弹性
降价	收益增加	收益减少	基本不变	与价格同比例下降	无需降价,价格为常数,理论上收益为无限
提价	收益减少	收益增加	基本不变	与价格同比例上升	收益为 0

即时思考: 肥皂这一商品的弹性是大还是小?

生活中的经济学　奢侈品涨价的背后

2022 年,在奢侈品大牌降价呼声一边倒之际,LV、开运、爱马仕等主要奢侈品集团陆续传出全球调价的消息。比如,2 月下旬,LV 在全球范围内提高了部分商品的价格。从官方最新的报价来看,本轮提价中,LV 部分经典款式的涨幅高达 20%。有的产品售价从 3 500 元涨至 5 400 元,涨幅高达 54%,而涨价幅度最少的产品在 5%。

思考题:

经济下行,为什么奢侈品选择涨价?涨价对于企业的影响是什么?奢侈商品的价格是富于弹性还是缺乏弹性?

(五) 其他需求弹性

1. 需求的收入弹性

需求的收入弹性是指需求对于收入变化的敏感程度,其弹性值表现为需求数量的相对变动与收入相对变动的比值。例如,$Q = f(M)$,则:

$$E_m = \frac{\Delta Q}{\Delta M} \cdot \frac{M}{Q} \text{ 或 } E_m = \frac{dQ}{dM} \cdot \frac{M}{Q}$$

一般而言,需求数量与收入会表现为正向相关的关系。可以得出,$E_m > 0$,然而生活中有一类商品会出现 $E_m < 0$ 的情况,这类商品人们一般称为劣等品。

为了简洁起见,我们做出如下的归类: $E_m > 1$(奢侈品)、$E_m < 1$(正常品)、$E_m < 0$(劣等品),如表 1-6 所示。

表 1-6　需求的收入弹性和商品类别

需求收入弹性系数(E_m)	商品类别
$E_m > 0$	正常品
$E_m = 0$	收入中性品
$E_m < 0$	劣等品
$E_m > 1$	奢侈品
$E_m < 1$	必需品

即时思考：列举生活中你总结出来的几类劣等品。

前述归类是一种理论上的归类，在实际生活中特定商品对于不同需求主体，或主体在不同时期，对于某种特定商品的归类，可能是不一致的。

2. 需求的交叉弹性

需求的交叉弹性是指某种商品需求数量的变动对于其他相关商品价格变动的敏感性程度。例如：$Q_X = f(P_Y)$，以 E_c 代表交叉弹性则

$$E_c = \frac{\mathrm{d}Q_X}{\mathrm{d}P_Y} \cdot \frac{P_Y}{Q_X} \text{ 或 } \frac{\partial Q_X}{\partial P_Y} \cdot \frac{P_Y}{Q_X}$$

显然：当 $E_c > 0$ 时，X、Y 为替代品；当 $E_c < 0$ 时，X、Y 为互补品；当 $E_c = 0$ 时，X、Y 为独立品或无关品，如表 1-7 所示。

表 1-7　交叉系数与商品的分类

交叉价格弹性系数	商品的类型
$E_c > 0$	替代品
$E_c < 0$	互补品
$E_c = 0$	独立品或无关品

生活中的经济学　　新能源汽车与燃油车的需求弹性

近年来，随着新能源汽车技术的不断进步和政策的持续支持，新能源汽车与燃油车的市场竞争日益激烈。这种竞争不仅体现在产品性能、续航里程、充电便利性等方面，还通过价格策略直接影响消费者的购车选择。比如 2022 年，比亚迪秦系列车售价还在12 万元左右，2023 年就降到 9.98 万元，进入 10 万元市场。

面对新能源汽车的"卷"价格，同级别燃油车市场也迅速做出了反应。一方面，部分燃油车品牌为了保持市场竞争力，不得不采取降价措施，以缩小与新能源汽车的价格差距；另一方面，一些燃油车品牌则通过提升产品性能、增加配置、优化服务等手段来吸引消费者，以应对新能源汽车的挑战。

思考题：

1. 从需求的交叉弹性角度分析，新能源汽车价格下降，会使同级别燃油车的需求

发生怎样的变化？为什么？

2. 假设新能源汽车的价格下降 10%，导致某同级别燃油车的需求量下降了 8%，计算这两种车的需求交叉弹性系数，并说明它们的替代程度如何。

三、供给弹性

（一）供给的价格弹性及其决定因素

> **供给价格弹性（price elasticity of supply）**：衡量供给量对价格变动的反应程度。

供给弹性可以分为供给价格弹性和供给交叉价格弹性。由于供给价格弹性相对重要，因此，在未特别说明的情况下，供给弹性就是指供给的价格弹性。

供给弹性（E_s）是量度某一商品供给量（S）变化率对自身价格（P）变化率反映程度的一个概念，它等于供给量变化的百分比与自身价格变化的百分比之商。

若存在供给函数 $Q_s = f(P)$，则：

$$E_s = \frac{\Delta Q}{\Delta P} \cdot \frac{P}{Q} \text{ 或 } E_s = \frac{\mathrm{d}Q}{\mathrm{d}P} \cdot \frac{P}{Q} \text{（在函数连续可导的情况下）}$$

除部分特殊供给函数以外，E_s 一般是大于 0 的。供给价格弹性的具体测算在方法上与需求价格弹性并无二致，这里不再赘述。至于给价格曲线上某一点的价格弹性的几何意义，与前述的需求价格弹性类似，我们可以推论。

（1）供给曲线上的不同点具有不同的供给弹性，或者说供给曲线在不同价格区间的弹性不一致。

（2）就商品价格平面中的某一点而言，如果该点位于不同供给曲线上，斜率绝对值越大，则意味着弹性愈小。

影响供给价格弹性的因素，可以从很多方面归纳总结，主要包括以下几点。

（1）技术。技术主要通过提高生产效率、降低产生成本和缩短生产周期三方面影响产品供给，进而提高供给价格弹性。

（2）生产周期。生产周期越长，该产品或行业的供给弹性越小。

（3）生产规模。生产所需要的基本规模越大的行业或产品，其行业进退与产量增减往往不易，供给价格弹性相对性越小。

（二）供给弹性的分类

供给价格弹性通常被归结为以下几点。

（1）$E_s > 1$（富于弹性）：供给量变化的百分比大于价格变化的百分比。

（2）$E_s < 1$（缺乏弹性）：供给量变化的百分比小于价格变化的百分比。

（3）$E_s = 1$（单位弹性或称单一弹性）：供给量变化的百分比恰好等于价格变化的百分比。

（4）$E_s = 0$（0 弹性或称完全无弹性）：供给量变化的百分比为零。

（5）$E_s=\infty$（无穷大弹性或称完全富有弹性）：价格变化的百分比为零。

很明显，较特殊的是后面三类情况：$E_s=1$；$E_s=0$ 及 $E_s=\infty$，如图 1-16 所示。

(a) $E_s=1$　　　　(b) $E_s=0$　　　　(c) $E_s=\infty$

图 1-16　特殊的供给价格弹性

供给曲线上某一点的弹性恰好为单位弹性（$E_s=1$）是可以理解的，但整条供给曲线的供给弹性都等于 1，现实生活中则很难满足这一条件。

$E_s=0$ 的情况也并不少见。例如，部分不可再生资源与不可复制的部分商品，所呈现出的便是类似 $Q=c$（常数）的供给曲线。

整条供给曲线 $E_s=\infty$，在现实中同样很难找到这样的供给曲线。人们常以劳动力严重过剩市场的劳动力供给，来刻画类似的供给曲线。

生活中的经济学

· ▶ 农户的烦恼

生活中有这样一些商品，在某些年份价格高涨，而后一些年份价格低落，然后再高涨，再低谷……其价格表现出周期性的循环变化的特征。现实中最明显的莫过于生猪市场，第一年高价，猪肉交易量较小，第二年价格暴跌，卖猪难。现在，甚至是每半年的一个生产周期，就有一个如此的循环。你再注意观察，某年份某种水果价格高，市场趋之若鹜，第二年基本是烂市，价格回落。凡此种种，不一而足。

如果仔细观察，相当部分农副产品都曾经历，或正在经历这样的市场怪圈。

思考题：

一场摧毁了一半农作物的旱灾对农民来说可能是一件好事吗？如果这样的旱灾对农民来说是好事，为什么在未发生旱灾的年头，农民不去摧毁自己的农作物？

本讲通过供给与需求的分析，集中讨论了局部市场（单个市场）的均衡价格的决定。有人将供求理论称为经济分析的十大原理之一，因为供求理论，为我们理解市场与市场制度，及其在资源配置中的作用提供了重要的理论依据——价格是引导资源配置的重要信号，人们又常以"无形的手"，来描述"价格机制"的神奇作用。

免费公共
交通

本 讲 小 结

1. 供给与需求理论重点在于说明市场机制对于均衡价格与均衡数量的决定机制。

2. 需求是指消费者在一定时期,在各种可能的价格水平,愿意且能够购买的某种商品的数量。需求规律表明了商品需求与价格呈反向变动关系。市场需求是特定市场所有个人需求的加总。

3. 供给是指厂商在一定时期,在各种可能的价格水平,愿意且有能力提供的某种商品的数量。供给的一般法则显示了供给量与价格的同方向变动关系。市场供给是指特定市场所有厂商供给的加总。

4. 供给与需求的均衡意即供求相等时的市场状况。此时的价格为市场均衡价格,交易数量为市场均衡数量。

5. 弹性考察的是因变量对自变量变动的敏感程度,弹性是一个相对数。意即因变量变动的百分比去除以自变量变动的百分比。需求的价格弹性指需求量变动对于价格变动的反应程度。供给的价格弹性指供给量的变动对价格变动的反应程度。

思 考 及 运 用

1. 前几年商品房价格的一度持续上升,政府为什么不采取"价格下限"的方式进行干预? 谈谈你对当地房地产市场未来价格的基本趋势判断,并说明理由。

2. 农业的技术进步对农户来说未必一定是好事,谈谈你的理解。

3. 天然气价格上升对混合动力汽车市场均衡价格和均衡数量有何影响?

4. 为什么酒吧里喝水要钱,却提供免费的花生、瓜子?

第二讲　消费者选择

🔍 **引导问题**

什么是消费者选择？

定额税和比例税你喜欢哪种？

你结婚时喜欢朋友给你送钱还是送等价的物品呢？

◎ **核心概念**

效用　　偏好　　预算约束　　消费者均衡

案例引入

如何进行家庭资产配置?

张先生(53岁)的家庭为双职工家庭,夫妻均在国企工作,年收入稳定但增长有限,约50万元。家庭有一名高中生,即将面临大学教育费用。家庭注重风险控制和现金流稳定。家庭资产配置如下:① 紧急备用金:保持6个月的生活费用(约20%,即10万元)作为紧急备用金,存放在银行活期存款或货币市场基金中。② 固定收益投资:将大部分资金(约48%,即24万元)投资于国债、银行理财产品或高信用评级的企业债,以确保稳定的利息收入。③ 教育储蓄:设立专项教育基金,占家庭资产的12%(约6万元),投资于教育储蓄保险或定期存款,为孩子的大学费用做准备。④ 股票或基金投资:剩余资金(约20%,即10万元)谨慎投资于蓝筹股或混合型基金,以寻求长期资本增值,但占比不高以控制风险。

李女士(30岁)的家庭为创业家庭,丈夫经营一家小型企业,收入波动较大但潜力大,家庭年收入在50万至100万元。家庭无子女,计划在未来几年内生育并考虑购房。家庭资产配置如下:① 创业及流动资金:保持足够的流动资金(约30%,即30万元)用于企业运营和紧急支出,同时考虑将部分资金投资于企业扩张或新项目。② 股票及股票型基金:鉴于家庭风险承受能力较高且追求高收益,将40%的资金(20万至40万元)投资于股票市场和成长型股票基金,以获取较高的资本增值。③ 房地产投资:计划在未来购房,因此预留20%的资金(10万至20万元)作为购房首付款,并考虑通过房地产众筹或REITs间接投资房地产市场。④ 多元化投资:剩余10%的资金(5万至10万元)投资于黄金、外汇或其他金融产品,以实现资产多元化,降低整体风险。

思考题:

1. 张先生和李女士家庭在资产配置上的差异,如何体现他们对风险偏好和预算约束的不同考虑?

2. 从消费者的最优决策角度来看,张先生家庭将大部分资金投资于固定收益产品,而李女士家庭将较大比例资金投资于股票及股票型基金,他们各自是如何权衡收益与风险来达到自认为的最优决策的?

第一节 偏好与效用

在经济生活中,选择是人们必然面对的重要问题,是不可回避的。

消费者在进行消费决策时,必须回答两个问题:其一,该消费者想要购买什么?这是对各种消费组合进行偏好排序的过程。其二,该消费者能够购买什么?这是对该消费者选择的内外部约束条件进行考察的过程。内部约束条件主要指消费者是否有足够的货币收入和消费时间等;外部条件主要指是否允许消费自己选定的消费组合。例如,中国公民不允许私自携带枪支弹药,不允许购买毒品等,这些都是外部约束条件。

在此基础上,消费者把自己需要的消费组合和面临的约束条件综合起来,选择自己的最优决策。个人作为消费者的决策过程如图2-1所示。

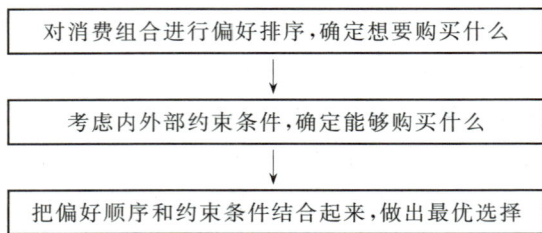

```
┌─────────────────────────────────────────┐
│ 对消费组合进行偏好排序,确定想要购买什么 │
└─────────────────────────────────────────┘
                    ↓
┌─────────────────────────────────────────┐
│ 考虑内外部约束条件,确定能够购买什么     │
└─────────────────────────────────────────┘
                    ↓
┌─────────────────────────────────────────┐
│ 把偏好顺序和约束条件结合起来,做出最优选择 │
└─────────────────────────────────────────┘
```

图 2-1　消费者的决策过程

这里的最优决策只具有理论分析上的意义。最优决策需要在信息完全的条件下做出,但搜寻完全信息需要付出巨大成本。例如,你要购买一件衣服,你不可能把世界上所有的衣服搜寻一遍后再做出决策。因此,你的决策通常是次优决策。一般的选择行为也是这样。

既然消费者的消费决策过程是按照这样三个步骤来进行的,那必须首先分析偏好,因为偏好是选择的基础,是进行科学选择的依据。

一、最好吃的东西与偏好

(一) 偏好的概念

偏好,即爱好或喜欢。对于各种不同的商品组合,消费者的偏好程度是有差别的,这种差别反映了消费者对这些不同商品组合的效用水平的评价。

> **消费者偏好(consumer's preference)**:是消费者根据自己的意愿,对可能消费的商品组合进行的排序。

不同人的偏好可能是完全不同的,有些人爱喝啤酒,有些人爱喝可乐,就像一句英语谚语所说"甲之砒霜,乙之佳肴。"偏好不受商品价格和消费者收入的影响。偏好是消费者的一种心理状态,往往取决于一些非经济因素。

(二) 偏好的特征

虽然偏好如此千差万别,但是,所有"理性"消费者的偏好所具有的共同特征或基本假设主要有以下三个。

1. 偏好的完备性

序数效用论者假定理性的消费者应当有能力对不同商品组合做出自己的偏好排序。例如:有两篮水果,甲篮里有8个香蕉和8个苹果,乙篮里有8个橘子和8个梨子,理性消费者总是可以做出,而且只能做出以下三种判断中的一种:对甲篮的偏好大于对乙篮的偏好;或者对乙篮的偏好大于对甲篮的偏好;或者对甲、乙两篮的偏好相同。

这就是完备性假定。如果消费者无法比较两者偏好的大小,我们就不能期待消费者做出理性的选择,特别在当外部环境不断变化时更是如此。因此,如果消费者的偏好不符合完备性假定,消费理论就无从建立。

2. 偏好的可传递性

对于任何三个商品组合:组合 X、组合 Y 和组合 Z,就某消费者的偏好来说,如果他认为组合 X 优于组合 Y,组合 Y 又优于组合 Z,则他必定认为组合 X 优于组合 Z。例如,如果一个人喜欢果汁多于喜欢咖啡,喜欢咖啡又多于喜欢可乐,他一定喜欢果汁多于喜欢可乐。同理,如果该消费者认为组合 X 与组合 Y 无差异,组合 Y 与组合 Z 无差异,则他必定认为组合 X 与组合 Z 无差异。偏好的可传递性假定保证了消费者偏好的一致性,消费者的选择是始终一贯的,故是理性的。

3. 偏好的非饱和性

这个假定也可以叫作"多比少好假定"。在两个商品组合其他状况都相同的情况下,消费者总是偏好于含有商品数量较多的那个商品组合。例如:甲篮里有 2 个香蕉和 2 个苹果,乙篮里有 1 个香蕉和 1 个苹果,则消费者一定更喜欢甲篮。当然这个假定隐含了消费者认为值得拥有的商品都是边际效用为正的经济商品,而非边际效用为负的经济商品。

消费者面对 X、Y 两个不同的选择组合时,我们如何来描述消费者对它们的偏好关系呢?

假设:$X=(X_1,X_2,\cdots,X_n)$,$Y=(Y_1,Y_2,\cdots,Y_n)$。

通常用下列符号对它们的偏好关系进行描述:(1)$X\geqslant Y$:X 至少和 Y 一样好或 X 不比 Y 差;(2)$X>Y$:X 严格好于 Y 或 X 强偏好于 Y;(3)$X\sim Y$:X 和 Y 一样好,或 X 和 Y 无差异。

消费者要进行消费选择,首先,必须对选择组合进行偏好排序,通常有两种方法来排序,即综合式排序和字典式排序。

综合式排序是指综合比较集合 X 和 Y 中的每一个元素,然后得出 X 和 Y 的偏好关系。

例如,某公司在招聘时有两个备选对象 X 和 Y 可作选择,如果把两个备选对象的学历、性格、相貌、气质、家庭等许多因素进行综合考虑后再选择,这就是综合式排序。

字典式排序是指只对 X 和 Y 中的某一相同的元素进行比较,就可以得出 X 和 Y 的偏好关系。

例如,某公司对学历因素(比如博士研究生)是如此喜爱,以至于其他因素在排序时完全无影响,这样,公司的选择必然是有博士研究生文凭的毕业生。英文字典以打头字母为顺序进行排列,故得此名。

生活中的经济学
经济侦探学:罪犯是谁?

有一个名叫史蒂文森的罪犯在犯罪后改名潜逃他国。经过侦察,将可能的嫌疑对象圈定为加拿大的 B、法国的 G 和德国的 X,并拿到了这三名疑犯的起居、消费记录。大侦探福尔摩斯接受了此案,但在几经分析之后因为没有新的发现只好宣布证据不足,无法定案。这时他的朋友萨缪尔森正好在一旁,他研究了史蒂文森和三名疑犯的消费记录(表2-1)。

表 2 - 1　消 费 记 录

嫌疑犯	香　肠	啤　酒	香肠的单价	啤酒的单价
史蒂文森	10千克	20升	1镑	1镑
B	20千克	5升	2加元	1加元
G	5千克	10升	2法郎	2法郎
X	5千克	30升	2马克	1马克

萨缪尔森用不同的颜色画出了四人的预算曲线之后,分析指出,除非史蒂文森改变其偏好,否则B不必受到怀疑(因为B所消耗的香肠比例大于其啤酒比例,其他三人则均相反)。在剩下的两名疑犯中,萨缪尔森又指出,史蒂文森自然选择前往某地,其处境一定比以前好。只要其偏好未改变,他就一定是德国的X(因为G的总消费水平与史蒂文森具有相同的效用,而X则更大)。后来经过追查,果然罪犯为X。

故事自然是虚构的,然而我们却能在其中发现两个有意义的结论:

一个人的消费偏好一旦确定,往往难以变更。

一个人的生活条件发生改变时(无论这种改变是由远赴异国还是由收入增加引起的),他往往会倾向于选择一种更好的处境,但仍然不会改变其消费偏好。

思考题:

1. 案例中,为什么可以通过比较香肠和啤酒的消耗比例来排除疑犯B?

2. 案例中提到史蒂文森在生活条件改变(潜逃他国)后,仍未改变其消费偏好并选择了德国的X这种情况,说明其偏好具有哪些特性?

二、效用

俗话说,萝卜白菜,各有所爱。卷烟厂生产的某一种香烟,对于嗜烟者来说,吸烟是快乐的事情;但是,对一个不抽烟的人来说,抽烟很难受,香烟的效用很低甚至是负效用,其效用水平是明显不同的。那效用是什么呢?

(一)效用、总效用、边际效用

1. 效用

效用是经济学中常用的概念,是对商品满足个人欲望效果的评价,或者说,效用是指消费者在消费商品时,所感受到的满足程度。

> 效用(utility):消费者从商品和服务的消费中所得到的满足程度。

显然,效用更多反映的是一种心理感受。一般而言,消费者是通过消费商品使自己的需求、欲望得到满足,效用就是度量这个满足程度的工具。由于效用度量的是一种心理感受,它因人、因时、因物、因地而不同。

理解效用的概念注意以下几点。

(1)效用不是商品的客观用途(不是商品的使用价值)。

(2)效用是个人的心理感受。

(3)同一商品效用的大小因人、因时、因地而不同。

即时思考:你能举出因人、因时、因物、因地等不同而效用具有差异的例子吗?

基数效用论与序数效用论

2. 总效用

总效用是指消费者在一定时期内消费一定数量的商品或服务所得到的总满足程度或效用总量。你一口气吃了十个馒头的总满足程度就是总效用。

有一则寓言:有个人肚子饿了,去买煎饼吃。他一连吃了六个,觉得还是不饱,就买了第七个吃,刚吃了半个,就觉得很饱了。这时,他心中很懊悔,用手打着自己的嘴巴说道:"我怎么如此愚痴而不知节约! 早知道后头的半个煎饼能吃饱,那么我只要买这半个煎饼就是了,前头的六个煎饼不是多吃了吗?"在这则寓言里,第一个和第七个煎饼的不同就是边际的问题。

3. 边际效用

边际效用是指一定时期内消费者每增加(或减少)一单位商品或服务的消费时所得到的总效用的增加(或减少)量。

假定消费者对一种商品的消费数量为 Q,总效用为 TU,边际效用为 MU,ΔTU 表示总效用的变化量,ΔQ 表示商品消费数量的变化量,则有:

> **边际效用(marginal utility)**:消费者消费最后一单位商品或服务所带来效用量的增量。

总效用函数:

$$TU = f(Q)$$

边际效用函数为:

$$MU = \frac{\Delta TU(Q)}{\Delta Q}$$

式中当消费商品的增加量趋于无穷小时,即 $\Delta Q \to 0$,有:

$$MU = \lim_{\Delta Q \to 0} \frac{\Delta TU(Q)}{\Delta Q} = \frac{dTU(Q)}{dQ}$$

生活中的经济学

为什么第二杯半价?

第二杯半价是饮品店常使用的促销招数。虽然这么多年过去了,但国内仍然屡试不爽,明知是商家促销手段,消费者仍然喜欢。本来销售一样商品,一旦有了"第二份半价"这个由头,销量忽然就上来了。这背后的经济学原理是什么呢?

下表假设了某人在增加咖啡的消费量时总效用和边际效用的数值。

表 2-2　总效用和边际效用的比较

喝咖啡的杯数(X)	总效用(TU)	边际效用(MU)
0	0	0
1	15	15
2	25	10
3	30	5
4	30	0
5	25	-5

当在非常困时,喝第一杯咖啡所获得满足或效用为 15,这时总效用为 15,总效用增量即边际效用为 15;接下来喝第二杯咖啡时,虽然还能喝下去,但是已经不那么困,2 杯咖啡的总效用为 25,也就是第 2 杯咖啡中所获得的满足感(也即总效用增量、边际效用)为 10;显然,第二杯咖啡带来的满足感不及第一杯。用同样的价钱买两杯,消费者会感到"不值得"。以此类推,当喝到第 4 杯咖啡时,总效用达最大值为 30,而边际效用已递减为 0,此时如果有人又给了第 5 杯咖啡时,此时第 5 杯咖啡的消费给他带来的不是主观上的满足感,而是一种痛苦,边际效用为 -5,不但没增加总效用,反而使其总效用减少了 5,变为了 25。

从上面的分析可以作出总效用曲线和边际效用曲线(图 2-2)。

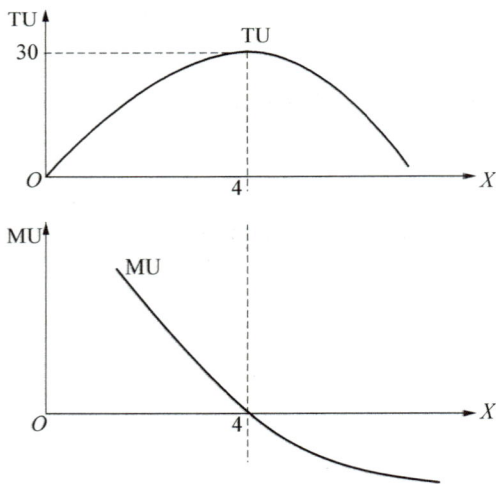

图 2-2　总效用与边际效用的关系

思考题:

从"边际效用值是总效用曲线上相应点的斜率"这个意义出发,说明总效用曲线与边际效用曲线的关系。

(二) 边际效用递减规律

边际效用递减规律是指在一定时间内,在其他商品的消费数量保持不变的条件下,随着消费者对某种商品消费量的增加,消费者从该商品连续增加的每一消费单位中所得到的效用增量即边际效用是递减的。

从喝咖啡的案例可以看出这一规律。第一杯咖啡给人带来的满足程度是极大的,随着喝咖啡数的增加,虽然总效用是不断增加的,但每一杯咖啡给人带来的效用增量即边际效用却是递减的。当他喝完 4 杯时,咖啡的总效用达到最大值,边际效用却降为 0。此时,继续喝咖啡反而造成生理上的不适,边际效用降为负值,总效用也开始下降。

边际效用递减规律产生原因如下。

(1)生理或心理的原因。随着消费同种商品数量的增加,该消费者对这种商品的欲望减弱,因而生理上从每一单位消费品中所感受到的满足程度和心理上对重复刺激的反应程度递减。

(2)商品不同用途的重要性不同。对于某种商品而言,往往有多种用途,消费者对不同用途的重要性总是有其自身的主观评价,因而总是将第一单位的消费品用在他认为最重要的用途上,将第二单位的消费品用在他认为次重要的用途上,则后一个单位带来的满足或效用一定小于前一个单位提供的效用。

即时思考:货币具有边际效用吗?其边际效用会递减吗?

生活中的经济学　新款 iPhone 问世后,为什么很多消费者购买旧款?

新款 iPhone 问世后,有相当多的一部分消费者选择购买价格更便宜的旧款,为什么会出现这样的现象?

当这种变化并非个别消费者的行为,而逐渐体现为一种市场趋势,这是否意味着苹果已经没有能力开发出与价格匹配的新产品?这种变化不但慢慢侵蚀着苹果的利润率,而且也足以说明 iPhone 可能逐渐丧失市场影响力。

那些选择购买旧款 iPhone 的消费者,往往不是那种追求最新款产品的人,而这样的消费者占据人群的大多数,他们可能并不看重产品的新功能、新卖点,而更加看重产品的价格。

苹果的以上困惑,反映了消费者购买行为中的什么原理呢?

消费者购买商品使其满足程度最高,这包括产品使用体验的满意度高和购买产品花钱少两个方面,新款 iPhone 无疑有更多的新功能,但这些有限的好处是否值得消费者付出那么高的价格,也是消费者所考虑的,正所谓消费者挑选商品要"物美价廉",有的时候,尤其是物品差不多的时候,"价廉"就显得更为重要。

另外,升级换代的 iPhone 产品虽然越来越时尚,但是如果每代产品的核心技术都一样,在外观差别也不大的情况下,那么,消费者的这种购买行为符合边际效用递减规律。

思考题:

请分析在案例中消费者选择购买旧款 iPhone 的行为是如何体现边际效用递减规律的?

三、无差异曲线与边际替代率——偏好是如何反映的

生活中的经济学 · · · · · · · · ▶ **小周和小徐应该怎么选择?**

小周和小徐到休闲俱乐部玩。俱乐部告诉他们,为了掌握和控制各活动场所的人数,每个人要事先领卡;橘色卡表示打 2 小时的羽毛球和玩 1.5 小时的电子游戏,绿色卡表示打 1.5 小时的羽毛球和玩 2 小时的电子游戏。小周问小徐:"我们是领橘色卡还是绿色卡?"小徐讲:"我无所谓,随便领哪种卡都可以。"

思考题:

1. 小徐对于打羽毛球和玩电子游戏这两种活动的偏好满足什么特点?请用无差异曲线的概念来解释。

2. 从小徐的选择来看,如果以打羽毛球的时间为横轴,玩电子游戏的时间为纵轴,计算小徐在这两种活动之间的边际替代率大致是多少?

(一) 无差异曲线

可以用一条无差异曲线(图 2-3)来反映小徐的这种偏好。

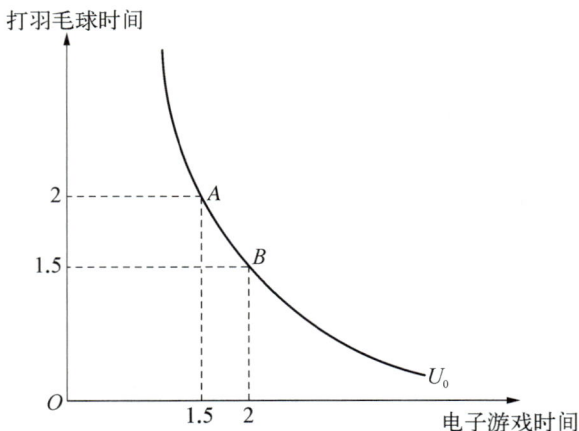

无差异曲线(indifference curve):带给消费者相同效用的所有商品组合构成的曲线。

图 2-3 小徐的无差异曲线

消费品的多样化和消费者需求的多层次性决定了消费者的选择具有多样化特点。换言之,在一定收入水平下,消费者可以购买数量繁多的商品,即消费组合中包含的元素可能很多。为了使上面的分析简单化,我们假定消费者在两种商品(羽毛球和电子游戏)之间进行选择。显然,这样的假定不现实,但在以后的分析中我们可以看到,这种只有两种商品的选择理论可以被用来说明多种商品的情况,因为这样的假定既不失一般性,又可以使分析大大简化。请注意,经济学中常常用这样的方法分析经济问题,因为非现实的假定往往并不是坏的假定。

显然在图 2-4 中,为满足消费者达到 U_0 的效用水平不变,增加一种商品(电子游戏)的消费量,就可以减少另一种商品(羽毛球)的相应的消费量,或者说,减少一种商品(电子游戏)的消费量,就必须增加另一种商品(羽毛球)的相应的消费量。满足效用水平不变时,两种商品数量的依从关系就是无差异曲线。

上述这条无差异曲线只是描绘了消费者对这两种商品某些组合的一种偏好程度,而没有描绘出对这两种商品所有组合的偏好。要描绘该消费者对两种商品的所有组合的偏好,必须绘制一组无差异曲线,形成无差异曲线簇图,才能完整地表现消费者对这两种商品各种消费组合的偏好程度,才能完整地体现这两种商品所有组合所带来的效用水平,如图 2-4 所示。

从图 2-4 中可看出无差异曲线具有以下特征:

(1)一条无差异曲线上任何两点所代表的商品组合提供的效用都相等。

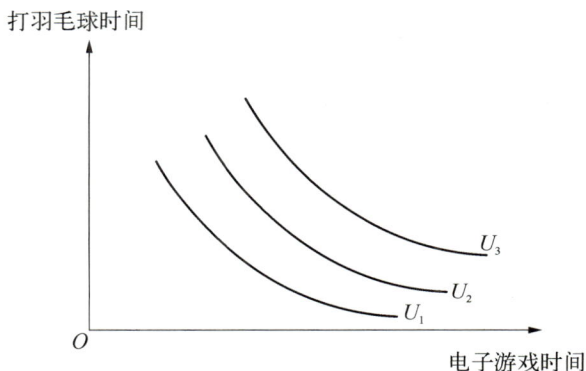

图 2-4　无差异曲线簇

(2)在无差异曲线簇图中,离原点越远的无差异曲线所代表的效用越大。

(3)在无差异曲线簇图中,任何两条无差异曲线都不可能相交。

(4)无差异曲线一般凸向原点,并向右下方倾斜,其斜率为负数。

即时思考:无差异曲线有无可能向右上方上升,斜率为正?

(二)边际替代率

无差异曲线告诉我们,当消费者沿着一条既定的无差异曲线上下滑动时,效用水平保持不变,因此消费者在增加一种商品消费数量的同时,必须放弃一部分另一种商品的消费数量,即两商品的消费数量存在替代关系,这种替代关系可以用边际替代

> **边际替代率(marginal rate of substitution of commodities)**:为了保持消费者的总效用不变,消费者用一种商品去代替另一种商品的意愿程度。

率来表示。

商品的边际替代率(MRS)是在维持效用水平不变的前提下,消费者增加一单位某种商品消费数量时所需要放弃的另一种商品的消费数量。

即时思考:人们常说"物以稀为贵",这句话与消费者偏好和商品的边际替代率有什么关系?

(三) 完全替代品和完全互补品的无差异曲线

无差异曲线的形状反映了两种商品之间的替代程度。根据边际替代率递减规律,无差异曲线的一般形状是凸向原点的,但在完全替代品和完全互补品这两种极端情况下,无差异曲线表现为特殊形状。

完全替代品是指当两种商品之间的替代比率始终固定不变时,我们称这两种商品为完全替代品。也就是说,消费者愿意按照固定的比率用一种商品代替另一种商品。很明显,完全替代品之间的边际替代率是一个常数,其无差异曲线表现为一条固定斜率的直线,如图2-5所示。

图2-6中,对消费者来说,1个橘子和2个苹果是无差异的,即消费者每增加1个橘子的消费时,都愿意放弃2个苹果,即两者以1:2的比例相互替代,橘子对苹果的边际替代率始终为2。

完全互补品是指两个商品之间是完全不可替代的,或者说完全互补的,消费者偏好以固定比例消费这两种商品。其无差异曲线是直角形状,如图2-6所示。

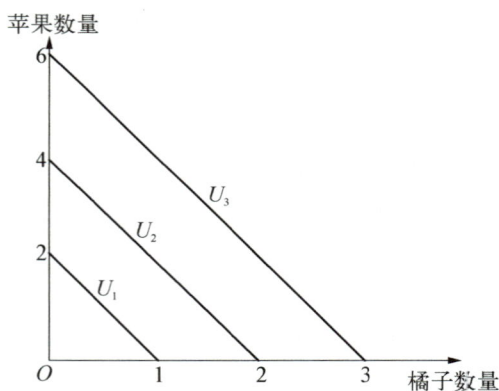

图2-5 完全替代品的无差异曲线

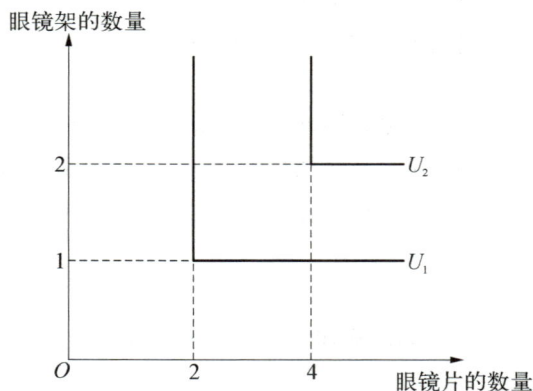

图2-6 完全互补品的无差异曲线

图2-6中,眼镜架与眼镜片是完全互补品,眼镜架与眼镜片必须以1:2的比例固定使用(即1副眼镜架配2片眼镜片),才能构成一副可供使用的眼镜。因此对1副眼镜架而言,只需要2片眼镜片即可。当眼镜架与眼镜片的数量比例小于1:2时,消费者不愿意用任何眼镜架去换更多的眼镜片,故眼镜片对眼镜架的边际替代率为0,表现

为图 2-6 中无差异曲线的水平部分；同样的道理，当眼镜架与眼镜片的数量比例大于 1：2 时，消费者愿意放弃所有超量的眼镜架去换取眼镜片，以与之匹配，故眼镜片对眼镜架的边际替代率为∞，表现为图 2-6 中无差异曲线的垂直部分。

第二节　预算约束

根据消费者的决策过程，目前，我们只分析了第一阶段，即消费者偏好排序的方法。换句话说，我们只回答了消费者如何确定购买什么的问题，本节将探讨消费者的约束问题，即回答消费者能够购买什么的问题。在既定经济条件下，消费者的外部约束都是给定的，如生产技术水平、政府政策，因此，本节重点探讨消费者的内部约束——预算约束问题。

一、预算约束线：选择的范围

无差异曲线描述了消费者对不同商品组合的偏好，它表示了消费者的主观消费愿望。但是主观愿望并不等于现实，面对各种可能的商品组合，消费者的选择和购买必然受到自己的收入水平和市场上商品价格的限制，即预算约束，这是消费者选择的客观条件。主观愿望和客观条件分析构成消费者选择分析的两个方面。前面我们已经通过无差异曲线描述消费者的主观消费愿望，对消费者选择决策的第一步偏好排序进行了分析，下面我们用预算约束线来说明预算约束。

预算约束线又称为预算线、消费可能线和价格线。预算线表示在消费者的收入和商品的价格给定的条件下，消费者的全部收入所能购买到的两种商品的各种组合。

> **预算约束线（budget constraint line）**：在消费者的收入和商品的价格给定的条件下，消费者的全部收入所能购买到的两种商品的各种组合。

假设你有收入 I 元，将全部收入用于购买苹果和梨这两种商品，P_1、P_2 分别为苹果和梨的市场价格，X 和 Y 为两种商品的购买量，则预算约束的方程式为：

$$P_1 X + P_2 Y = I$$

如图 2-7 所示。当全部收入都用于购买商品苹果时，能够买到苹果的数量为 I/P_1，此时消费组合为 $(I/P_1, 0)$，表现为该预算线与横轴相交于 N 点。当全部收入都用于购买梨时，能够买到梨的数量为 I/P_2，此时消费组合为 $(0, I/P_2)$，表现为该预算线与纵轴相交于 M 点。由此可作出预算线为图 2-7 中的线段 MN。

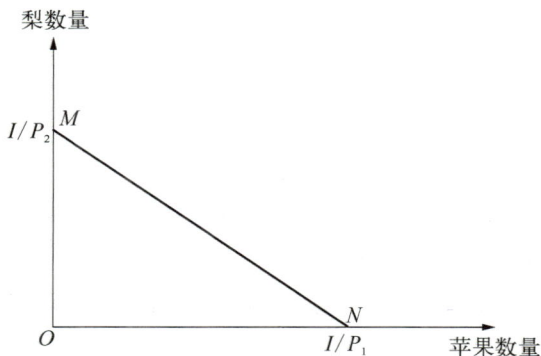

图 2-7　预算约束线

生活中的经济学　韩元贬值怎么影响韩国留学生的预算？

尹成豪是一名在北京学习中医的韩国留学生，韩元贬值使他的生活发生了很大的变化。"我现在每天吃饭都要算算汇率，吃碗 35 元的刀削面也要掂量掂量。生活突然变得需要算计了，从前花钱很随意，但现在有钱都不敢乱花，就怕月底没有钱生活。"

尹成豪说："在北京 95% 的韩国留学生是靠家里寄钱生活的。但是由于韩元贬值严重，原来韩元兑人民币是 150∶1，现在换 1 元人民币则需要 177 韩元来兑换。大部分留学生家里还是会寄出相同的韩元钱数，但兑换成人民币就少了很多，再加上物价的上涨，对我们来说东西比原来贵了一倍。我很喜欢吃韩式炸酱面，一个中碗是 25 元。原来我觉得很便宜，因为在韩国同样的面可能要人民币 28 元。但是现在韩元贬值了，相同的面在韩国花人民币 15 元到 20 元就可以吃到，但北京还是 25 元，比韩国还贵了 10 元左右。不只是吃的贵了，其他的东西也贵了不少。原来很多韩国留学生出门都喜欢打车，一般不坐公交车，也不认识车站、线路，但是现在他们都要查地图看公交线路和车次，因为不得不选择坐公交出行。"

提起原来的生活，尹成豪颇有感受。"原来我每天都吃得很爽，想吃什么就吃什么，从来不在乎价钱。租房也很便宜，一居室一个月只要 1 400 元。晚上我们还会去酒吧玩玩，在酒吧一晚上人均消费约 100 元，感觉很轻松。当时我们并没有金钱上的困扰，生活得很舒心。"

家住望京新城的韩国留学生金对培告诉记者："我原来很喜欢去酒吧、迪厅，我们经常约很多同学去酒吧玩，一晚上大约消费 1 000 元人民币。我租的四居室是 7 000 元人民币，7 个人共住，平均每人 1 000 元人民币，也觉得很划算，但是现在兑换 1 000 元人民币所需要的韩元对我们来说多了近一倍。"

思考题：

根据案例中韩国留学生因韩元贬值所面临的情况，分析他们的预算约束线发生了怎样的变化？

二、预算约束线的移动

一个家庭原来每个月花在天然气上的钱是 100 元，现在天然气的价格涨了，是原来的两倍，预算约束线该如何移动？如果政府此时给这样的家庭又补贴 100 元，那预算约束线又该怎样移动？

从预算方程可看出，预算线的位置和形状取决于消费者的收入 I 和两商品的价格 P_1 和 P_2 这三个变量。三者中只要有一个量发生变化，则会使原有的预算线发生移动。

（1）天然气涨了一倍的价格，其他商品的价格没有变动，收入也没有变动，假设天然气这种商品的消费量为横轴 X,其他消费商品的量为纵轴 Y,那么预算约束线会向左旋转,从原来的 MN 旋转到 MN_1,如图 2-8 所示。

(2)在天然气涨价后,政府给予了 100 元的补贴,这标志着家庭的收入增加了,则预算线的位置会发生平移,约束线从 MN_1 平行移动到 M_1N_2,如图 2-9 所示。

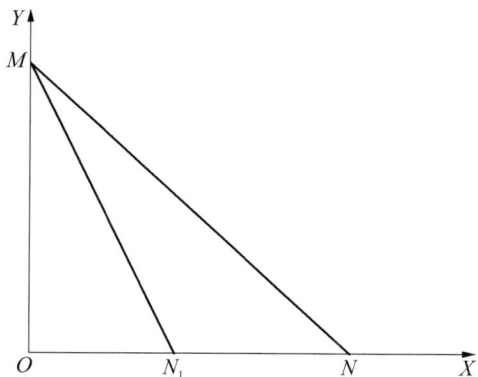

图 2-8 价格变动引起的预算线旋转

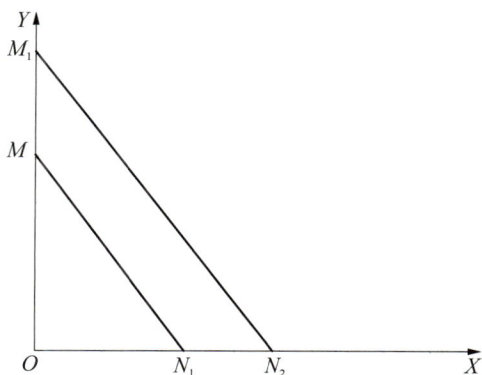

图 2-9 收入变化的预算线平移

三、多重约束

有时,消费者面临的约束是多重的,即除了收入,还有其他约束。例如,在购物节,许多商品进行"积分＋货币"的消费模式,消费者必须把货币和积分结合起来,才能购买商品,这是短缺经济的重要特点,也称为配额。

例如,购买一支铅笔,消费者必须支付 8 元货币和 2 积分,购买一把尺子,消费者必须支付 4 元货币和 5 积分,现在消费者有 160 元货币和 100 积分且全部用来购买铅笔和尺子,预算约束是什么呢?

首先,消费者必须满足货币约束,假设消费者购买 x_1 支铅笔和 x_2 把尺子,即: $8x_1+4x_2 \leqslant 160$,其次,必须满足积分约束,即 $2x_1+5x_2 \leqslant 100$;显然,$x_1 \geqslant 0$,$x_2 \geqslant 0$。

显然,此时图 2-10 中的阴影部分为预算集,预算线则不再是直线,而变成了 AB 和 BC 线段的叠加。阴影部分以外的点如 E、F 等,都是消费者无法达到的消费束。B 点表示消费者将货币和积分都用尽的消费束,D 点表示剩余货币和积分,G 点表示积分用完,但剩余了货币,H 点表示货币用完,但剩余了积分。在预算线上,消费者究竟选择什么样的消费束,取决于消费者的偏好,即效用函数的形式。

多重约束通常是非线性约束,除上面例子以外,非线性约束的另外一种情况是一种

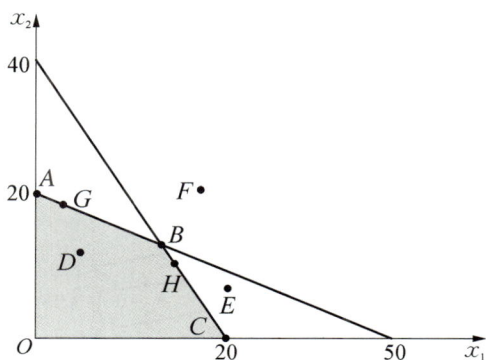

图 2-10 多重约束的预算线

商品的价格随消费者消费数量的增加而给以优惠,例如,消费者消费食品和衣服,食品的价格不变,但消费者消费 5 件衣服时,价格较高,再买 5 件衣服时,价格给以优惠,再增加购买 5 件衣服时,这 5 件衣服的价格更低,显然,这样的预算约束为带折的线段,如图 2-11 所示。AB、BC、CD 三线段反映了消费者面对三种不同的衣服价格。

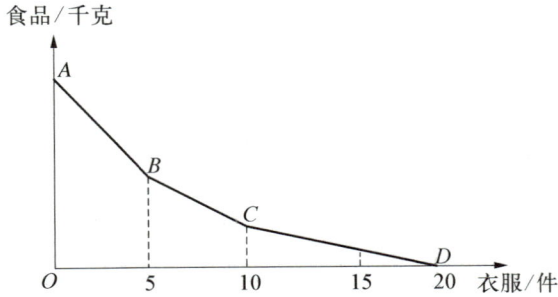

图 2-11　价格递减时的预算线

第三节　消费者的最优决策

到此,我们已经回答关于个人作为消费者决策过程中的前两个问题,即消费者想要购买什么和消费者能够购买什么。接下来我们要把两者结合起来,分析消费者的最优决策。

一、最优选择

在消费决策中,作为理性人,你的选择也应该是追求消费的均衡。

消费者必然追求消费效用的最大化,但作为现实中的个人,消费者又必须受到消费条件的制约。就收入约束而言,消费者难以做出收入水平不允许的消费选择。在消费中,效用水平由无差异曲线决定,预算约束由收入水平和商品的价格决定。给定消费者的收入水平、商品价格和效用曲线,如果能寻求到消费者的最大效用,这一问题便得以解决。下面以两商品为例加以说明。

把预算约束线和无差异曲线重叠在一个坐标系内,两者的关系不外三种情况:相交、相离和相切。如图 2-12 所示,AB 为预算线,无差异曲线 U_1、U_2 和 U_3 分别和预算线相交,相切和相离。

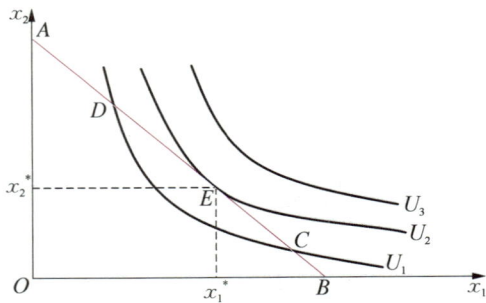

U_3 代表较高的效用水平,和 AB 没有交点。这说明,消费者收入太低或商品价格太高从而使消费者难以达到这样的效用水平,于是消费者不得不选择其他的效用水平以便使其消费具有现实可行性。

U_1 代表较低的效用水平,和预算线 AB

图 2-12　最优选择的确定

有两个交点 C 和 D,这意味着在 C、D 两点,消费者既能达到 U_1 的效用水平,又能满足预算约束。但这两点是否最优呢?换句话说,调整两种商品的数量,是否可以达到更大的效用水平呢?回答显然是肯定的。事实上,只要从点 C 出发,在满足约束的前提下,减少 x_1 的数量同时增加 x_2 的数量(沿 AB 线把点 C 向上移),就可以使效用水平不断增加。或者从点 D 开始,在满足约束的前提下,减少 x_2 的数量同时增加 x_1 的数量(沿 AB 线把点 D 向下移),同样可以使效用水平不断增加。

在点 E,无差异曲线 U_2 正好和预算线 AB 相切,此时,任何的 x_1 和 x_2 的替换都会使效用水平下降,而要达到更高的效用水平也不可能,此时,我们说消费者在既定约束条件下达到了均衡。

生活中的经济学   旅游城市的选择

小明、小红、小梅是某汽车公司的三名销售。公司为表彰他们的出色业绩,决定出资让他们去外地旅游一次,可供选择的城市有北京、上海、厦门。小明到过上海、厦门,这次毫不犹豫地选择去北京。小红到过两次上海、一次厦门,未曾去过北京,且公司所在城市到北京的路程更远,费用更贵,即公司出资额更多。但他非常喜爱上海的现代都市风貌,尽管也想去看看北京的风貌,然而小红还是选择了利用这次机会再去上海一次。小梅到过上海,未去过厦门,但他更喜欢北京的风貌,便选择了去北京。三人都觉得自己的决定很正确、很合理,一周之后,都带着旅游的兴奋、心满意足地回到了公司。

思考题:
(1) 运用经济学理论解释为什么三人都没有选择去厦门?
(2) 设想小红到过上海 10 多次,未去过北京,今后又碰到案例中的所述机会,他仍选择去上海的可能性大吗?

二、收入和价格变化了,消费者怎么办

从前面的消费者最优选择分析中可以看到,消费者总是在既定收入所允许的范围内,根据商品的既定价格,选择能带来最高效用的商品组合。那么当消费者的货币收入或者商品的价格发生变化时,消费者又会如何改变消费选择呢?以下将针对条件变化前后的消费者选择进行比较静态分析,先后考察消费者收入变化和商品价格变化对消费者选择的影响,在此基础上介绍恩格尔曲线和消费者需求曲线。

(一)收入变化对消费者均衡的影响
首先我们假定消费者的偏好和商品价格不变,考察消费者收入变化对消费者选择的影响,可以推导出恩格尔曲线。

收入-消费曲线是在消费者的偏好和商品的价格不变的条件下,与消费者的不同收入水平相联系的消费者效用最大化的均衡点的轨迹。

恩格尔曲线(图2-13)是表明一种商品的均衡购买量与消费者货币收入的关系的曲线。该曲线以统计学家恩斯特·恩格尔的名字命名,对于研究家庭收入和各项支出的关系十分重要。

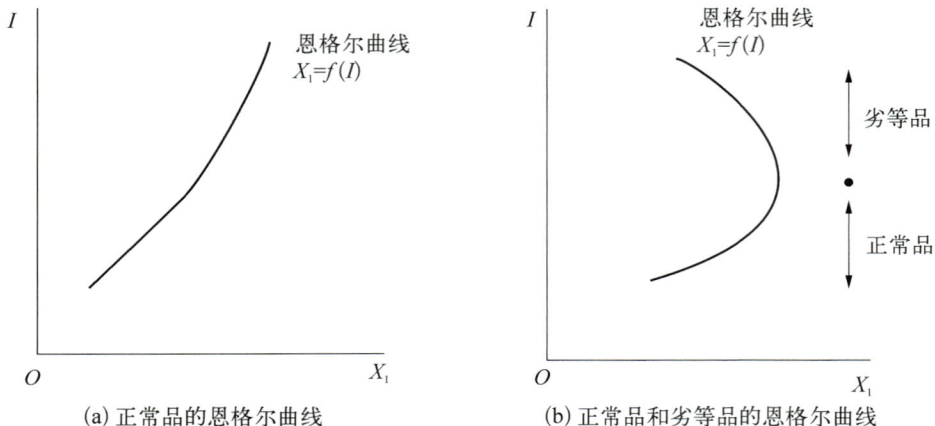

(a) 正常品的恩格尔曲线　　　　　(b) 正常品和劣等品的恩格尔曲线

图 2-13　恩格尔曲线

(二) 价格变化对消费者均衡的影响

下面假定消费者的偏好、消费者收入和其他商品价格不变,考察某一种商品价格变化对消费者选择的影响,在此基础上可以推导出消费者的需求曲线。

价格-消费曲线是在消费者的偏好、收入,以及其他商品价格不变条件下,与某一种商品的不同价格水平相联系的消费者效用最大化的均衡点的轨迹。

也即在其他条件不变时,一种商品价格的变化会使消费者效用最大化的均衡点位置发生移动,由此得到价格-消费曲线。

消费者的需求曲线反映了在一定价格水平下消费者所愿意购买的商品的数量,或者说购买一定数量的商品所愿意支付的价格。

(三) 收入效应、替代效应和价格效应

收入效应就是收入变动对消费的影响。这分两种情况,随收入增加而消费量增加的物品为正常物品,即收入效应为正;随收入增加而消费量减少的物品为低档物品,即收入效应为负。正常物品与低档物品的划分不是绝对的,在不同经济水平的国家和地区、不同收入水平的人和家庭之间都是不同的。

替代效应是当两种商品之间具有替代关系时,在收入不变,其中一种商品的价格发生变化后,消费者对原来的消费组合的调整,以增加价格下降的商品的需求量,从而替代并减少价格没有改变的商品的需求量。

价格效应就是价格变化带来的总影响,即:价格效应=收入效应+替代效应。

即时思考：分析当前汽车市场新能源汽车与燃油汽车的替代效应。

生活中的经济学　　网络购物节需要过度囤货吗？

消费者在电商打折促销期间，蹲直播、抢红包、拼手速，囤货一族在大促里钱包放血，买到心满意足，可有人却觉得囤货完全没有必要。甚至有些人的囤货到第二年的大促期间还没有用完。

是什么原因导致消费行为失控？非理性消费遵循怎样的轨迹？

可能的原因之一在于不是所有人都喜欢"便宜"的商品，但是很多人都喜欢"占便宜"。

非理性消费行为中，购买的内在动力，不是需要，而是想要。消费者购买产品或服务，并不是因为这些产品或服务与现实自我相一致，而是因为这些产品或服务与理想自我相一致，消费者希望通过这些消费提升自我价值，达到理想自我的标准。对自己的不满意，也可以触发非理性消费。

在非理性消费中，人们有两种方式失去自我：一种是"生活给别人看"，另一种是"看别人生活"。"生活给别人看"，这会导致炫耀消费，消费者购买昂贵的商品只是希望显示自己的财富地位。"看别人如何生活"，这会导致攀比消费。攀比消费是一种地位竞争，地位竞争是我们与生俱来的偏好，我们总是想要和其他人进行比较。无论物质财富达到什么水平，我们对自己拥有财富的都不会感到满足，因为总有人比我拥有得多。

思考题：

1. 结合案例，分析价格变化（打折促销）是如何通过收入效应和价格效应影响消费者的购买决策（比如囤货）？

2. 案例中提到非理性消费行为受多种因素影响，如想要"占便宜"、炫耀消费、攀比消费等。请结合这些因素，分析消费者的偏好是如何影响其在电商促销期间做出看似非理性的购买决策，而偏离了基于实际需求的最优决策的？

本 讲 小 结

1. 消费者的无差异曲线代表其偏好。无差异曲线表示能使消费者同样满足的各种物品组合。消费者对较高无差异曲线上各点的偏好大于对较低无差异曲线上的各点。

2. 消费者预算约束线表示在其收入与物品价格为既定时,可以购买的不同物品的可能组合。预算约束线的斜率等于这些物品的相对价格。

3. 效用是指某人从自己所从事的行为中得到的满足,也指商品或劳务满足人的欲望或需要的能力。效用大小取决于个人的判断。效用理论分为基数效用理论和序数效用理论。基数效用理论认为效用的大小可用基数进行测量。边际效用是指消费者每增加一单位某种商品的消费所增加的满足程度。边际效用满足递减原理。

4. 收入效应是价格降低使消费者状况变好而引起的消费变动,它反映在从较低无差异曲线向较高无差异曲线的移动上。

5. 消费者选择理论适用于许多情况。它可以解释为什么需求曲线有可能向右上方倾斜,为什么工资提高既可能增加也可能减少劳动供给量,为什么利率提高既可能增加也可能减少储蓄。

思 考 及 运 用

1. 对不同消费者,画出对啤酒与可乐的偏好的无差异曲线:

(1) 消费者甲喜欢啤酒但不喜欢可乐,他总是喜欢有更多的啤酒,不管他有多少可乐;

(2) 消费者乙认为在任何情况下,三瓶可乐与两瓶啤酒无差别;

(3) 消费者丙喜欢喝啤酒、可乐各占一半的饮料,他从不单独只喝啤酒或只喝可乐。

2. 小张结婚时收到祖父的一份礼物,这是一张 20 万元存单,但是规定只能在购买住宅时才能支用。小张对这一贵重礼物很高兴,但美中不足的是有附加支出条件,否则他更高兴。

请用消费者选择模型进行分析。

3. 一条高速公路修好后,为补偿成本征收过路费,发现车辆数目 X 与过路费 P 的关系为 $P = 12 - 2X$。

(1) 画出过路的需求曲线;

(2) 如果可以免费过路,过路车辆数是多少?

(3) 如果征收过路费 $P = 6$,消费者剩余的福利损失是多少?

第三讲 企业决策

引导问题

企业利润最大化与成本最小化的含义？

怎么理解生产函数中的要素之间关系？

规模经济与范围经济的区别？

为什么理性的企业也会破产？

核心概念

利润、成本和收益　　机会成本　　规模经济　　边际成本　　平均成本

案例引入

月饼厂家是如何作出生产决策的

为了找出生产一单位产品的成本,我们把企业的成本除以它生产的产量。例如,如果厂家每小时生产 20 个月饼,它的总成本是 500 元,单个月饼的成本是 25 元。总成本除以产量称为平均总成本。由于总成本是固定成本与可变成本之和,所以平均总成本可以表示为平均固定成本与平均可变成本之和。平均固定成本是固定成本除以产量,平均可变成本是可变成本除以产量。

虽然平均总成本告诉我们一单位产品的成本,但它没有告诉我们当厂家改变其生产水平时总成本将如何变动。厂家增加一单位产量时,总成本的增加量称为边际成本。例如,如果月饼的生产从 20 个增加到 21 个,总成本从 500 元增加到 526 元,这样,第 21 个月饼的边际成本是 26 元(526—500)。

平均成本告诉我们,如果总成本在所生产的所有单位中平均分摊时一单位产量的成本。边际成本告诉我们,生产额外一单位产量引起的总成本变动。

思考题:

1. 若某企业生产 100 件产品时,固定成本为 5 000 元,可变成本为 3 000 元,求此时的平均固定成本、平均可变成本和平均总成本分别是多少?

2. 假设一家月饼生产企业,目前的平均总成本是 20 元/个,边际成本是 25 元/个,企业想要实现利润最大化,从成本角度考虑,企业应如何调整生产决策? 并说明理由。

第一节　理性的企业追求

一个理性的企业一定是以企业利润最大化为目标。这一基本假定是理性经济人假定在企业理论中的具体化。

企业(厂商或公司)从事的经济活动称为生产活动。任何生产活动都表现为投入一定数量的若干种资源,生产出一定数量的产品,并把产品提供给市场进行销售,以产品的全部售出为终结。这种以投入为开端,以售完产品为终结的整个过程,称为生产过程。企业的生产技术水平、人员素质、组织水平及企业家才能等,都在生产过程中得到完全反映。

企业的
本质

一、生产要素

企业要组织生产,就必须投入一定的人力、物力和财力。我们把组织生产所必需的一切人力、物力和财力,称为生产要素。生产要素可概括为四类:资源、资本、劳动、企业家才能。

资源是生产所必需的一切可以开发利用的自然资源,包括土地、海域、空间、矿藏、海藏、宇宙资源(如太阳能)等。资源具有原始性与初等性,是商品转化的起点。

资本是生产者具备生产经营条件与能力的凭证,包括一切物质资本、货币资本和技术资本。物质资本也叫作资本品,货币资本也叫作资金,资本品与资金可以互相转换。技术资本也简称为技术,指生产所需的一切科学技术。

劳动是生产所需的一切体力与智力的消耗,包括体力、脑力、技术、非技术、熟练、非熟练、简单、复杂劳动等。任何生产都离不开劳动,而且劳动的质量对生产起着关键性的作用。决定劳动质量好坏的内在因素是劳动者的素质,因此,提高企业内部的劳动者的科学文化水平,让劳动者掌握先进的科学技术知识,对于企业来讲是十分重要的。

企业家才能是指企业家经营企业的组织能力、管理能力及创造能力,是企业的智慧资本。智慧资本不同于物质资本、货币资本和技术资本,它是无价之宝,具有特殊重要性。

企业在组织生产的过程中,有些生产要素的投入量是可变的,这部分生产要素称为可变要素。而另一部分要素的投入量不可变,称为固定要素或不可变要素。例如,短期内投入的土地、厂房、大型机器设备都无法改变,而投入的原材料、电力、劳动等消耗品的数量都是可改变的。一般情况下,不变要素在生产过程结束时仍然存在,只不过会有磨损。而可变要素在生产结束后不再存在,已转化成产品。

不变要素可以作为企业生产技术与生产条件来看待,算作企业生产技术的一部分,这样一来,投入的生产要素中就只剩下可变要素部分了。如果从长期考虑,一切生产要素都是可变的。企业要扩大生产规模,就必须扩大土地使用面积,扩建厂房,更新设备等,于是固定资产也成为可变资产,一切生产要素都可变,甚至技术水平也要变化。

二、生产函数:企业的产量

在企业的生产技术水平已定的情况下,企业投入一定数量的若干生产要素,产出一定数量的产品。这样,产品产量与各种生产要素数量组合就产生了一种对应关系,称为(简单)生产函数,它由企业的生产技术水平所确定,是企业技术的反映。

> 生产函数(production function)是指在一定时期内,在技术水平不变的情况下,生产中所使用的各种生产要素的数量与所能生产的最大产量的关系。

因此,生产函数表示在一定时期内,在技术水平不变的情况下,生产中所使用的各种生产要素的数量与所能生产的最大产量的关系。任何生产函数都以一定时期内的生产技术水平作为前提条件,一旦生产技术水平发生变化,原有的生产函数就会发生变化,从而形成新的生产函数。新的生产函数可能是以相同的生产要素投入量生产出更多的产量,也可能是以变化了的生产要素的投入量进行生产。

假定 $X_1, X_2, \cdots, X_n$ 顺次表示某产品生产过程中所使用的 n 种生产要素的投入数量,Q 表示所能生产的最大产量,则生产函数可以写为:

$$Q = f(X_1, X_2, \cdots, X_n)$$

该生产函数表示在一定时期内在既定的生产技术水平下的生产要素组合$(X_1,$ $X_2, \cdots, X_n)$所能生产的最大产量为Q。

在经济学的分析中，为了简化分析，通常假定生产中只使用劳动和资本这两种生产要素。若以L表示劳动投入数量，以K表示资本投入数量，则生产函数写为：

$$Q = f(L, K)$$

该生产函数表示生产中的投入量和产出量的依存关系，这种关系普遍存在于各种生产过程之中。一家工厂必然具有一个生产函数，一家饭店也是如此。估算和研究生产函数，对于经济理论研究和生产实践都具有一定意义。这也是很多经济学家和统计学家对生产函数感兴趣的原因。

生产函数的具体形式有：

第一，固定替代比例的生产函数（也被称为线性生产函数）。

固定替代比例的生产函数表示在每一产量水平上任何两种生产要素之间的替代比例都是固定的。假定生产过程中只使用劳动和资本两种要素，则固定替代比例的生产函数的通常形式为：

$$Q = aL + bK$$

式中，Q为产量，L和K分别表示劳动和资本的投入量，常数a，$b > 0$。显然，这一线性生产函数相对应的等产量曲线是一条直线。

第二，固定投入比例的生产函数（也被称为里昂惕夫生产函数）。

这一函数指生产过程中的各种生产要素投入数量之间都存在固定不变的比例关系。固定投入比例生产函数表示在每一个产量水平上每对要素投入量之间的比例都是固定的。假定生产过程中只使用劳动和资本两种要素，则固定投入比例生产函数的通常形式为：

$$Q = \min\left\{\frac{L}{u}, \frac{K}{v}\right\}$$

式中，Q为产量；L和K分别为劳动和资本的投入量；常数u，$v > 0$，分别为固定的劳动和资本的生产技术系数，它们分别表示生产一单位产品所需要的固定的劳动投入量和固定的资本投入量。上式的生产函数表示：产量Q取决于$\frac{L}{u}$和$\frac{K}{v}$这两个比值中较小的那一个，即使其中的一个比例数值较大，那也不会提高产量Q。因为，在这里，常数u和v作为劳动和资本的生产技术系数是给定的，即生产必须按照L和K的固定比例进行，当一种生产要素的数量不能变动时，另一种生产要素的数量再多，也不能增加产量。需要指出的是，在该生产函数中，一般又假定生产要素投入量L、K都满足最小的要素投入组合的要求，所以有：

$$Q = \frac{L}{u} = \frac{K}{v}$$

进一步地,可以有:

$$\frac{K}{L} = \frac{v}{u}$$

上式表示该生产函数的固定投入比例的性质,在这里,它等于两种要素的固定的生产技术系数之比。对一个固定投入比例生产函数来说,当产量发生变化时,各要素的投入量将以相同的比例发生变化,所以,各要素的投入量之间的比例维持不变。

第三,柯布-道格拉斯生产函数。

柯布-道格拉斯(Cobb-Dauglas)生产函数是由数学家柯布和经济学家道格拉斯于20世纪30年代初一起提出来的。柯布-道格拉斯生产函数被认为是一种很普遍的生产函数,因为该函数以其简单的形式描述了经济学家所关心的一些性质,它在经济理论的分析和实证研究中都具有一定意义。该生产函数的一般形式为:

$$Q = AL^{\alpha}K^{\beta}$$

式中,Q 为产量;L 和 K 分别为劳动和资本投入量;A、α 和 β 为三个参数,柯布-道格拉斯生产函数中的参数 α 和 β 的经济含义是:当 $\alpha + \beta = 1$ 时,α 和 β 分别表示劳动和资本在生产过程中的相对重要性,α 为劳动所得在总产量中占的份额,β 为资本所得在总产量中所占的份额。根据柯布和道格拉斯两人对 1899—1922 年有关经济资料的分析和估算,α 值约为 0.75,β 值约为 0.25。它说明,在这一期间的总产量中,劳动所得的相对份额为 75%,资本所的相对份额为 25%。

此外,根据柯布-道格拉斯生产函数中的参数 α 与 β 之和,还可以判断规模报酬的情况。若 $\alpha + \beta > 1$,则为规模报酬递增;若 $\alpha + \beta = 1$,则为规模报酬不变;若 $\alpha + \beta < 1$,则为规模报酬递减。

第二节　企业的收益分析

企业投入一定数量的若干生产要素后,所得到的一定数量的产品回报叫作企业的报酬或生产收益。企业得到的报酬可以是实物形态,也可以是货币形态。本节讨论实物形态的报酬,即讨论生产收益(产品产量)随投入要素数量变化而变化的规律。我们将按照两种情况分别讨论,一种情况是讨论单个生产要素数量变化对产量的影响,这是收益的短期分析;另一种情况是讨论所有生产要素按照同一比例同时变化对产量的影响,即规模报酬变化规律,这属于生产收益的长期分析。

一、收益的短期变化规律:边际收益递减

短期内生产要素可分为两类,一类是投入数量可变的生产要素,称为可变要素,比

现实经济中企业不一定实现最大化利润

如劳动、电力、燃料等消耗性要素;另一类是投入数量不可变的要素,称为不变要素或固定要素,比如土地、厂房、机器设备等固定资产。分析短期内生产收益的变化,就是分析产量随可变要素的变化而变化的规律。典型的做法,是去分析产量随一种要素的数量变化而变化的规律。

(一) 短期收益

设生产者的生产函数为 $Q = f(k, L)$。如果假定资本的投入量固定不变,生产函数便可记为:$Q = f(\bar{k}, L)$。

1. 总产量

总产量(total product)是生产者投入一定数量的生产要素之后,所得到的产品总和。

设 A 企业的短期生产函数为:

$$Q = f(\bar{k}, L) = f(L) = 21L + 9L^2 - L^3$$

2. 平均产量

平均产量(average product)是指一种生产要素平均投入一个单位所能得到的产品数量。显然,一种生产要素的平均产量同其他生产要素的当前投入量有关。A 企业的劳动的平均产量为:

$$AP = \frac{Q}{L} = \frac{21L + 9L^2 - L^3}{L} = 21 + 9L - L^2$$

3. 边际产量

边际产量(marginal product)是指再增加某种要素的单位投入量所能带来的总产量的增加量。

A 企业的劳动的边际产量:

$$MP = \frac{dQ}{dL} = \frac{d}{dL}(21L + 9L^2 - L^3) = 21 + 18L - 3L^2$$

设 A 企业投入的劳动从 1 个单位逐渐增加为 8 个单位,则根据上面的公式,相应的总产量、平均产量与边际产量如表 3-1 所示。

表 3-1 各种产量的变化情况

劳动投入(L)	总产量(Q)	平均产量$\left(\dfrac{Q}{L}\right)$	边际产量$\left(\dfrac{dQ}{dL}\right)$
1	29	29	36
2	70	35	45
3	117	39	48

续　表

劳动投入(L)	总产量(Q)	平均产量$\left(\dfrac{Q}{L}\right)$	边际产量$\left(\dfrac{\mathrm{d}Q}{\mathrm{d}L}\right)$
4	164	41	45
4.5	185.625	41.25	41.25
5	205	41	36
6	234	39	21
7	245	35	0
8	232	29	-27

表 3-1 显示，劳动投入为 7 单位时，总产量 Q（也可以用 TP 表示）最大；劳动投入为 3 单位时，边际产量最大；劳动投入为 4.5 单位时，平均产量最大。

边际产量与平均产量都是单位投入的报酬，但前者指当前情况下增加一单位投入将能创造的产品，后者则指整个生产过程中单位投入所带来的产品，两者在量值上是不同的。整个生产过程可看作是不断追加要素的单位投入量的过程，生产过程结束时生产者得到的总产品，是追加要素投入量过程中每追加一单位要素所得到的产品（即边际产量）之总和。

（二）边际收益递减规律

边际产量与平均产量的关系告诉我们，在既定生产技术条件下，任何生产要素的产出能力都是有限的，也就是说，每种投入要素带给生产者的平均产量都是有限的，不会因为投入量很大就使平均产量无限增大。于是，平均产量曲线必然有最高点。在平均产量曲线到达最高点之前，边际产量大于平均产量；到达最高点时，两者相等；过了最高点之后，边际产量小于平均产量，如图 3-1 所示。我们看到，边际产量虽在开始时刻呈现增加趋势，但在投入增加到一定程度后，边际产量必然要随投入的增加而减少，这就是边际收益递减规律。边际报酬递减规律是短期生产的一条基本规律。

在现实经济生活中，边际收益递减现象普遍存在。例如，粮食生产，如果只靠单独增加一种要素（如肥料）的投入量，而其他要素的投入量不变，那么这种要素的边际产量将随投入量的增加不断减少。谁能想象不增加劳动，不改良品种，不改进生产条件，不扩大土地使用面积，单靠提高土壤肥力就能使粮食产量不断提高呢？又如，一个人在一天之内不同时间的学习收益是不同的。清晨思想轻松，头脑清晰，单位时间内的学习收益很大，效率很高。但随学习时间的不断延长，学习效率越来越低，因而学习的边际收益递减。

边际收益递减规律与消费理论中的边际效用递减规律类似，它们都是重要的经济规律，是进行经济决策时必须加以重点考虑的方面。

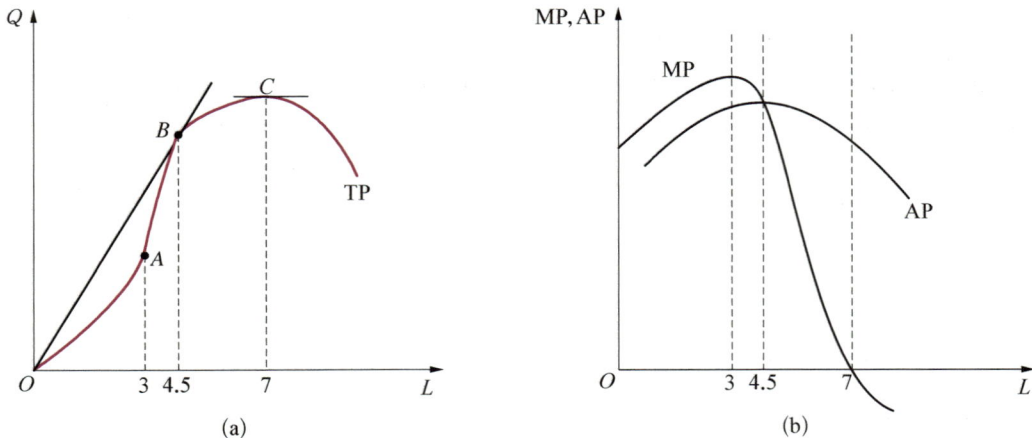

图 3-1 总产量、平均产量和边际产量曲线

即时思考： 请举出边际收益递减规律与消费理论中的边际效用递减规律的实际例子。

二、收益的长期变化规律：规模报酬

长时期内，所有生产要素的数量都是可变的，要素没有可变与固定之分。因此，在讨论了单个要素数量变化对生产的影响之后，还需要分析所有生产要素的数量变化对生产收益的影响。长时期内，企业考虑的主要是生产规模如何确定，多大的规模才算合适？生产规模的变化，实质上是说所有生产要素按照同一比例同时变化。因此，我们需要研究生产规模变化对产出的影响。企业通过扩大生产规模所得到的收益，就是规模报酬。如果一个企业能够利用扩大生产规模来使自己受益，我们就说该企业具有规模经济（规模效益）。

（一）规模经济：为什么热衷于扩大生产规模

企业扩大生产规模能否使企业受益，这需要从企业的内部和外部加以分析。

1. 内部经济

从企业内部来看，扩大生产规模以后可能出现的结果有两种。

一种情况是扩大规模以后，企业内部的分工更加精细，分工协作得更好，使得生产效率大幅度提高，管理人员及工人的才能得到了充分发挥，同时大型机器设备的引进使得原材料得到充分利用，从而大大降低了各种生产要素的闲置，降低了生产成本。所有这一切来自企业内部的良性变化，使得企业的收益大幅提高。我们称这种情况为企业内部经济。

另一种情况则完全相反，规模扩大以后，增加了生产的管理难度，管理效率下降，企业内部通信联络费用增加，原料与产品购销还要增设机构，机器、设备、人力超负荷运转，这一切使得企业的管理费用提高，生产效率下降，企业并未从扩大规模中收益，反而受其害。我们把这种情况称为企业内部不经济。

2. 外部经济

从企业外部分析,扩大规模的结果也有两种。

一种情形是企业的外部环境优越,企业所属的行业、部门规模大,通信、设备、服务周全,整个行业的产品销路畅通,交通便利,原材料供应充足。这样,企业扩大生产规模,就可充分利用外部有利条件,并不需增加企业的额外费用,从而企业从扩大规模中受益。我们称这种情况为企业外部经济。一个典型的例子是蜂蜜生产,如果在蜜蜂厂周围农民种植了大量的花果农作物,那么蜜蜂厂增加养蜂数量就可使蜂蜜产量大幅度提高,这就是蜜蜂厂外部经济的表现。

另一种情况是企业外部不具备让企业扩大规模的有利条件与环境,规模扩大以后所需的一些服务、通信、交通、原料等外部条件都必须由企业自备,如自修公路、自建通信网络、自发电以弥补电量不足、自谋产品销路、原材料紧张而要让企业花费较大的费用自寻原料来源等,从而大幅度地提高了企业的额外支出。在这种情况下,扩大规模对于企业来说无利可图,我们称之为外部不经济。

如果扩大规模后,由于企业内部经济或外部经济而使企业的收益能得到明显提高,企业就处于规模经济的状态。否则,就是规模不经济,或者说,不存在规模经济。

(二) 规模收益

现在来讨论生产规模扩大以后企业收益的变化情况。扩大生产规模,是指各种投入要素数量按同一比例同时扩大。

规模收益(returns to scale)也称规模报酬,是指在技术水平和要素价格不变的条件下,所有生产要素都按同一比例变动所引起的产量(收益)的变动状态。

规模收益有以下三种情形。

1. 规模收益递增

在生产(经营)开始扩张的阶段,一般而言,规模收益是递增的。因为从企业内部而言,大规模生产可以实行更细致的专业化分工;采用现代化的技术设备和科学管理手段;更好地共享某些生产资源和管理系统等,从而提高生产效率,节省管理费用。从企业外部而言,大规模生产还可以使厂商在与原材料供应商或产品经销商的谈判中增强自己的地位,从而降低成本或提高收益,也有助于同其他厂商建立稳定的生产、技术联系,增强顾客对本企业产品的信赖心理等。

显然,上述效应会带来规模收益递增和规模经济。在规模收益递增的条件下,与其建多个相同规模的小企业,不如集中全部资本建一个大企业。

2. 规模收益不变

在规模收益递增阶段的最后,大规模生产的优越性已充分发挥完毕,规模收益难以进一步提高,这时继续扩大生产规模,可能出现规模收益不变。

3. 规模收益递减

当生产扩大到一定规模以后,迟早会出现规模收益递减阶段。这是因为从企业内部而言,规模过大,层次过多,企业组织内部难以协调,决策不容易顺利贯彻等,这都将导致生产效率降低,产品的平均成本提高。从企业外部而言,由于规模太大,组织层次过多带来的效率低下还会"赶走"一些合作厂商,同时资源条件可能发生困难,产品销路也受到市场约束等。这说明生产规模或企业规模不能无限制地扩大,过分求大也是有害的。

不同的行业之间,规模经济效应存在着很大差别,如制造业因需要大量的资本设备投资,规模经济效应所要求的资产规模和企业规模一般比许多服务行业要大得多。

例如,假设一座月产 15 吨化肥的工厂使用的资本为 10 个单位,劳动为 5 个单位。现在将企业的生产规模扩大一倍,即使用 20 个单位的资本和 10 个单位的劳动,由于这种生产规模的变化所带来的收益变化可能有如下三种情形。

（1）产量增加的比例大于生产要素的增加比例,即月产量为 30 吨以上,这种情况称为规模收益递增。

（2）产量增加的比例小于生产要素的增加比例,即月产量为 30 吨以下,这种情况称为规模收益递减。

（3）产量增加的比例等于生产要素的增加比例,即月产量为 30 吨,这种情况称为规模收益不变。

但在现实社会中,所有生产要素都严格按同一比例变动的情况是不多的,所以人们也常在生产要素都按同一方向变动（增加）,但变动比例并不完全相同的情况下来定义和说明规模收益。

在规模收益递增情形下,投入要素或投入成本的新增比例小于产量（收益）的新增比例,从而产品的平均成本下降。这可用规模经济来概括。规模经济（economies of scale）,是指产出水平的提高（或者说生产规模的扩大）而引起的产品平均成本的降低。相反,在规模收益递减情形下,可用规模不经济来概括。规模不经济（diseconomies of scale）指的是由于生产规模的扩大而引起的产品平均成本的提高。一般地,企业规模过小,被称为缺乏规模经济效应,这与企业规模过大时产生的规模不经济是有区别的。

尽管规模收益与规模经济常为人们所混用,但在严格的理论意义上,这两个概念还是既有联系又有区别的。

第三节　企业的成本分析

现在,从成本方面研究生产活动,讨论成本的分类、成本函数等问题。

一、成本的分类

（一）机会成本、显性成本与隐性成本

成本是企业支付给生产要素的报酬,也即生产一定数量产品所耗费的支出。各种生产要素的报酬支付方式与时间不尽相同,有些生产要素在购买时就要支付报酬,或者要按

> **成本（cost）**：企业支付给生产要素的报酬,即生产一定数量产品所耗费的支出。

契约按期支付报酬,这类要素报酬是可见的,并一般要求用货币来支付,称为货币成本。由于它的可见性,故又称为显性成本或可见成本。

另有一部分生产要素的报酬不需立即支付,也没有合同约定必须支付,但它们确实在生产中发挥着作用,应该得到报酬。这类生产要素有:企业家才能,企业的自有土地、自有厂房、自有机器设备等。它们的报酬是看不见的,称为隐性成本。

生产要素的报酬,还应该从机会成本的角度来考虑。生产要素具有多用途性,既可用于这种产品的生产,又可用于另一种产品的生产。例如,一亩土地既可用于生产粮食,也可用于扩建工厂,还可用于建筑住房。假如用于生产粮食,可得到 1 000 元利润;用于扩建工厂,可得到 5 000 元利润;用于建造住房,可得到 10 000 元利润。那么,当生产者用这一亩土地来进行粮食生产时,他就以放弃建造住房的 10 000 元利润收入为代价。所放弃的这 10 000 元利润收入,称为这一亩土地用于生产粮食的机会成本。具体地讲,生产要素的机会成本,是指生产要素用于这种用途时所放弃的在其他用途中的最高收入。从机会成本角度考虑生产要素的投入使用问题,可促使要素用于最佳途径,促使资源达到最优配置。

(二)可变成本、固定成本与总成本

对于显性成本,按照生产要素在所考虑的时期内是否可变,分为可变成本和固定成本。可变成本(variable cost)是所考虑时期内随产量变化而变化的那部分生产要素的报酬,比如原材料、燃料、电力、劳动等费用支出。因此,可变成本是一切可变要素的报酬。固定成本(fixed cost)是所考虑时期内不随产量变化而变化的那部分生产要素的报酬,比如厂房、大型机器设备、耐用仪器等不变要素的费用支出。因此,固定成本是短期内支付给一切固定要素的报酬。注意,长期内一切生产要素都是可变的,因此长期内只有可变成本,而固定成本仅存在于短期。

可变成本与固定成本之和称为总成本(total cost),它是生产一定数量产品所需的成本总额。用 TC 表示总成本,VC 表示可变成本,FC 表示固定成本,则

$$TC=VC+FC$$

生活中的经济学　▶ 覆水难收有道理吗?

在你的生活中或许有人会对你说"覆水难收",或者"过去的事就让它过去吧"! 这些谚语含有理性决策的深刻真理。经济学家说,成本已经发生而且无法收回时,这种成本就是沉没成本。当你作出各种社会生活决策时可以不考虑沉没成本。例如,你对正上映的热门电影的效用评价是 50 元。你花 30 元买了一张票,但在进电影院之前,你丢了票。这时你该怎么办? 是再花 30 元买一张票,还是马上回家放弃看电影? 理性的决

策是你应该再买一张票。看电影的收益(50 元人民币)仍然大于付出的成本 30 元。你为丢了的那张票所支付的 30 元人民币是沉没成本。不能作为你做决策时的成本。覆水难收,不要为此而懊恼。

思考题:

1. 沉没成本与机会成本、隐性成本的区别有哪些?

2. 利润最大化的竞争企业如何对所面临的价格和它的边际成本进行比较? 并解释之。什么时候一家利润最大化的竞争企业决定停止营业?

(三) 平均成本与边际成本

从统计角度分析总成本的构成,则有平均成本和边际成本概念。平均成本(average cost)是指平均生产一单位产品所需的成本额,用 AC 表示。在产量为 Q 时,$AC=AC(Q)=TC/Q$。短期内,平均成本由平均可变成本(AVC)和平均固定成本(AFC)构成:$AC=AVC+AFC$,其中 $AVC=VC/Q$,$AFC=FC/Q$。长期内,成本没有固定与可变之分,一切成本都是可变的,因此 $TC=AC$,$AV=AVC$(即平均成本只有平均可变成本)。

边际成本(marginal cost)是指增加一单位产量时所需增加的成本额,用 MC 表示。如果在产量水平 Q 上又增加了 ΔQ 个单位的产品,引起总成本 TC 增加 ΔTC,那么产量水平 Q 上的边际成本就是:$MC=MC(Q)=\lim_{\Delta Q \to 0} \dfrac{\Delta TC}{\Delta Q}=\dfrac{dTC}{dQ}=TC'(Q)$。

不论短期还是长期,边际成本都等于边际可变成本:

$$MC(Q)=\frac{d}{dQ}[VC(Q)+FC]=\frac{dVC(Q)}{dQ}=VC'(Q)$$

二、成本函数: 企业生产成本的衡量

成本函数是成本与产量的对应关系,反映成本随产量变化而变化的规律。由于固定成本不随产量的变化而变化,因此成本随产量变化而变化的规律主要体现在可变成本随产量变化而变化的情况之上。

(一) 短期成本函数

在短期内厂商面临固定成本的限制,只能够根据利润最大化或者成本最小化的要求通过调整可变要素来调整产量。分别考察总成本曲线、平均成本曲线和边际成本曲线。

1. 总成本函数

$TC=TC(Q)=VC(Q)+FC$。由于 FC 固定不变,因此我们关心的是 VC 的变化情况。因此,当要素投入和产量为零时总成本为零,故总成本曲线通过原点。在最初阶段,当固定投入未得到充分利用时,随着可变要素和产量的增加生产效率不断提高,所

以边际成本 MC 不断下降。而当产量使固定投入超负荷运转时,边际成本趋于上升,如图 3-2 所示。所以,总成本曲线的形状为先递减,而后递增。总成本有固定成本和可变成本两部分构成,即

$$TC = FC + VC$$

式中,TC 为总成本,FC 为固定成本,VC 为可变成本。

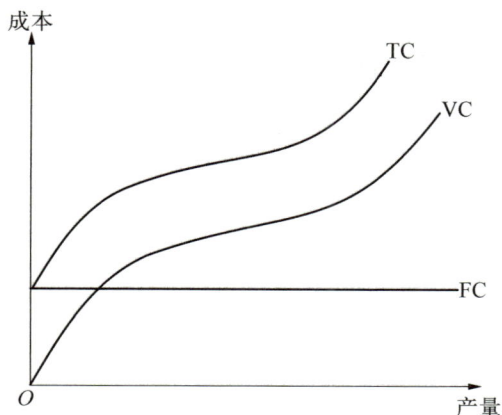

图 3-2　总成本(TC)、固定成本(FC)和可变成本(VC)曲线

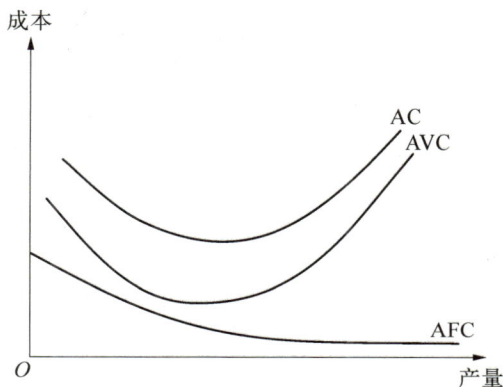

图 3-3　平均成本(AC)、平均可变成本(AVC)和平均固定成本(AFC)曲线

2. 平均成本函数

过原点作射线与总成本曲线和平均成本曲线相交,交点的斜率就是在一定产量下的平均总成本(AC)和平均可变成本(AVC)。平均可变成本位于平均总成本之下,两条直线之间的距离就是平均固定成本(AFC)。平均总成本可以用总成本曲线推导出来。其形状为"U"形,如图 3-3 所示。

$$AC = \frac{TC}{Q} = \frac{VC}{Q} + \frac{FC}{Q} = AVC + AFC$$

3. 边际成本函数

过总成本曲线上的每一点作切线,其斜率就是对应的产出水平上的边际成本。边际成本曲线也呈现"U"形。另外,对于成本函数 $TC=TC(Q)=VC(Q)+FC$ 来说,当 Q 变化时,FC 是不变的。因此 MC 可以用总成本函数来表示,也可以用可变成本函数来表示。

4. 平均成本曲线与边际成本曲线的相互关系

在厂商的最优决策中,平均成本和边际成本的相互关系非常重要。在边际产量递减的条件下,边际成本曲线与平均总成本曲线和平均可变成本曲线的最低点相交。也就是说与平均成本等于边际成本时的产量相比,在产量较低时平均成本递减,在产量较高时平均成本递增,如图 3-4 所示。

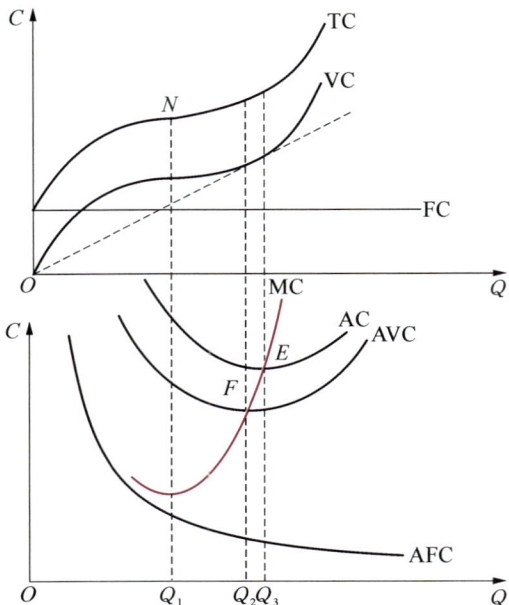

图 3－4　多种成本曲线之间的关系

生活中的经济学　为什么很多大众点评收藏打卡送饮料？

在大众点评平台上，不少餐饮商家利用"收藏打卡送饮料"活动吸引顾客，这一策略在成本控制上展现出了独到的智慧。从成本角度来看，该活动首先有效控制了直接成本，如饮料的采购成本，商家通常选择与成本较低但品质尚可的饮料作为赠品，既满足了顾客的小期待，又避免了过高的成本支出。

此外，活动还巧妙地利用了平台资源，减少了营销费用。大众点评作为流量聚集地，商家无须额外支付高额广告费即可借助平台自然流量吸引顾客参与。同时，通过顾客的自发分享，实现了口碑传播的最大化，进一步降低了营销成本。

综上所述，大众点评"收藏打卡送饮料"活动在成本控制上实现了高效与精准，通过低成本激励促进了顾客参与和口碑传播，为商家带来了实实在在的利益。

思考题：

1. 假设饮料的采购成本为每瓶 C 元，活动期间送出饮料 Q 瓶，此外，商家在活动期间的固定成本为 F 元，请写出该活动期间商家的总成本函数表达式。

2. 结合案例分析，如果边际成本持续上升，对商家的平均成本可能会产生什么影响？这种影响在商家决策中应如何考虑？

（二）长期成本曲线

需要重点理解长期成本曲线与短期成本曲线的相互关系。长期成本曲线理论有以下两个结论：① 厂商的长期平均成本曲线是短期平均成本曲线的包络曲线。② 长期边际成本曲线是与在不同的产出水平上最优生产规模相对应的短期边际成本曲线的连线。

（1）厂商的长期平均成本曲线是短期平均成本曲线的包络曲线。

由于在长期内所有成本都是可变的，所以没有不变成本。在短期内厂商选择合理的产量，而在长期中厂商不仅要选择合理的产量，而且需要选择最佳的生产规模来生产这一产量。现在假定厂商在长期内有三种生产规模可供选择，分别由三条短期平均成本来表示。远离纵轴的平均成本曲线表示较大的生产规模。

从图3-5中可以看出，较小的产量在长期内选择较小的生产规模比较合理；而较大的产量在长期内选择较大的生产规模比较合理。当存在无数多个生产规模可供选择时，长期平均成本曲线就是与任何生产规模相适应的最低平均成本曲线（或者最佳生产规模）的包络曲线。

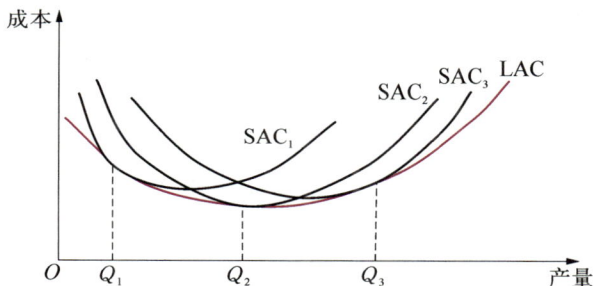

图3-5　最低平均成本曲线（最佳生产规模）的包络曲线

（2）长期边际成本曲线是与在不同的产出水平上最优生产规模相对应的短期边际成本曲线的连线。

本 讲 小 结

1. 企业作为生产的一种组织形式，在一定程度上是对市场的一种替代。

2. 把组织生产所必需的一切人力、物力和财力，称为生产要素。

3. 生产函数表示在一定时期内，在技术水平不变的情况下，生产中所使用的各种生产要素的数量与所能生产的最大产量的关系。

4. 柯布-道格拉斯生产函数被认为是一种很有用的生产函数,因为该函数以其简单的形式描述了经济学家所关心的一些性质,它在经济理论的分析和实证研究中都具有一定意义。

5. 成本函数是成本与产量的对应关系,反映成本随产量变化而变化的规律。

6. 在短期内厂商选择合理的产量,而在长期中厂商不仅要选择合理的产量,而且可以选择最佳的生产规模来生产这一产量。

思考及运用

1. 经济学中短期与长期的划分取决于什么?

2. 不随产量变动而变动的成本称为什么成本?

3. 假定某机器原来生产产品 A,利润收入为 200 元,现在改生产产品 B,所花的人工费用、材料费用为 1 000 元,则生产产品 B 的机会成本是多少?

4. 短期平均成本曲线呈现 U 形的原因是什么?

5. 假如增加一单位产量所带来的边际成本大于产量增加前的平均可变成本,那么在产量增加后平均可变成本会怎么变化?

6. 已知产量为 500 单位时,平均成本是 2 元,产量增加到 550 单位时,平均成本等于 2.50 元,在这个产量变化范围内,边际成本怎么变化?

7. 某企业打算投资扩大生产,其可供选择的筹资方法有两种,一是利用利率为 10% 的银行贷款,二是利用企业利润。该企业的经理认为应该选择后者,理由是不用付利息因而比较便宜,你认为他的话有道理吗?

第四讲　市 场 结 构

引导问题

现实世界中有些什么样的市场？

怎样区别现实世界中不同的市场？

什么样的市场是完全竞争的？

垄断者是随意定价的吗？

垄断竞争者面临的难题是什么？

寡头在进行决策时如何分析？

核心概念

市场势力　　价格接受者　　垄断　　双寡头

案例引入

价格该如何定？

假设你准备开始创业，不管怎样创业，都会涉及一个问题，就是你的产品将如何确定价格。

你发现学校周围是从事餐饮业的一个好地方，庞大的学生群体形成了一个稳定的消费群，你决定在学校周围开一家面馆。你开始给你的产品——面，确定销售价格，一般而言，你会进行如下的分析：

如果你的产品和学校里其他面馆提供的产品是一样的，比如都提供一般家常面，那么你只能选择和其他面馆一样的销售价格。

如果你的产品和其他面馆提供的产品有一些差别，比如，虽然是家常面，但是你有某种比较独特的调料配方，味道更好，那么你可以选择一个比其他面馆稍高一点的价格，但不能高得太多。

如果你的产品是一种非常独特的面，其他面馆基本上都是各种类型的特色面，产品差别比较大，经过激烈竞争，校园里只剩下了几家面馆，那么你在产品定价上的自主性会大大提升，你将依据其他面馆的价格来给自己的产品定价。

不管以上哪种情况，你都知道，无论你的面怎么独特，价格如果太高，学生们都会去别家的面馆。所以真的要想把价格定高，而学生们又只能选择到你这里来消费，最好的办法是把自己变成学校里唯一的面馆，如何做到这一点呢？如果你能用合规正当的理由说服学校，使校园里只剩下你一家经营者。这下，你成功了，至少你可以将价格定在自己最合意的水平上。

思考题：

在完全竞争市场和垄断市场，你的面馆的定价策略有何区别？

第一节　现实世界中的市场

在上述的故事中，我们发现在不同的市场环境中，自主掌控价格的能力是不一样的，我们把生产者这种拥有自主决定价格的能力称为市场势力。市场势力越强，生产者自己决定价格的能力就越强；反之，市场势力越弱，生产者自己决定价格的能力就越弱。经济学家按市场势力的大小对现实中的市场进行区分，得出了不同的市场结构。

一、现实的市场结构

经济学家总结出来的市场结构有四种，它们是：完全竞争、垄断竞争、寡头垄断和完全垄断。分别对应

> **市场结构（market structure）：** 市场中各要素之间的内在联系及其特征。它阐明生产者可能拥有的市场势力范围。

于故事中的不同情况。

第一种情况：你的产品和学校里其他面馆提供的产品是相似的，都是提供的一般家常面，那么你只能选择与其他面馆一样的销售价格。在这种情况下，学校里有很多差不多的面馆，产品几乎没有差别，学生们到你这里消费和到其他面馆消费没有区别，于是你只能看别人的卖价是多少，然后把自己的价格定在和其他人一样的水平上。这样的市场，我们称为完全竞争市场。

第二种情况：你的产品和其他面馆提供的产品有一些差别，比如，虽然是家常面，但是你有某种比较独特的调料配方，味道更好。在这种情况下，在学校开设面馆的商家还是很多，各家产品有一定的差异性，有的同学可能很喜欢你这里的味道，更愿意到你这里来消费，而有的同学还是觉得差别不大，到哪家都一样。这样的市场，我们称为垄断竞争市场。

第三种情况：你和其他面馆都是经营的各种类型的特色面，产品差别比较大，校园里只剩下了几家面馆。这种情况下，整个校园的市场被有限几家面馆所占据，所有面馆提供的是有差异的产品——各种特色面，有的同学喜欢这家，有的喜欢另一家，但如果某一家面馆的价格太高的话，他们还是会去选择其他的面馆。这样的市场，我们称为寡头垄断市场。

最后一种情况：你变成了校园周围唯一的面馆，其他竞争者都被学生拒之门外。在这种情况下，你成为市场里的唯一提供者，你可以按自己的意愿来定价。这样的市场，我们称为完全垄断市场。

二、如何去识别不同的市场结构

生活中的经济学　平板电视机市场为何竞争如此激烈？

如果我们想购买一台平板电视，一走进电视机卖场，马上会有消费者是上帝的感觉，各个品牌推销员热情的向你介绍他们的产品，不厌其烦回答你的各种疑问。为什么销售员会如此热情呢？是因为中国电视机零售市场竞争激烈，品牌众多。我国国产电视机品牌领先的有：海信、TCL、华为、小米、荣耀。除国产品牌外，还有三星、LG、索尼等外资品牌。各电视机企业拼渠道，线上渠道抢占线下份额；拼品牌，品牌多元化；拼价格，高位价格下移；拼技术，新技术不断走进视野。通过这样一个行业结构优化进程，最终形成几家大企业控制该行业，即寡头市场。

移动端操作系统哪家强？

一说到移动端的操作系统，人们马上想到鸿蒙系统、安卓系统和iOS系统。在选购智能手机的时候,以手机系统的好坏来做出购机决定有不少的人数。有人喜欢鸿蒙系统强大的万物互联能力,有人喜欢安卓系统的开放性,有人喜欢 iOS 的流畅性。喜欢苹果手机的"果粉"有相当一部分归因于苹果手机的速度,这其实与操作系统关系密切。那么究竟哪家的市场占有率更高呢?

鸿蒙系统面世以来,手机操作系统市场发生了翻天覆地的变化,目前鸿蒙系统的生态设备已经超过 10 亿台,开发者也达到了 675 万人,这表明鸿蒙系统已经在全球市场上占据一席之地。

根据 Counterpoint Research 的数据,2024 年第一季度鸿蒙系统在中国市场的份额甚至一度超过 iOS 系统,成为第二大操作系统。这些信息表明,鸿蒙系统的崛起确实在一定程度上打破了 iOS 系统和安卓系统二分天下的局面,形成了三足鼎立的市场格局。

思考题:
分析这两个案例的市场结构。

其实,这里面之所以出现不同的情况,就是生产者的市场势力不同。生产者行为差异产生的根源主要为产品的差异性和生产者数量。所以市场结构的划分就是基于这两种衡量尺度进行的:第一,生产者数量的多少;第二,生产者所生产商品的差异性。如果生产者提供的产品对消费者而言是一样的,我们就认为这是同质的商品,消费者购买哪一家生产者生产的产品都一样,产品之间的替代性非常强。而如果产品是有差异的,则商品之间的替代性会下降,对消费者来说,购买不同生产者生产的产品的体验是不一样的。生产者生产出来的产品可能是同质的,也可能是有差异的。

根据这两个尺度,我们就可以比较方便的区分市场结构了:

如果生产者数量只有一个,这时,某种商品的生产和供给处于只此一家、别无分店的状态,消费者只能购买该厂商生产的产品,无法找到替代品,这是完全垄断市场。

如果生产者数量是几个,少的时候可能只有两个,多一点也是有限的几个,他们所提供的产品可能是一样的,也可能有差别,这是寡头垄断市场。如果只有两家厂商,则形成双寡头垄断市场;如果有多家厂商,依次是三寡头垄断市场、多寡头垄断市场。

生产者数量如果是无数多个,消费者可以选择的范围很大,生产者生产的既可能是一样的产品也可能是不同的产品,生产者会在利润驱动下选择不同的生产量和价格策略,这是垄断竞争市场。

生产者数量很多,提供同质的商品,消费者可以任意选择,这是完全竞争的市场。

第二节　完全竞争市场

完全竞争市场的厂商几乎都不知名,他们没有商标,没有识别标志。

市场结构与
市场势力

一、什么样的市场是完全竞争市场

如果是完全竞争市场，则达到了竞争的最高形式，有时就直接称为竞争市场。它具备以下四个特征：

> **完全竞争**（purely competitive）：一种竞争不受任何阻碍和干扰的市场结构。

第一，生产者生产的产品是完全相同的；

第二，市场中生产者的数量与消费者的数量都非常多，以至于没有一个生产者和消费者能够影响市场价格；

在竞争市场上，生产者数量和消费者的数量都很多，此时的竞争性体现在每一个生产者和消费者对市场价格的影响都是微乎其微的。比如：在本讲"引导案例"的第一种情况中，每一家面馆提供的都是家常面，每一个生产者对价格的影响都是有限的，因为其他生产者也提供了类似的产品，生产者没有理由以低于现行价格的价格出售产品，而如果他以高于其他生产者的价格出售产品的话，消费者就会到其他地方购买。同样，作为消费者的学生也没有能力影响面馆中一碗面的价格，因为每一个消费者购买的数量都很少。

由于在这个市场上的生产者和消费者都必须接受市场决定的价格，所以他们被称为价格接受者。在市场价格上，生产者可以出售他们想出售的所有东西，消费者可以购买他们想购买的所有东西。

> **价格接受者**（price tacker）：在竞争市场上，买者和卖者都必须接受市场决定的价格。

第三，企业可以自由地进入和退出市场；

第四，市场信息是完全的。

二、竞争企业如何实现利润最大化

（一）竞争企业的收益

竞争市场中的企业与经济体里的其他企业一样，都要追求利润的最大化，利润等于总收益减去总成本。

企业该如何做到利润最大化呢？我们就以面馆为例说明竞争性企业的收益。你的面馆生产的家常面数量是 Q，出售一碗家常面的价格为 P，你的面馆总收益为 $P \times Q$，由于我们已经假定这一是个完全竞争的市场，你的售价是按市场已经产生的价格 P 决定的，售价 P 与市场的销量无关，因此收益与产量将保持同比例变动。

我们以表 4-1 来表示产量、价格和各种收益的关系。假定每碗家常面的价格是 6 元，我们可以根据产量的变动分别计算出面馆的总收益、平均收益和边际收益。

表 4-1　面馆的收益、总收益和边际收益

产量/碗 (Q)	价格/元 (P)	总收益/元 (TR=P×Q)	平均收益/元 (AR=TR/Q)	边际收益/元 (MR=ΔTR/ΔQ)
1	12	12	12	12
2	12	24	12	12

续　表

产量/碗 (Q)	价格/元 (P)	总收益/元 (TR=P×Q)	平均收益/元 (AR=TR/Q)	边际收益/元 (MR=ΔTR/ΔQ)
3	12	36	12	12
4	12	48	12	12
5	12	60	12	12
6	12	72	12	12
7	12	84	12	12
8	12	96	12	12

表里的第四列可以看到平均收益等于家常面的单价,即每碗12元。表里的第五列是边际收益。在完全竞争市场中,由于所有的产品都按同样的价格销售,那么,边际收益也就是产品的价格12元。在完全竞争市场上,边际收益等于产品的价格。

（二）竞争企业的成本与利润

我们在这里假定家常面的固定成本是7元,可变成本与产量有关,随着产量的变动,可变成本与总成本都在变动。我们把成本和利润列在表4-2中。

表4-2　面馆的产量、成本、收益和利润[1]

产量/碗 (Q)	总收益/元 (TR)	总成本/元 (TC)	利润/元 (TR−TC)	边际收益/元 (MR=ΔTR/ΔQ)	边际成本/元 (MC=ΔTC/ΔQ)	利润的变动/元 (MR−MC)
0	0	7	−7			
1	12	11	1	12	4	8
2	24	17	7	12	6	6
3	36	25	11	12	8	4
4	48	35	13	12	10	2
5	60	47	13	12	12	0
6	72	61	11	12	14	−2
7	84	77	7	12	16	−4
8	96	95	1	12	18	−6

---

[1]　表中空白单元格表示"不适用"。

你如果要追求利润最大化，会选择在利润值达到最大的那个产量上生产，根据表4－2，我们怎样找到利润最大化的产量呢？

分析过程是这样的：当你提供1碗面时，这碗面的边际收益为12元，边际成本为4元，提供这碗面会给你带来8元的利润，既然有正的利润，为什么不增加产量呢？于是产量再增加一碗，这时的边际收益为12元，边际成本为6元，还有6元利润，还可以继续增加产量，并依次类推，只要边际收益大于边际成本，增加产量就会带来利润的增长。但是当产量达到6碗以上时，情况就变了，第6碗的边际收益为12元，边际成本为14元，即第6碗面的边际收益比边际成本小，生产这碗面带来了利润的下降，那么你就会降低自己的产量。你会在第5碗的产量处停止继续增加产量，因为第5碗的边际收益为12元，边际成本也是12元，最后的这一碗没有带来利润的继续增长，你的产量不会超过这个数。

所以，是否要增加一个单位的产量时，通过比较增加这一单位产量的边际成本与边际收益，边际收益大于边际成本，则可以增加产量，而边际收益小于边际成本，则应该降低产量，两者相等时，产量就不应该变了，这就是最大化的产量。

以上的思路，我们可以用图4－1把它表现出来。

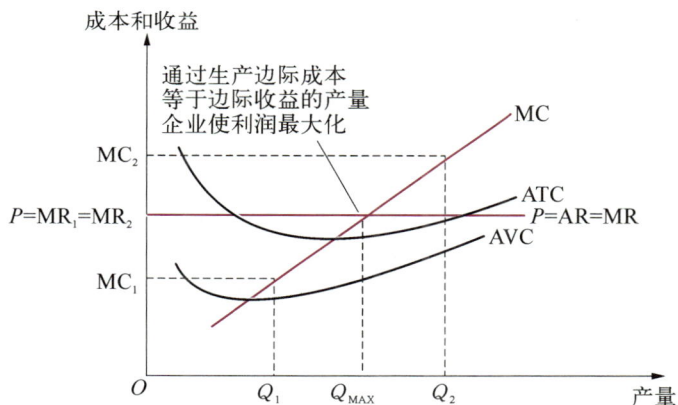

图4－1　竞争企业的利润最大化

假如现在企业生产量在Q_1。此时，边际收益大于边际成本，如果企业提高一个单位的产出，增加的收益MR将大于增加的成本MC_1，利润会增加。因此，如果边际收益大于边际成本，企业可以通过增加生产来增加利润。相似的推论适用于产量在Q_2时，这时的边际成本大于边际收益。如果企业减少一单位生产，节约的成本MC_2将大于失去的收益MR_2。因此，如果边际收益小于边际成本，企业就可以通过减少生产而增加利润。

对生产水平的边际调整到哪一点结束呢？无论企业是从生产的低水平（如Q_1）开始，还是从高水平（如Q_2）开始，企业最终要把生产调整到产量达到Q_{MAX}为止。这里我们得出了利润最大化的一般规律：在利润最大化产量水平时，边际收益和边际成本正好相等，即

$$MR = MC$$

即时思考：1. 为什么边际收益曲线是一条水平线？
　　　　　 2. 为什么我们在分析企业的利润最大化时，只考虑产量的变化，而不考虑价格的调整？

当企业的生产达到 MR＝MC 的产量时，它的利润是多少呢？

> **企业利润最大化的条件**：边际收益和边际成本正好相等，MR＝MC。

因为有：利润＝总收益－总成本

而：总收益＝$P \times Q$，总成本＝$ATC \times Q$

得：利润＝$(P-ATC) \times Q$

如图 4-2 所示，图中阴影部分就是利润。

图 4-2 中，企业通过生产价格等于边际成本的数量使利润最大化。现在看阴影的矩形。矩形的高是 $P-ATC$，即价格与平均总成本的差额。矩形的宽是 Q，即产量。因此矩形的面积是$(P-ATC) \times Q$，即企业的利润。

即时思考：如果出现了价格小于平均成本的情况，生产者还会生产吗？

（三）竞争企业对市场价格变化的反应

由于一个竞争企业是价格接受者，必须接受市场上的价格水平，竞争企业可以通过观察价格与边际成本曲线的相交来得到利润最大化的产量，如图 4-3 所示。

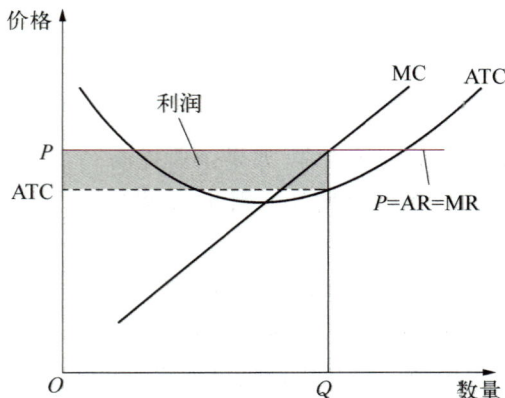

图 4-2　竞争企业的利润

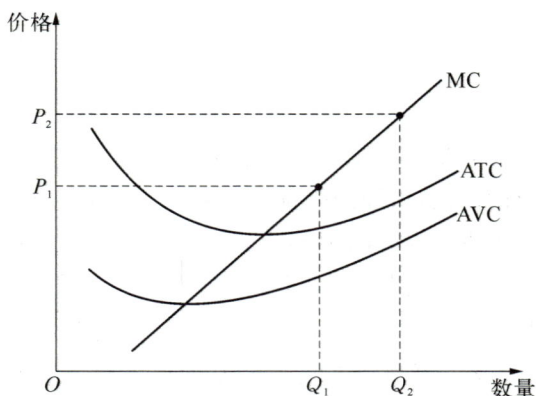

图 4-3　竞争企业对价格上升的反应

当价格为 P_1 时，企业生产产量 Q_1，Q_1 是使边际成本等于价格的产量。如果价格上升到 P_2 时，如果产量还维持在 Q_1，这时的边际收益大于边际成本，因此企业会增加生产。新的利润最大化产量是 Q_2，在这时边际成本等于新的更高的价格。

三、残酷的完全竞争

利润被无情地压缩是完全竞争行业的一个显著特点。

因为完全竞争市场的进入和退出很容易,这样的结果是,只要行业里有超额利润,就有企业进入,最终结果就是超额利润随着进入者的增加而减少,最后,超额利润被无情地压缩,直到所有的生产者都回到零利润。如果价格小于平均总成本,利润是负的,这就鼓励一些企业退出。只有当价格与平均总成本被逼到相等时,进入与退出过程才结束。

即时思考: 你是怎么理解零利润的?如果竞争企业的经济利润为零,他们为什么还要留在市场上?

生活中的经济学　为什么猪肉价格的波动这么大?

如果注意观察,可以发现我国的生猪价格经常处于波动中,为什么会这样?2014—2022 年以来全国生猪(外三元)市场价格如图 4-4 所示。

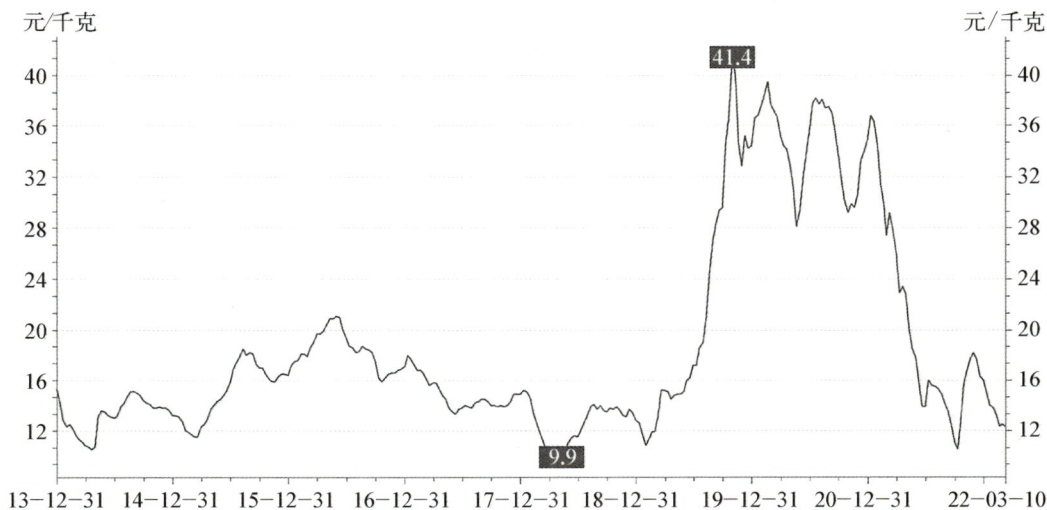

图 4-4　2014—2022 年以来全国生猪(外三元)市场价格

以 2014 年年初至 2022 年 3 月上旬的全国生猪(外三元)市场价格来看,最低点为 2018 年 5 月上旬的 9.9 元/千克,2022 年 3 月上旬的 12.3 元/千克,与近年来的最低点 9.9 元/千克相比,每千克相距 2.4 元。而与本轮周期生猪价格的第一次探底(2021 年

10月上旬）价格 10.5 元/千克相比,仅相差 1.8 元。

生猪价格的循环轨迹一般是:肉价上涨—母猪存栏量大增—生猪供应增加—肉价下跌—大量淘汰母猪—生猪供应减少—肉价上涨。这是典型的"价高伤民,价贱伤农"的周期性猪肉价格变化怪圈。

思考题:

对于这一现象,你能用刚刚学到的知识予以解释吗?

四、关于完全竞争市场的总结

在竞争过程中应该看到,新厂商进入的潜在威胁会迫使现有厂商保持警惕。当价格受到竞争的压力达到极大限时,生产者数量在整个生产过程中都面临着为保持利润领先而降低成本的巨大压力,这种压力常常导致新产品的出现和技术革新。该产品的生产成本也降到最低,到达的经济效率状态,一旦市场均衡实现,社会就使可利用的资源得到最充分的利用。

所以,即使最成功的厂商也不能长期吃老本。为了在竞争的市场中立足,厂商们必须不断改进工艺、改进产品和降低成本。

第三节　垄 断 市 场

在本讲引导案例中的第四种情况,如果你能够获得学校管理者的特许经营权,只允许你一家面馆在校园周围营业,其他的生产者被排斥在外,你就获得了垄断经营权。这样,你将没有竞争者,就拥有了很强的市场势力,你可以自主决定的产品的市场价格,成为价格的制订者。

一、垄断是怎么产生的

垄断产生的根本原因是存在进入壁垒,其他厂商不能进入市场与之竞争。垄断企业可以在其市场上保持唯一供给者的地位。进入壁垒的产生又主要有三个原因。

> **完全垄断（monopoly）:**
> 某种产品只有唯一的一家生产者,而且这种产品没有良好的替代品,这一厂商即被称为垄断者。

(一) 垄断资源

垄断产生的第一种原因是单个企业拥有一种关键的资源。当某种行业中至关重要的资源或其他投入要素被某一厂商所控制,其他企业无法获取这种资源,也就无法进入这一行业。

(二) 政府管制

在许多情况下,垄断的产生是因为政府给予一个人或一个企业排他性地出售某种物品或劳务的权利。

有时垄断产生于想成为垄断者的人的政治影响。

有时垄断产生于管理者对公共利益的考虑。

专利和版权法是政府因为公共利益而创造垄断的一个典型例子。

当一个制药公司发明了一种新药时，它就可以向政府申请专利。如果政府认为这种药真正是原创性的，它就批准专利，该专利给予该公司在 17 年中排他性地生产并销售这种药的权利，制药公司就获得了垄断权。

同样，当一个小说家写完一本书时，他可以有这本书的版权。版权是一种政府的保证，它保证没有一个人在没有得到作者同意时就能印刷并出售这本著作。

由于这些法律规定使一个生产者成为垄断者，所以，就有价格高于完全竞争时的情况。但是，通过允许这些垄断生产者收取较高价格并赚取较多利润，这些法律也鼓励了一些合意的行为。允许制药公司成为它们发明的药物的垄断者是为了鼓励这些公司的研究。允许作者成为销售他们著作的垄断者是为了鼓励他们写出更多更好的作品。因此，决定专利和版权的法律既有收益也有成本。专利和版权法的收益是增加了对创造性活动的激励。在某种程度上这些收益被垄断定价的成本所抵消。

（三）自然垄断

当一个企业能以低于两个或更多企业的成本为整个市场供给一种物品或劳务时，这个行业是自然垄断。

形成自然垄断的第一种情况，当该产品在生产过程中存在规模经济时，自然垄断就产生了。图 4-5 表示有规模经济的企业的平均总成本。在这种情况下，随着企业产量的增加，可以以更低的成本生产。

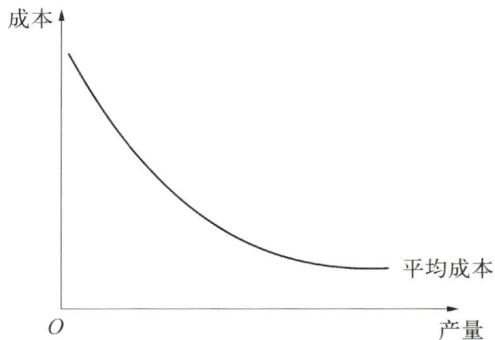

自然垄断企业包括供水、供电、供气等企业。为了向居民提供这些产品，企业必须铺设遍及各地的基础管网，这部分投入非常高。如果两家或更多企业在提供这种服务，每个企业都必须支付铺设管网的固定成本。

图 4-5 平均成本逐步下降

因此，如果只由一家企业为整个市场服务，随着提供产品数量的增加，平均总成本随着产量增加而下降，那么由一个企业来提供产品，平均总成本就是最低了。

存在自然垄断的第二种情况，当一个产品的市场容量有限时，也可能形成垄断，市场规模也是决定一个行业是不是自然垄断的一个因素。假设你开面馆的学校学生人数很少，你的面馆就可能是自然垄断，一家面馆可以以最低成本满足整个学校学生的需求。但随着学生人数的增加，面馆生意太好，小店变得拥挤时，满足学生的需求可能需要更多的面馆。因此，随着市场扩大，自然垄断市场会变为竞争市场。

二、垄断者的收益

垄断与完全竞争的关键差别是垄断者影响其产品价格的能力。垄断者是市场上唯一的卖者,它就可以通过调整向市场供给的产量来改变产品的价格。

由于竞争企业出售有许多完全替代品的产品,任何企业所面临的需求曲线都是完全富有弹性的,也就是说可以在市场价格上想卖多少就卖多少,所以,竞争企业面临一条水平需求曲线,如图4-6(a)所示。而垄断企业是其市场上的唯一卖者,所以,它的需求曲线是市场需求曲线。这样,垄断企业的需求曲线会出于所有的正常原因而向右下方倾斜,如图4-6(b)所示。如果垄断企业提高其物品价格,消费者就少买这种物品。换个角度来看,如果垄断企业减少它销售的产量,其产品价格就上升。

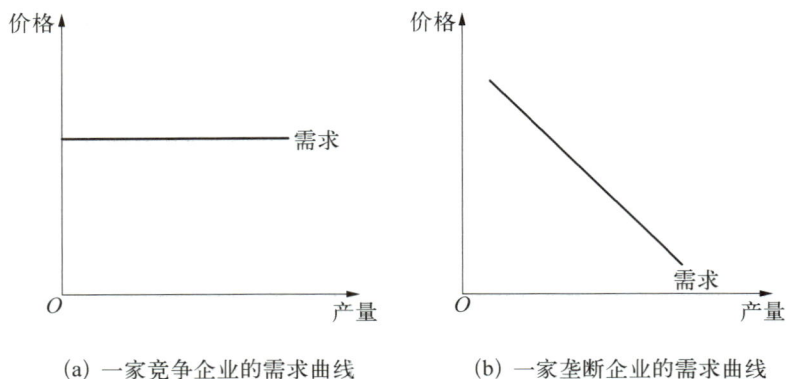

(a) 一家竞争企业的需求曲线   (b) 一家垄断企业的需求曲线

图4-6 竞争性企业与垄断企业的需求曲线

虽然垄断企业获得了市场势力,一个垄断企业如果愿意,只要有可能,就可以收取高价格,并在这种高价时出卖大量产品,我们说市场势力是企业获得了定价的能力,但这并不意味着厂商可以任意定价。事实上市场需求曲线限制了垄断企业由其市场势力得到利润的能力。

假如,你的面馆是校园周围的垄断者。你的收益如何在价格和产量变化时发生变化呢?

我们给出产量、价格和收益的关系,如表4-3所示。

表4-3 垄断面馆的收益、平均收益和边际收益

产量/碗 (Q)	价格/元 (P)	总收益/元 (TR)	平均收益/元 (AR=TR/Q)	边际收益/元 (MR=ΔTR/ΔQ)
0	15	0		
1	14	14	14	14
2	13	26	13	12
3	12	36	12	10
4	11	44	11	8

续　表

产量/碗 (Q)	价格/元 (P)	总收益/元 (TR)	平均收益/元 (AR＝TR/Q)	边际收益/元 (MR＝ΔTR/ΔQ)
5	10	50	10	6
6	9	54	9	4
7	8	56	8	2
8	7	56	7	0

表 4-3 的前两栏表示垄断者的需求表,即价格与需求量的关系,这是一个典型的向右下方倾斜的需求曲线。

第三列代表垄断企业的总收益。第四列是企业的平均收益。最后一列是企业的边际收益,即企业每增加一单位产量所得到的收益量。表 4-3 表示垄断企业行为重要的结果:垄断企业的边际收益总是小于其产品的价格。如果企业把面条的生产量从 3 增加到 4,即使它能以 11 元卖出所有的产品,总收益也只增加 8 元。对垄断企业来说,边际收益小于价格是因为垄断企业面临一条向右下方倾斜的需求曲线。为了增加销售量,一个垄断企业必须降低其产品的价格。因此,为了出卖第 4 碗面垄断企业得到的收益必须低于前 3 碗面的每单位收益。

为什么会这样?

当一个垄断企业增加一单位生产时,它就必须降低它对所销售的每一单位产品收取的价格,而且,这种价格下降就减少了它已经卖出的各单位的收益。结果,垄断企业的边际收益小于其价格。

一个垄断企业的需求曲线与边际收益曲线如图 4-7 所示,垄断企业的边际收益曲线位于需求曲线之下。

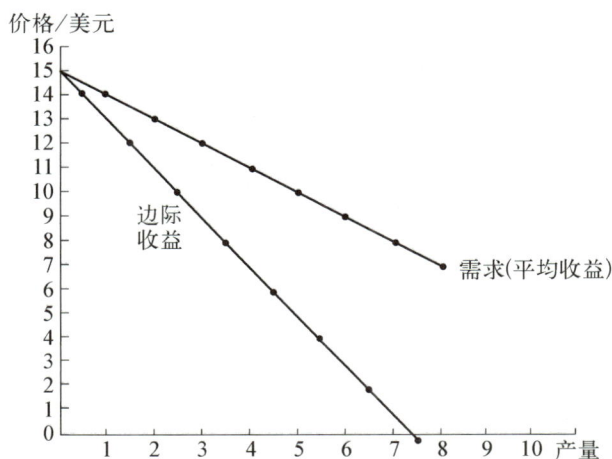

图 4-7　垄断企业的需求曲线与边际收益曲线

三、垄断者的利润最大化

垄断企业如何实现利润最大化呢？在图 4-8 中再引入企业的边际成本曲线和平均总成本曲线。

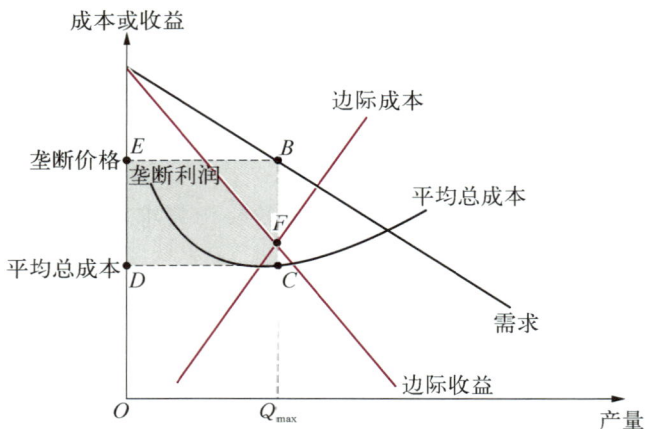

图 4-8　垄断企业的利润

首先假设，企业在低产量水平上生产，低于 Q_{max}。在这种情况下，边际成本小于边际收益。如果企业增加一单位产量，增加的收益将大于增加的成本，利润将增加。因此，当边际成本小于边际收益时，企业可以生产更多单位产品来增加利润。

同样的推理也可以用于高产量水平的情况，高于 Q_{max}。在这种情况下，边际成本大于边际收益。如果企业减少一单位生产，节省的成本将大于失去的收益。因此，如果边际成本大于边际收益，企业可以减少生产来增加利润。

最后，企业调整其生产水平直至产量达到 Q_{max}，在这时边际收益等于边际成本。因此，垄断企业的利润最大化产量是由边际收益曲线与边际成本曲线的相交决定的。在图4-8中边际成本曲线与边际收益曲线的交点 F 处。

边际成本与边际收益曲线的交点找到后，垄断企业如何找出其产品利润最大化的价格呢？这时需求曲线就有用了，因为需求曲线把消费者愿意为之支付的量和销售量联系起来了。因此，在垄断企业选择了使边际收益等于边际成本的产量之后，就可以用需求曲线找出与那种产量一致的价格。

在图 4-8 中，利润最大化的价格在点 B 上找出。这样垄断企业就在边际成本等于边际收益的条件下，定出了 Q_{max} 的产量，然后在需求曲线的约束下，对此产量要求一个对应的垄断价格。

垄断企业会得到多少利润？

$$利润＝TR－TC$$

$$利润＝(TR/Q－TC/Q)×Q$$

式中,TR$/Q$ 为平均收益,TC$/Q$ 为平均总成本(ATC)。

因此,利润$=(P-\text{ATC})\times Q$。

这个利润方程式(和竞争企业的利润方程式一样)可以用图 4-8 来衡量垄断者的利润。

考虑图 4-8 中阴影的长方形。长方形 $BCDE$ 的高(BC 段)是价格减去平均总成本,即 $P-\text{ATC}$,这是正常销售一单位的利润。长方形的宽(DC 段)是销售量 $Q_{\max}$。因此,这个长方形的面积是垄断企业的总利润。

四、垄断的无效率

在竞争市场中我们得出的结论是,在竞争市场上供求均衡不仅是一个自然而然的结果,而且是一个合意的结果。垄断引起的资源配置不同于竞争市场,所以,其结果必然以某种方式不能使总经济福利最大化。

我们可以从垄断者的价格来看垄断的无效率。当垄断者收取高于边际成本的价格时,一些潜在消费者对物品的出价高于其边际成本,但低于垄断者的价格。这些消费者最后不购买产品。由于这些消费者对产品的出价大于生产这些产品的成本,这个结果是无效率的,如图 4-9 所示。

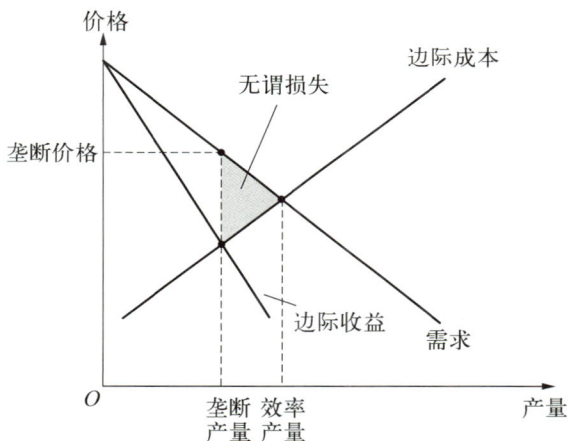

图 4-9 垄断的无效率

因此,垄断定价使一些双方有益的交易无法进行。

垄断者的垄断利润经常遭到批评,那么,垄断利润一定是一种社会代价吗?

垄断市场上的福利一样包括消费者和生产者的福利。只要消费者由于垄断价格额外支付给生产者 1 元钱,消费者状况就会变坏 1 元钱,而生产者状况会变好 1 元钱。这种从产品消费者向垄断所有者的转移并不影响市场总福利。所以,垄断利润本身并不代表经济蛋糕的规模缩小。它仅仅代表生产者的那一块大了,而消费者的那一块小了。除非出于某种理由认为消费者比生产者更重要,否则垄断利润不是一个社会问题。

所以,垄断市场的根本问题是:企业生产和销售的产量低于使总剩余最大化的水平。当企业把价格提高到边际成本以上时,阻碍一些消费者买这些产品,消费者买得少了,带来了社会总福利的损失。

生活中的经济学　▶ 公牛集团为何被罚?

2021年9月27日,公牛集团发布公告称,公司于2021年9月27日收到浙江省市场监督管理局出具的《行政处罚决定书》,因违反我国《反垄断法》被处2020年度中国境内销售额(98.27亿元)3%的罚款,约2.95亿元。

令人不解的是,公牛集团所处的家用消费电器领域,本是高度竞争性的行业,为何会出现垄断?

据对公司的处罚书,一是固定向第三人转售商品的价格;二是限定向第三人转售商品的最低价格的规定,构成与交易相对人达成并实施垄断协议的行为。

公牛集团在全国采用的是区域代理制度,以地级市为单位,代理商负责给全区所有的终端(含五金店、超市等)铺货,代理不能给区域外供货,而且批发给终端的价格是公牛全国统一规定。

对于渠道商来说,如果你卖公牛的产品,那你就不能卖其他家的产品,要么你放弃公牛。对于终端的零售商来说,如果你没按照价格标准来执行的话,也将面临罚款,或者取消资格等。

限制销售区域,限制销售最低价格,这其实就是利用了公司的行业地位来搞垄断。

公众一般认为垄断是一些头部厂家为了攫取超额利益,在排斥异己之后,定下一个高昂价格,或者几个厂家联合起来避免竞争。实际上垄断的概念非常丰富,有垄断地位的厂家不一定垄断,关键看是否有排斥竞争的行为。

这说明了,所有企业要遵守商业道德和法律,公平买卖、公平竞争。自2013年以来,中国反垄断调查和处罚不断扩围,反垄断进入新常态,不分行业、企业性质,不论中资企业还是外企,只要存在垄断行为和事实,违反了公平竞争,都会受到调查和相应处罚。

思考题:

公牛集团的垄断行为对市场效率产生了哪些影响?

五、政府如何应对垄断

(一) 用反垄断法增强竞争

反垄断法禁止公司以使市场竞争减弱的方法协调它们的活动,是政府防止垄断,维持市场处于竞争状态的一种重要方法。

（二）管制垄断者行为

政府解决垄断问题的另一个方法是管制垄断者的行为。在自然垄断的情况下,如自来水和电力公司中,政府对存在自然垄断的企业实施价格管制,由政府确定产品的价格。

政府应该为自然垄断者确定多高的价格呢？一些人认为,价格应该等于垄断者的边际成本。如果价格等于边际成本,消费者就可购买使总剩余最大化的垄断者产量,而且,资源配置将是有效率的。

但是,边际成本定价作为一种管制制度有两个问题。

第一个问题是：自然垄断的平均总成本递减,当平均总成本递减时,边际成本小于平均总成本。如果管制者要确定等于边际成本的价格,价格就将低于企业的平均总成本,企业将亏损。在收取如此之低的价格时,企业就会离开该行业。

第二个问题是：它不能激励垄断者降低成本。由于低成本意味着高利润,竞争市场上的每个企业都努力降低其成本。但如果一个受管制的垄断者知道,只要成本减少,管制者就将降低价格,垄断者就不会从降低成本中受益。实际上,管制者解决这一问题的方法是允许垄断者从降低成本中以更高利润的形式得到一些利益,这种做法与边际成本定价在某种程度上相背离。

生活中的经济学　知名互联网企业为何被罚？

在我国《反垄断法》实施后,反垄断经常引起消费者的关注。2021年,中国反垄断全面、深度地展开。如何让互联网企业规范发展,成为行业新的命题。

2020年12月召开的中央经济工作会议明确将"强化反垄断和防止资本无序扩张"列为2021年八项重点任务之一,强调反垄断、反不正当竞争是完善社会主义市场经济体制、推动高质量发展的内在要求。

在经营者集中反垄断执法方面,自《反垄断法》生效至2020年11月,我国反垄断执法机构公开了59起未依法申报案例。2021年1月1日至2021年12月14日,这一年市场监管总局共发布反垄断处罚案例高达118起,其中89起涉及互联网企业,占总数的75.42%。这反映了监管层对互联网行业的反垄断监管措施不断加强,阿里巴巴、美团、腾讯等知名互联网企业接连遭到反垄断处罚。阿里巴巴滥用市场支配地位行为,被处182.28亿元巨额罚款;美团实施"二选一"涉嫌垄断行为被罚34.42亿元;腾讯、京东等未依法申报经营者集中案的行政处罚,单一案件顶格处罚50万元。

思考题：

重罚仅仅是为了恢复竞争机制吗？国家为什么要反垄断？

（三）公有制

政府用来解决垄断问题的第三种政策是公有制。这里,政府自己经营自然垄断,政府拥有并经营公用事业,如电话、供水和电力公司。

当然,以上每一项旨在减少垄断问题的政策都有各自的优点和缺点。因此,一些经济学家认为,政府通常最好不要设法解决垄断定价的无效率,市场经济运行的复杂程度远远高于我们当前的认识,而且经济问题与政治问题通常有牵连,所以斯蒂格勒指出:"所有现实经济都与理想经济有差距——这种差距称为'市场失灵'。但是,按我的观点,美国经济'市场失灵'的程度远远小于植根于现实政治制度中经济政策不完善性所引起的'政治失灵'。"

六、价格歧视:看人定价

中国成品油价格如何形成?

到现在为止我们都假设垄断企业对所有顾客收取同样的价格。但在许多情况下,企业努力以不同价格把同一种产品卖给不同顾客。这种做法被称为价格歧视。

价格歧视的两个例子

电影票:许多电影院对学生、儿童收取的价格低于其他观众。为什么会这样? 如果电影院有某种地区性垄断力量,而且,如果学生和儿童对电影票的支付意愿低,电影院通过价格歧视增加了利润。

旅游景点的门票:与电影票类似,旅游景点也通常不是单一售价,同样的产品,对不同的消费者收取不同价格。

> **价格歧视(price discrimination):** 企业以不同的价格把同样的产品卖给不同的消费者。

> **即时思考:** 为什么我们可以看到很多景区对不同的消费者收取不同的价格?

第四节 寡 头 垄 断

一、双寡头的例子

为了了解寡头的行为,我们考虑只有两个卖者的寡头,即双头垄断。双头垄断是寡头最简单的类型。有三家或更多数量的寡头面临着和只有两家的寡头同样的问题。

设想在学校里只有两个品牌——蓝剑和三苏向学生提供桶装水。蓝剑和三苏两个品牌要决定每天供应多少桶水,并以市场所能承受的价格出售。简单起见,我们暂时不考虑成本问题,也就是说,假设水的边际成本等于零。表4-4表示学校对桶装水的需求表。

> **寡头垄断(oligopoly):** 那种在某一产业中只存在少数几个卖者的市场组织形式。

表 4 - 4 桶装水的需求表

数量/桶	价格/元	总收益/元
0	120	0
10	110	1 100
20	100	2 000
30	90	2 700
40	80	3 200
50	70	3 500
60	60	3 600
70	50	3 500
80	40	3 200
90	30	2 700
100	20	2 000
110	10	1 100
120	0	0

现在我们来考虑学校里两家品牌如何影响水的价格和销售量。

二、双寡头市场会发生什么?

在竞争市场上,每个企业的生产决策是使得价格等于边际成本。因此,在竞争之下,水的均衡价格将是 0,而均衡数量将是 120 桶。

如果是垄断者,将在产量为 60 桶和每桶价格 60 元时,总利润最大。

一种可能的情况是:蓝剑和三苏一起就生产的水量和收取的价格达成一致。企业之间有关生产与价格的这种协议被称为"勾结",而且以一致方式行事的企业集团被称为卡特尔。一旦形成了卡特尔,市场实际就是由一个垄断者提供服务,而且我们可以运用垄断的分析结果。如果蓝剑和三苏"勾结"起来,他们就会在垄断的结果上达成一致,那种结果使生产者能从市场上得到的总利润最大化。

卡特尔不仅必须就总产量水平达成一致,而且要就每个成员的生产量达成一致。在这个例子中,蓝剑和三苏还要就如何在他们之间分配垄断地生产的 60 桶水达成一致。卡特尔的每个成员都想有较大的市场份额,因为市场份额越大,意味着利润越大。如果蓝剑和三苏同意平均地划分市场,那么,每个人将生产 30 桶,价格将是 1 桶 60 元,而且,每个人可以得到 1 800 元利润。

三、结果和愿望通常并不一致

上面的结果显然对寡头双方都是一个好的结果,但事实的走向通常会出问题。也就是说:垄断结果是不可能的。为什么呢?

我们分别处在每个品牌的角度,设想一下会发生什么。设想蓝剑预计三苏只生产30桶。蓝剑的推理如下:

我也可以生产30桶。在这种情况下,总计60桶水将以60元一桶的价格出售。我的利润将是1 800元(30桶×60元/桶)。但是,如果我生产40桶。70桶水总量要以50美元一桶的价格出售。我的利润将是2 000元(40桶×50元/桶)。尽管市场的总利润减少了,但我的利润多了,因为我将有较大的市场份额。

当然,三苏也会以同样的方法推理。如果这样的话,蓝剑和三苏将各生产40桶水。总销售量将是80桶,而价格将下降为40元。因此,如果双头在决定生产多少时追求自己的私利,他们生产的总量大于垄断的产量,收取的价格低于垄断价格,而且,赚到的总利润小于垄断利润。

当每个双头生产40桶时,价格是40元,每个双头得到1 600元利润。在这种情况下,蓝剑利己的逻辑还会继续推算:

"现在我的利润是1 600元。假设我把我的生产增加到50桶。在这种情况下,总计可以销售90桶水,价格是30元一桶。这时我的利润只是1 500元。增加生产会使价格下降,我把生产保持在40桶上,我的状况会变得好一些。"

三苏的推理也一样,蓝剑和三苏各生产40桶的结果看来像某种均衡。实际上,这种结果被称为纳什均衡。在这个例子中,在三苏生产40桶为既定时,蓝剑的最优战略是生产40桶。同样,在蓝剑生产40桶为既定时,三苏的最优战略是生产40桶。一旦他们达到了这种纳什均衡,蓝剑和三苏都没有作出不同决策的激励。

这个例子说明了合作和利己的冲突。合作并达到垄断的结果会使寡头的状况更好。但由于它们追求自己的私利,他们最后不能达到垄断结果,并不能使他们共同的利润最大化。每一个寡头都有增加生产并占有更大市场份额的诱惑。当它们每一个都努力这样做时,总产量增加了,而价格下降了。

四、寡头数量增加的结果

我们可以用这种双头分析的结论来讨论寡头数量会如何影响市场结果。例如,假设有新的厂商发现了学校桶装水这个市场,并加入蓝剑和三苏的水的寡头。表4-4的需求仍然相同,卖者从2个增加到4个,他们如何影响学校桶装水的价格和数量呢?

如果卖者可以形成一个卡特尔,他们就又可以通过生产垄断产量并收取垄断价格来使总利润最大化。正如前面的分析到的,卡特尔成员需要对每个成员的生产水平达成一致,并找出某种实施协议的方法。但是,随着卡特尔扩大,达成和实施协议会越来越困难。

在任何时候,每个桶装水供应者拥有者都有权选择增加1桶水。在作出这个决策时,所有品牌权衡两种效应:

产量效应：由于价格高于边际成本，在现行价格时每多销售 1 桶的水就将增加利润。

价格效应：提高生产将增加总销售量，这就会降低水的价格并减少所销售的所有其他桶水的利润。

如果产量效应大于价格效应，供应者将增加生产。如果价格效应大于产量效应，生产者将不增加产量。（实际上在这种情况下，减少生产是有利的。）每一个寡头都把其他寡头的生产作为既定的，并一直增加生产，直至这两种边际效应完全平衡。

卖者的数量越多，每个卖者越不关心自己对市场价格的影响。这就是说，随着寡头数量增加，价格效应在减少。当寡头数量增加到极大时，价格效应就完全消失了，只剩下了产量效应。在这种极端情况下，寡头市场的每个企业只要价格在边际成本以上就增加产量。

生活中的经济学 国有企业改革成效如何？

国有企业是中国特色社会主义的重要物质基础和政治基础，是党执政兴国的重要支柱和依靠力量。党的十八大以来，以习近平同志为核心的党中央高度重视国资国企工作，举旗定向、科学谋划，作出了一系列重大决策部署，为深化国企改革提供了根本遵循。近年来，国资国企系统深化改革蹄疾步稳，在重要领域和关键环节取得重大突破和重要成果，国有经济竞争力、创新力、控制力、影响力、抗风险能力持续增强。

国企改革的不断深化有力促进了国有企业质量效益提升。全国国资系统监管企业 2020 年年底资产总额达到 218.3 万亿元，2020 年的营业收入为 59.5 万亿元，利润总额达到 3.5 万亿元，"十三五"期间年均增速分别是 12.7%、7.4%、10.7%。随着实力增强，国企在服务国家战略、保障和改善民生等方面更好发挥功能作用，充分展现了报国为民的担当。

思考题：
1. 国有企业在市场经济中发挥了哪些作用？
2. 国有企业改革对我国市场结构优化可能产生的影响有哪些？

第五节 垄 断 竞 争

一、垄断竞争是什么

你随便走入一家电视机卖场，就会看到很多的国内品牌与外资品牌。

看起来，电视机的市场看来是极富竞争性的。当你观察每个品牌的电视机时，不同大小，不同功能的电视机型很多，每种品牌都有针对不同客户的产品型号。这个市场上的买

> 垄断竞争（monopolistic competition）：那种许多厂商出售相近但非同质，而是具有差别的商品的市场组织。

者都有可供选择的成千上万种竞争的产品。而且,所有的产品在电视这一功能上都差不多。

但从另一视角看,电视机的市场极具垄断性。因为每个品牌的电视机都有自己独特的技术,或者是硬件,如有的电视机品牌强调自己的色彩,有的强调自己的音效,有的强调自己的设计;或者是软件,如有的电视机品牌强调自己的上网功能,有的强调自己人机对话的简明。可以说每个品牌都是独一无二的,生产商在某种程度上可以选择所收取的价格。这个市场上的卖者是价格决定者,而不是价格接受者。

二、从华为手机看产品差异性与市场势力

在一个垄断竞争行业里,每个生产者生产的产品都被消费者认为与其他企业生产的产品有差别,但又可以相互替代。如果每个产品的差异性的结果是使每个生产者都拥有一定的自己决定价格的能力,那么每个生产者都具有一定的市场势力,当然这种市场势力是有限的。

生活中的经济学 ▶ **华为手机的竞争优势是什么?**

华为手机隶属于华为消费者业务,作为华为三大核心业务之一,华为消费者业务始于 2003 年年底,经过十余年的发展,在中国、俄罗斯、德国、瑞典、印度及美国等地设立了 16 个研发中心。2015 年华为入选 Brand Z 全球最具价值品牌榜百强,位列科技领域品牌排名第 16 位。2018 年 7 月 31 日,市场分析机构国际数据公司发布的初步数据显示,2018 年第二季度,华为的出货量超过 iPhone,跃居全球第二位。

思考题:

在竞争激烈的手机市场,华为手机与其他手机的差异性表现在什么地方?

华为手机的市场势力是如何获得的呢?是通过产品的差异化实现的。产品的差异化,是企业为了让消费者感觉到它的产品与其他产品不同而做的各种尝试,这也是垄断竞争企业能够拥有一定市场势力的唯一途径。消费者具有不同的偏好,为了自己的偏好,消费者通常愿意支付更高的价格,每个生产者都可以通过生产比其他生产者更能迎合某些消费者特殊偏好的产品来开辟一个细分市场。传统上,有三种主要的产品差异:样式或品种的差异、地点的差异和质量的差异。

首先,技术创新是华为手机的一大亮点。华为一直致力于自主研发,拥有海思麒麟处理器等核心技术,这使得华为手机在性能上更具竞争力。

其次,设计理念上,华为手机注重细节和品质。无论是外观设计还是内部构造,华为手机都力求精益求精,以满足用户对高品质生活的追求。

在用户体验方面,华为手机也表现出色。华为自主研发的鸿蒙操作系统不仅保证了系统的高效稳定,还为用户提供了更多个性化的设置选项。

最后,品牌影响力也是华为手机与其他手机的一大差异。作为中国领先的科技企业,华为在全球市场上享有很高的知名度和美誉度。其品牌影响力不仅体现在产品的销量和市场份额上,更体现在用户对品牌的忠诚度和信任度上。

综上所述,华为手机与其他手机在技术创新、设计理念、用户体验,以及品牌影响力等方面存在显著的差异性。这些差异使得华为手机在市场上具有独特的竞争优势和吸引力。

三、垄断竞争企业是如何定价的?

在垄断竞争市场上,企业之间是有差别的竞争。

垄断竞争市场上的每个企业在许多方面很像垄断企业。由于它的产品与其他企业提供的这种产品有差别,所以,每个企业都面临一条向右下方倾斜的需求曲线。因此,垄断竞争企业遵循垄断者的利润最大化规律:它选择边际收益等于边际成本的产量,然后用其需求曲线找出与这种产量相一致的价格。

但是这样的市场里面的各家企业是有区别的,因为提供的产品有差异,进而在产品的需求、企业的成本等方面都有不同,所以市场中就会出现有的企业盈利,有的企业亏损的情况。图 4－10 就给出了这些情况的说明。

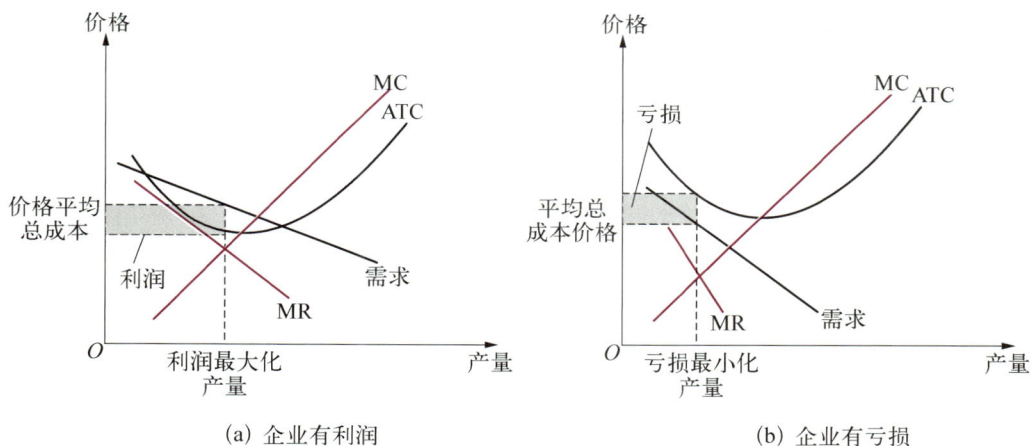

图 4－10　垄断竞争中的盈利企业与亏损企业

在图 4－10(a)中,价格高于平均总成本,因此企业有利润。在 4－10(b)中,价格低于平均总成本。在这种情况下,企业不能获得正利润,因此企业能做的最好的事就是使其亏损最小化。

企业有利润就是新企业进入市场的激励。这种进入增加了顾客可以选择的范围,减少了存在于市场的每家企业面临的需求。企业产品需求减少,利润下降。当企业有亏损时,市场上的企业有退出的激励。随着企业退出,扩大了留在市场上的企业面临的需求。随着留下来的企业产品需求的增加,这些企业利润增加。这个进入和退出的过程一直要持续到市场上企业正好有零经济利润时为止。

所以,利润的变动导致拥有差异性产品的新生产者们在长期内自由地进入或退出该行业。例如,手机市场就是一个门槛很低的市场,如果有人认为这个行业有利可图,他们也可以进行手机的生产。但如果有人发现自己在长期亏本,他们将退出这个行业。

四、垄断竞争市场是合意①的吗?

对这个问题并没有简单的答案,垄断竞争有时可能是无效率的。

产品的差异性会产生高于边际成本的价格加成。由于价格加成,一些对物品的出价高于生产的边际成本(但小于价格)的顾客没有购买物品。因此,垄断竞争市场有垄断定价时存在的无谓损失。

垄断竞争可能引起社会无效率的另一个原因是,市场上的企业数量可能并不是"理想"的数量。这就是说,市场中存在的企业数量可能太多或太少。

每当一家新企业带着一种新产品进入市场时,它的进入还有两种外部效应:

产品多样化外部性:更多的新产品进入给了消费者更多的选择,对消费者有正的外部性。

抢走业务的外部性:其他企业的客户被新进入者抢走,对原有企业产生了负的外部性。

垄断竞争市场可能是产品太多还是太少,取决于哪一种外部性大。

关于广告的
争论

本 讲 小 结

1. 市场中存在完全竞争、完全垄断、垄断竞争和寡头垄断四种市场结构。

2. 在完全竞争市场上,所有生产者和消费者都是价格接受者,这对生产者而言是一个残酷的市场,利润被无情的压缩,但对消费者而言却是大有好处的。

3. 完全垄断行业中,垄断者是市场中商品的唯一供给者,为获得垄断利润,垄断者会降低产量,提高价格;寡头垄断行业中的企业能够通过形成卡特尔实现总利润最大化,但是单个企业有动机生产更多的产品,产生非合作行为;垄断竞争市场中的每个生产者生产有差异的产品,每个企业的产品是非完全替代的,它们的有些方面像是垄断竞争,有些方面像完全竞争。

4. 竞争不充分时,通常会影响社会福利,这时政府会进行一定的管制。

---

① 在经济学中,合意指的是偏好的严格单调性,即如果一种选择在所有方面都优于另一种选择,那么它在任何方面都优于那种选择。

思 考 及 运 用

1. 完全竞争的含义是什么？什么情况下企业会进入或退出这个市场？

2. 高德打车、美团打车等软件的出现对出租车的经营带来了很大的影响。请分析一下出租车行业的特点，打车软件将对这个市场产生什么样的冲击？为什么有些地方支持打车软件，有些地方却不支持？

3. 请你评价一下我国的成品油定价机制。

4. 请你详细考察一下，中国移动、中国联通和中国电信几家企业的资费情况，用所学知识分析一下它们的定价策略。

第五讲 博弈与经济行为

引导问题

什么是囚徒困境？
什么是个体理性与集体理性的矛盾？
囚徒困境反映了什么问题？
什么条件下纳什均衡？
囚徒困境有解吗？

核心概念

博弈　　囚徒困境　　纳什均衡

✎ 案例引入

新能源汽车的价格战

2024 年,自特斯拉公司首启新能源车优惠政策后,新能源车企购买优惠政策不断出台,各车型购买价格不断下探。根据中国乘联会数据,新能源车市场整体购买均价由 2023 年 3 月份的 19.1 万元下降至 2024 年 3 月份的 17.23 万元,同比下降了 9.8%。新能源车企纷纷降价的举措不仅使得市场竞争进一步升温,也意味着中国汽车市场进入了一个"白热化"阶段。价格战背后是"以价换量",新能源车企的交付数据或销量数据呈现出稳健增长的趋势。但是,降价可能会造成企业盈利能力下滑,挑战其财务的稳健性。同花顺 iFind 数据显示,A 股汽车整车板块 24 家上市车企中,有 14 家 2024 年一季度实现了净利润增长,占比不足六成。这意味销量增长的同时,利润率下滑已成为该行业的普遍现象。

思考题:

近几年来,博弈的观点频频出现在各类经济管理书籍和大众媒体中,那么,博弈究竟是什么? 什么是囚徒困境? 当面临囚徒困境时,我们如何去解决呢? 请从博弈论的角度来解读这场新能源汽车的价格战。

第一节 博 弈 论

一、博弈的概念

博弈论是关于博弈的理论。当一个主体,比如一个人或一个企业的选择受到其他人、其他企业选择的影响,然后又反过来影响到其他人、其他企业选择的决策问题和均衡问题。从这个意义上来说,博弈论又称为对策论。

> 博弈论 (game theory):研究决策主体的行为发生直接相互作用时候的决策及这种决策的均衡问题的理论。

博弈论已经成为经济学的标准分析工具之一。在生物学、经济学、国际关系、计算机科学、政治学、军事战略和其他很多学科都有广泛的应用。

博弈是关于人们做决策的,但博弈不同于决策,这两者的结果存在很明显的差别。博弈决策与单人决策最大的区别是:博弈是相互的,你的决策和收益取决于双方行动的结果。例如,考虑国庆节去哪里旅游,就决策来看,假定九寨沟是最值得去的地方,因为深秋的九寨沟异常美丽,五颜六色的秋叶倒映在湖水里,犹如仙境一般。但是,如果想到大家都会这样想,去九寨沟的人就太多了,人山人海的九寨沟,并

> 囚 徒 困 境 (prisoner's dilemma):非零和博弈代表性的例子,反映个人最佳选择并非团体最佳选择。或者说在一个群体中,个人做出理性选择却往往导致集体的非理性。

不是一个好的旅游景区选择。所以,就决策来看,去九寨沟是决策结果,就博弈来看,互动决策的结果就是不去九寨沟。

生活中的经济学
失火了,你往哪个门跑?

一天晚上,你参加一个派对,屋子里有很多人,你玩得很开心。这时候,屋里突然失火,火势很大,无法扑灭。此时你想逃生。你的面前有两个门,左门和右门,你必须在它们之间选择。但问题是,其他人也要争抢着两个门出逃。如果你选择的门是很多人选择的,那么你将因人多拥挤、冲不出去而遇难;相反,如果你选择的是较少人选择的,那么你将逃生。

你的选择必须考虑其他人的选择,而其他人的选择也要考虑你的选择。你的结果(博弈论称之为支付),不仅取决于你的行动选择(博弈论称之为策略选择),同时取决于他人的策略。你和这群人构成了博弈(game)。

思考题:

面对失火,不考虑道德因素,你将如何选择?

二、博弈论的四要素

今天是周末,难得的休息时间。晚饭过后,一对夫妻坐在沙发上看电视。丈夫早早地就把频道锁定在了体育频道,因为恰逢世界杯,又有自己喜欢的球队和球星,这场比赛好几天之前他就开始关注了。但是这个时间另外一个频道马上又要播出一部连续剧,妻子连续追了 30 多集,剧情跌宕起伏,已经发展到高潮阶段,妻子自然不想错过。于是,一场关于电视选台的博弈展开了。

丈夫认为,自己平时工作忙,根本没时间看球赛,电视平时都是妻子一个人独享,今晚好不容易有机会看一场球赛,妻子应该让给他一次。而且连续剧白天还有重播,到时再补上就行了。

妻子认为,丈夫把体育频道锁定大半天了,现在应该让给她看。再说,想要知道比赛结局,直接看新闻就行了,想要看比赛过程,明天还会有重播。

比赛马上就要开始了,连续剧播出的时间也快要到了,他们应该做出怎样的选择呢? 从这个博弈中我们看到,一次典型的博弈的主要因素有:

第一,至少两个参与者。博弈论的参与者又被称为决策主体。没有参与者就不会有博弈,而且参与者至少为两人。有两个参与者的博弈称为两人博弈,如象棋、围棋。有多个参与者的博弈称为多人博弈。

第二,利益。博弈的最终目的都是争取自己的最大利益。利益不单指金钱,可以是战争的胜利、获得荣誉、赢得比赛。但是有一点,必须是决策主体在意的东西才能称为利益。

第三,策略。策略就是指决策主体做出的,用来解决问题的手段、计谋、计策。从博弈论的定义可以看出,博弈论的关键在于制订一个能帮助本方获取最大利益的策略,也就是最优策略。所以,策略是博弈论的核心,关系着最后的胜败得失。

第四,信息。利益是博弈的目的,策略是获得利益的手段,而信息就是制订策略的依据。要想制订出战胜对方的策略,就得获得全面的信息,对双方有更多的了解,"知己知彼,百战不殆"。

上述便是博弈论的四个要素,最后让我来看看夫妻电视频道之争的博弈有什么结局呢?结局不外乎三种:一是双方争执不下,关掉电视谁也不看了,这就是两败俱伤;二是一方选择退出,丈夫可以选择去做别的事情,或者妻子选择去做别的事情。这时只有一方获利;三是一方说服了另一方,妻子陪丈夫看球赛,或者丈夫陪妻子看连续剧。这种情况下,有一方要牺牲一部分利益,但是利益总和将大于前两种选择。很显然,第三种选择是最好的选择,也是这场博弈中的最优策略。

即时思考:你还能举出生活中的博弈的例子吗?

第二节 囚徒困境

永不停息的
博弈

一、囚徒困境的概念

博弈论专家、美国普林斯顿大学的塔克教授曾经杜撰了一个故事,即囚徒困境。

话说有一天,一位富翁在家中被杀,财物被盗。警方在此案的侦破过程中,抓到两个犯罪嫌疑人,张三和李四,并从他们的住处搜出被害人家中丢失的财物。但是,他们矢口否认曾杀过人,辩称是先发现富翁被杀,然后只是顺手牵羊偷了点儿东西。于是警方将两人隔离,分别关在不同的房间进行审讯。由地方检察官分别和每个人单独谈话。检察官说,"由于你们的偷盗罪已有确凿的证据,所以可以判你们 1 年刑期。但是,我可以和你做个交易。如果你单独坦白杀人的罪行,我就放你出去,但你的同伙要判 10 年刑。如果你拒不坦白,而被同伙检举,那么你就将判 10 年刑,他被放掉。但是,如果你们两人都坦白交代,那么,你们都要被判 6 年刑。"

张三和李四该怎么办呢?他们面临着两难的选择——坦白或抵赖。显然最好的策略是双方都抵赖,结果是大家都只判 1 年。但是两人处于被隔离的情况下无法串供,所以,按照亚当·斯密的理论,每一个人都是从利己的目的出发,他们选择坦白交代是最佳战略。因为坦白交代可以被放掉,但前提是同伙抵赖,显然要比自己抵赖要坐 10 年牢好。这种策略是损人利己的策略。不仅如此,坦白还有更多的好处。如果对方坦白了而自己抵赖了,那自己就得坐 10 年牢。太不划算了!因此,在这种情况下还是应该

选择坦白交代,即使两人同时坦白,至多也只判 6 年,总比被判 10 年好吧。所以,两人合理的选择是坦白,原本对双方都有利的策略(抵赖)和结局(被判 1 年刑)就不会出现。这样两人都选择坦白的策略并因此被判 6 年的结局被称为纳什均衡,这只是一种非合作均衡。

我们可以用矩阵表(图 5-1)来表示上面提到的囚徒困境。

李四

		坦白	抵赖
张三	坦白	-6,-6	0,-10
	抵赖	-10,0	-1,-1

图 5-1　囚徒困境支付矩阵

图 5-1 中,正数值表示参与人有所得,负数值表示参与人有所失。每个表格中第一个数值是表左边的参与人张三的支付,第二个数值是表上面的参与人李四的支付。

我们已经知道,每个犯罪嫌疑人都有两种可供选择的策略:坦白或抵赖。但不论同伙选择什么策略,每个犯罪嫌疑人的最优策略都是坦白。以犯罪嫌疑人张三为例。当犯罪嫌疑人李四选择坦白时,张三如也选择坦白,则被判处 6 年徒刑,张三如选择抵赖,则将被判处 10 年徒刑。因而张三选择坦白比选择抵赖好。当犯罪嫌疑人李四选择抵赖时,张三如选择坦白,则被判处 10 年徒刑,张三如选择抵赖,则将被判处 1 年徒刑。因而张三选择坦白还是比选择抵赖好。因此,坦白是犯罪嫌疑人张三的占优策略。对于犯罪嫌疑人李四来说,坦白同样也是他的占优策略。

在博弈中,如果所有的参与人都有占优策略存在,因而博弈将在所有参与人的占优策略的基础上达到均衡,这种均衡称为占优策略均衡。在图 5-1 中,"张三坦白,李四也坦白"就是占优策略均衡。

在占优策略均衡中,无论所有其他参与人选择什么策略,一个参与人的占优策略都是他的最优策略。显然,这一占优策略也必定是所有其他参与人选择某一特定策略时该参与人的最优策略。

> **占优策略:**不论其他参与者做何种策略选择,每个参与者的最佳策略都是唯一的,其结果为占优均衡。

应该指出的是,占优策略均衡只要求所有的参与人都是理性的,而并不要求每个参与人知道其他参与人也是理性的。因为,不论其他参与人是否理性,占优策略总是一个理性参与人的最优选择。

在图 5-1 中,如果张三与李四都选择抵赖,则每人将被判处 1 年徒刑。对于两个犯罪嫌疑人来说,这显然比每人判处 6 年徒刑要好。但由于张三与李四两人均从个人角度出发,如果不存在某种约束,他们不可能在"抵赖"的基础上达到均衡。

从前面的分析可以看出,博弈论分析的关键步骤在于找出在别人选择既定的情况下自己的最优反应策略。最优反应策略是指在其他参与者已经选定策略,或者可以预计到他们将选择何种策略时,能够给该参与者带来最大收益的策略。

囚徒困境反映了一个深刻的问题,即个人理性与集体理性的冲突。正是因为博弈论对个人理性的假设,导致参与人满足个人最优的时候得到对大家来说不是最好的结果。囚徒困境博弈在现实生活中是广泛存在的。从寡头竞争、军备竞赛、企业价格战、公共产品供给、运动员服用兴奋剂、会计师事务所做假账,到 NBA 球员的高薪、OPEC 成员的背叛协议行为等,都可称为囚徒困境博弈。在囚徒困境中,由于每个参与人的最优选择是唯一的,这样的策略称为占优策略,从表面上看起来每个参与人的最优选择跟对方没有关系,但是这并不与博弈论的参与人相互依存的基本特征相悖。因为我们总是站在当对方选择什么的情况,我的最优反应是什么的角度进行分析的。

即时思考: 若两囚犯建立攻守同盟会改变均衡解吗? 两囚犯事先的勾结会让他们在被抓后受审选择对双方都更好的抵赖吗?

生活中的经济学 ▶ 如何破除外卖骑手的囚徒困境?

2023 年,中国餐饮业收入 52 890 亿元,同比增长 20.4%,正式进入 5 万亿元发展新阶段。在餐饮行业快速发展的同时,作为餐饮业数字化转型的杰出代表,外卖业务已经成为推动行业创新和增长的关键力量。它不仅极大地丰富了消费者的用餐选择,提高了用餐体验的便利性,还为餐饮企业开辟了新的营收渠道。2022 年,在线外卖收入已占全国餐饮业总收入的 5.4%。2023 年,国内网上外卖用户规模增长至 5.45 亿人,占比达网民总数的 49.9%;在美团平台获得收入的骑手数量约为 745 万,饿了么平台也有超过 400 万的活跃骑手,这反映出外卖行业的蓬勃发展和行业潜力。

然而,由于市场竞争愈来愈激烈,导致各家外卖平台用"算法"设定的配送时间越来越短,骑手们迫于压力不得不疲于奔命,超速、闯红灯、逆行等违反交通规则的行为时有发生,遭遇交通事故的数量急剧上升。在平台市场势力不断扩大和监管相对滞后的环境下,外卖平台之间的恶性竞争行为频发,使得多边用户均遭到不同程度的伤害。对于商户而言,佣金抽成比例高企;对于消费者而言,平台选择空间有限;对于骑手而言,甘冒风险并非最优解。

思考题:

1. 请分析外卖平台、骑手、商户和消费者之间存在怎样的博弈关系。
2. 我们应如何破除外卖骑手遇到的囚徒困境?

二、厂商的囚徒困境——价格战博弈

生活中的经济学 ····················▶ **新式茶饮为何纷纷降价？**

2022 年 3 月 17 日,奈雪的茶官宣推出 20 元以下新茶饮产品线"轻松系列",价格在 9 至 20 元,包含纯茶、水果茶、宝藏茶等多个种类。其中,轻松葡萄、轻松芒果定价 19 元,相比霸气葡萄、霸气芒果价格下调高达 10 元,主力价格带整体下移。

奈雪的茶此次力推 20 元以下"轻松系列",与先前喜茶率先完成调价不无关系。早在 2 月 24 日,头部品牌喜茶就宣布完成当年 1 月以来开展的全面产品调价,年内不再推出 29 元以上的饮品类新品,并且承诺现有产品在年内不涨价。而在更早前,喜茶在产品用料和品质都不改变的前提下对产品价格进行了下调。调价后,除了个别城市限定产品、周边,以及 LAB 店、手造店少量产品,喜茶主流门店的产品价格已全面低于 30 元,且售价在 15~25 元产品已占据喜茶全部产品的 60% 以上。

除了上述两家高端品牌,走高端路线的乐乐茶近日也通过官方公众号宣布,部分饮品价格已控制在 20 元以下,其中价格最低的纯茶类鲜萃茉莉绿售价 8 元。

思考题：

新型茶饮品牌为什么采用降价而不是联合涨价的方法来增加利润？

囚徒困境在商业领域也很常见,我们经常见到的价格战就是这样的例子。厂商们对于联合涨价给出的统一理由是：遏制低价竞争,维护行业长远发展。厂商的价格联盟通常在短期内就会走向互相竞争、竞相降价的促销活动。为什么价格联盟不堪一击？博弈论中的囚徒困境能给出令人信服的解释。

假设某消费品市场有两个寡头同时面临降价与不降价的选择,如果双方都不降价,则双方都保持原来的销售利润,增加的赢利为 0；如果双方都降价,则赢利各增 -50 个单位。如果甲厂降价而乙厂不降价,那么甲通过降价扩大了市场份额,赢利增加 100 个单位,而乙因为坚持不降价而失去了市场,赢利增加 -100 个单位；反之,如果乙降价而甲不降价,而乙赢利增加 100 个单位,而甲赢利增加 -100 个单位。我们用支付矩阵来(图 5-2)表示这个博弈。

乙厂

		降价	不降价
甲厂	降价	$-50, -50$	$100, -100$
	不降价	$-100, 100$	$0, 0$

图 5-2　相同市场份额价格战博弈

那么从双方最好的结果来看,就是双方都不降价(相当于囚徒困境中的两个人都抵赖)。但如同囚徒困境一样,每个企业都有自己的占优策略,即只有降价才是每个企业的优势策略——如果对方不降价,我最好降价(我不降价得 0,降价得 100);如果对方降价,我更得降价(我不降价得-100,降低得-50)。

当厂商陷入囚徒困境的时候,厂商可以选择自己的占优策略,可是当市场上的厂商具有不同的市场份额时,厂商可能面临没有占优策略的博弈,这个时候,厂商该如何选择呢?

我们来看一个不同市场份额的厂商的博弈矩阵(图 5-3)。

厂商 2

		降价	不降价
厂商 1	降价	40,20	65,25
	不降价	35,55	60,40

图 5-3　不同市场份额的价格战博弈

在这个博弈中,厂商 1 占有较大市场份额,厂商 2 占据较小市场份额,但两个厂商最优的选择依然是都不降价,市场总收益最大。如果两个厂商打价格战,则都会减少收益,且市场总收益最小。厂商 1 发现无论对方选择什么样的策略,自己都有一个最优策略——降价,而厂商 2 则没有最优策略。但厂商 2 知道对方会选择降价,这时它自己最优的策略是不降价,而不是与对方打价格战。所以,这个博弈会达到(降价,不降价)的均衡点,这个均衡点不是占优均衡,而是一个纳什均衡。

第三节　纳　什　均　衡

一、纳什均衡的概念

博弈论中最基本的概念就是纳什均衡。

当然,纳什均衡虽然是由单个人的最优战略组成,但并不意味着是一个总体最优的结果。如上述,在个人理性与集体理性冲突的情况下,各人追求利己行为而导致的最终结局是一个纳什均衡,也是对所有人都不利的结局。

从这个意义上说,纳什均衡提出的悖论实际上动摇

纳什均衡:所有参与人最优策略的一种组合——在这一组合中,给定其他参与人的策略,没有任何人有积极性去改变自己的策略使自己获得更大利益。换言之,构成纳什均衡的策略对每个人都是最优的。

了西方经济学的基石。同时,它也提示我们:合作是"利己策略"。实际上,如果上述两个囚徒能够串供进行合作,那么他们一定会选择都抵赖从而只因偷盗罪被判 1 年,当然,正是考虑了这一点,所以警察才对他们隔离审查从而获知了事实真相,对囚徒而言最有利的合作结果才没有出现。纳什均衡描述的就是一种非合作博弈均衡,在现实中

非合作的情况要比合作情况普遍。所以纳什均衡是对冯·诺依曼和摩根斯特恩的合作博弈理论的重大发展,甚至可以说是一场革命。

二、智猪博弈:多劳不多得,少劳不少得

在经济学中,智猪博弈(boxed pigs)是另一个著名博弈论案例:猪圈里有两头猪,一头大猪,一头小猪。猪圈的一边有个踏板,每踩一下踏板,在远离踏板的猪圈的另一边的投食口就会落下食物。如果有一只猪去踩踏板,另一只猪就有机会抢先吃到另一边落下的食物。当小猪踩动踏板时,大猪会在小猪跑到食槽之前刚好吃光所有的食物。若是大猪踩动了踏板,则还有机会在小猪吃完落下的食物之前跑到食槽,还可以吃到残羹。如果踩一下踏板,就有 8 个单位的猪食进槽,但需要付出 2 个单位的成本,若大猪先到,大猪吃到 7 个单位,小猪只能吃到 1 个单位;若小猪先到,大猪和小猪各吃到 4 个单位;若大猪和小猪同时到,大猪能吃到 5 个单位,小猪能吃到 3 个单位。在这里,每头猪有两个策略:踩或等待。图 5 - 4 给出每头猪在不同的策略组合下的支付矩阵。

小猪

大猪		踩	等待
	踩	3,1	2,4
	等待	7,−1	0,0

图 5 - 4　智猪博弈的支付矩阵

图 5 - 4 表明,在这个博弈中,无论大猪选择什么策略,小猪的占优策略均为等待。而对大猪来说,其最优策略依赖于小猪的选择。如果小猪选择等待,大猪的最优策略是踩踏板。如果小猪选择踩踏板,则大猪的最优策略是等待。换句话说,大猪没有占优策略。那么这一博弈的均衡解是什么呢?假定小猪是理性的,它肯定会选择自己的占优策略——等待。再假定大猪知道小猪是理性的,则大猪会正确地预测到小猪会选择等待,根据小猪的这一选择,大猪选择了在此前提下自己的最优策略——踩踏板。在这种情况下大猪和小猪的支付水平分别是 2 单位和 4 单位。这是一个多劳不多得、少劳不少得的均衡。

生活中的经济学　证券市场中的散户与主力如何博弈?

金融证券市场是一个群体博弈的场所,其真实情况非常复杂。在证券交易中,其结果不仅依赖于单个参与者自身的策略和市场条件,也依赖其他人的选择及策略。

在智猪博弈的情景中,大猪是占据比较优势的,但是,由于小猪别无选择,使得大猪为了自己能吃到食物,不得不辛勤忙碌,反而让小猪搭了便车,而且比大猪还得意。这

个博弈中的关键要素是猪圈的设计，即踩踏板的成本。

证券投资中也是有这种情形的。例如，主力在低位买入大量股票后，已经付出相当多的资金和时间成本，如果不等价格上升就撤退，就只有接受亏损。

所以，基于和大猪一样的贪吃本能，只要大势不是太糟糕，主力一般都会抬高股价，以求实现手中股票的增值。这时的中小散户，就可以对该股追加资金，当一只聪明的"小猪"，而让"大猪"主力高抬股价。当然，这种股票的发觉并不容易，所以当"小猪"所需要的条件，就是发现有这种情况存在的"猪圈"，并冲进去。这样，你就成为一只聪明的"小猪"。

从散户与主力的策略选择上看，这种博弈结果是有参考价值的。例如，对股票的操作是需要成本的，事先、事中和事后的信息处理，都需要金钱与时间成本的投入，如行业分析、企业调研、财务分析等。

一旦付出，机构投资者是不太甘心就此放弃的。而中小散户，不太可能事先支付这些高额成本，更没有资金控盘操作，因此只能采取小猪的等待策略。等到主力动手为自己"觅食"而主动出击时，散户就可以坐享其成了。

思考题：

1. 根据案例，分析在金融证券市场中，除了资金和成本因素，还有哪些因素可能影响主力和中小散户在博弈中的策略选择？

2. 我们可否改变智猪博弈的结局？

三、智猪博弈带来的搭便车现象

表面上看来，在这场大猪与小猪的博弈中，小猪似乎占有灵活便捷的优势，大猪则处于劣势，然而事实并非总像人们预料的那样，大猪有时候也不甘心总让小猪占了便宜。狡猾的大猪有时也会利用小猪的心理，而故意诱骗小猪上当，在这一点人类的真实表现要比教科书写的生动得多。

智猪博弈深刻地反映了经济和社会生活中的免费搭便车问题。无论大猪按不按，小猪都选择不按（这是它的占优策略）；给定小猪不按，大猪最好去按。即便大猪选择按，在主观上是为了自己的利益，但在客观上小猪也享受到了好处。这正是亚当·斯密"看不见的手"原理。

"看不见的手"原理是指：社会上每个人为了自己的利益而采取行动，但这些行动在客观上也为社会上其他人带来了好处。像小猪这样的行为，正是我们在前面曾提及的免费搭车现象。对于社会而言，因为小猪未能参与竞争，未能创造价值，小猪搭便车时的社会资源配置并不是最佳状态。为使资源最有效配置，规则的设计者是不愿看见有人搭便车的，企业、政府都是如此。

智猪博弈存在的基础，就是双方都无法摆脱共存局面，而且必有一方要付出代价换取双方的利益。而一旦有一方的力量足够打破这种平衡，共存的局面便不复存在，期望将重新被设定，智猪博弈的局面也随之被破解。

能否完全杜绝搭便车现象，就要看游戏规则的核心指标设置是否合适。智猪博弈的核心指标一般来说有两个：食物数量、踏板与食槽之间的距离。

那么，如果改变这两个关键条件，搭便车现象会不会杜绝呢？

首先，来看看减量方案。食物只有原来的一半分量，也就是 4 个单位的食物。这种情况下，小猪大猪都不去踩踏板。小猪去踩踏板，大猪将会把食物吃完；大猪去踩踏板，小猪也将会把食物吃完。谁去踩踏板，就意味着为对方作嫁衣裳，所以谁也不会有踩踏板的动力。如果想让两只猪去踩踏板，这个制度的设计显然是非常失败的。

其次，再来看看增量方案。食物是原来的两倍分量，也就是 16 个单位的食物。结果是小猪、大猪都会去踩踏板。谁想吃，谁就会去踩踏板。因为对方不可能一次把食物吃完，小猪和大猪相当于生活在应有尽有的天堂，当然它们的竞争意识也不会得到提高。对于制度设计者来说，这个制度的成本提高了一倍。在不需要付出多少代价就可以得到所需食物的情况下，两只猪自然都不会有多少动机去增加踩踏板的数量。这个制度的设计明显激励作用不足。

最后，再来看看移位方案。一是移位并减少食物投放量。食物只有原来的一半分量，但同时将食槽与踏板的距离缩短。这种情况下，小猪和大猪都会拼命地抢着踩踏板。等待者不得食，而多劳者多得，每次的收获刚好消费完。二是移位并增加食物投放量。正常情况下移位用不着增量，大猪小猪都会去踩踏板。如果适当增量，成员会快速成长，小猪会长大，大猪会出栏，效益就会增长。不过需要把握成本增加的度，适当的增量更符合组织与个人的需求。三是移位但不改变食物投放量。由于食槽与踏板的距离缩短，去踩踏板的劳动量减少，大猪小猪都会争着去踩踏板。如果把踩踏板的次数增加，吃到的食物会更多，对食物的不懈追求，将驱动合作机制的形成和生产效率的提高。对于制度设计者，这是一个最好的方案，成本不高，但收获最大。

智猪博弈中，制度规则的改变对于企业经营管理者的意义是，采取不同的激励方案对员工积极性调动的影响是不同的，并不是足够多的激励就能充分调动员工的积极性。比如企业实行职工全员持股的方案，结果就如第二个方案一样，人人有股权的激励方案但没有起到相应的激励作用。

同时，企业在构建策略性激励体系过程中，也需要从目标出发，设计相应的合理方案。首先，根据不同激励方式的特点，结合企业自身发展的要求，准确定位激励方案的目标和应起到的作用；其次，根据激励方案的目标和应起到的作用，选择相关激励方式，并明确激励的对象范围和激励力度。换句话说，要迅速提高整个社会的生产力水平，就需要有一个自身具有很大消费需求的群体，并且需要给他们一定程度的奖励。第三种改变方案反映的就是这种情况，方案中降低了获取食物的成本，在现实中，也可以等同于增加了对踩踏板的取食者的奖励。

第四节　重　复　博　弈

重复博弈也可破除囚徒困境，俗语说的"善有善报、恶有恶报""低头不见抬头见""好借好还、再借不难""讲信用、重声誉"等均是重复博弈破除囚徒困境的表现。

当博弈过程可以无限(未知)次数地进行下去,且未来是重要的(短期收益小于长期收益),此时,最好的竞争策略是合作。即坚持一个原则:以合作开始,随后就采用对方上一步选择的策略——即"一报还一报(tit-for-tat)"——即"人不犯我、我不犯人,人若犯我、我必犯人"(此时逆推归纳法失灵)。

而有限次的重复博弈,本质等同于一次性博弈,其最优策略则还是"不合作",即"背叛"。因此,在现实世界,长期关系比短期关系更加容易合作,并且具有更高的博弈结果。

单次发生的囚徒困境,和多次重复的囚徒困境结果不会一样。在重复的囚徒困境中,博弈被反复地进行。因而每个参与者都有机会去"惩罚"另一个参与者前一回合的不合作行为。这时,合作可能会作为均衡的结果出现。欺骗的动机这时可能被受到惩罚的威胁所克服,从而可能导向一个较好的、合作的结果。作为反复接近无限的数量,纳什均衡趋向于帕累托最优。

重复博弈又分成两类,有限次重复博弈和无限次重复博弈。比如我们知道重复10次,我们再看囚徒困境,两个犯罪嫌疑人知道他们一共有10次合作的机会。这10次他们难道都要出卖对方吗?互相出卖了就要蹲8年牢,如果互相包庇就是蹲一年牢。问题是他们知道只有10次合作的时候,大家想想他们的思维方式是这样的,要从最后一次考虑问题,第10次有合作的可能吗?因为第10次后,可能的结果是一个在监狱里,一个回家过年了,第10次时双方是不是都会出卖对方,都要坦白呢?既然大家都知道第10次是坦白的,第9次会不坦白吗?第9次也要坦白。那第8次、第7次一直往前,全部都是要坦白的。但是如果两个人是一根绳子上拴的两只蚂蚱,是无限次的合作,你就会想了,你这次不出卖我,我保证这次也不出卖你,你这次出卖我我下次就有机会报复你,双方想来想去干脆同舟共济,所以就有可能达到合作的默契。

生活中的经济学
楼下小饭店为何不抬价?

火车站、机场和旅游景点餐饮商业服务的顾客往往都是一次性的,回头客、常客比较少。这些经济交易具有一次性博弈的特征。它们的价格总是较高而质量也可能差一些。

家里楼下有个小饭店,每天你都会去打包一份午饭或者晚饭,这时候饭店老板不敢抬价,因为抬价以后就没有生意了。一般商业区和居民区的餐饮商业服务由于回头客和常客较多,有明显的重复博弈特征,在居民区购买商品和消费的老顾客一般能得到比较公平、优惠的价格,还能得到较好的服务,甚至有时还可以信用消费(赊账),因此消费者一般会比较放心地消费。

思考题:

案例中居民区的餐饮商业服务有重复博弈特征,这对商家和消费者分别生产了哪些影响?如何运用重复博弈去解决生活中的问题?

本 讲 小 结

1. 博弈论是博弈的理论,博弈论又称为对策论,是研究决策主体的行为发生直接相互作用时候的决策及这种决策的均衡问题的理论。当一个主体,比如一个人或一个企业的选择受到其他人、其他企业选择的影响,然后又反过来影响到其他人、其他企业的选择是决策问题和均衡问题。

2. 博弈论分析的关键步骤在于找出在别人选择既定的情况下自己的最优反应策略。最优反应是指在其他参与者已经选定策略,或者可以预计到他们将选择何种策略时,能够给该参与者带来最大收益的策略。

3. 纳什均衡:所有参与人最优策略的这样一种组合——在这一组合中,给定其他参与人的策略,没有任何人有积极性去改变自己的战略。换言之,构成纳什均衡的策略对每个人都是最优的。

4. 智猪博弈规则的改变对于企业的经营管理者而言,就是采取不同的激励方案,对员工积极性调动的影响也是不同的,并不是足够多的激励就能充分调动员工的积极性。

5. 当博弈过程可以无限(未知)次数地进行下去,且未来是重要的(短期收益小于长期收益),此时、最好的竞争策略是合作。

思 考 及 运 用

1. 越狱:一名囚犯企图越狱,他有两个选择:翻墙和在自己牢房里挖地道。为了防止囚犯越狱,监狱长可以派人到墙上站岗,也可以派人定期检查牢房。因为人手有限,他只能选择防范措施的一种。该博弈存在占优策略均衡或纳什均衡吗? 如果存在,请给出均衡来。

2. 分钱:一群赌徒围成一圈赌博,每个人将自己的钱放在身边的地上,突然一阵风吹来将所有的钱都混在一起,使得他们无法分辨哪些钱是属于自己的,他们为此发生了争执,最后请来一位律师。律师宣布了这样的规则:每个人将自己的钱数写在纸上，然后将纸条交给律师，如果所有人要求的钱的总和不大于钱的总数，每个人得到自己要求的部分（如果有剩余，剩余部分归律师）；如果所有人要求的钱的加总大于钱的总数，所有钱归律师所有。写出该博弈中每个参与人的策略空间、支付函数，并给出纳什均衡。该纳什均衡唯一吗？如果纳什均衡不唯一，那么出现的结果一定是均衡的吗？

3. 囚徒困境的两难问题可否有解决之道？如果博弈进行多次，会改变结果吗？

4. 智猪博弈是一个多劳不多得，少劳不少得的例子，在经济生活中这种情形还是很常见的，有办法规避吗？请给出你的做法。

5. 在寡头竞争博弈中，如果产量、价格不是具体的数字，而是函数表达式，你能得到他们的纳什均衡吗？

第六讲 信息不对称：逆向选择与道德风险

案例引入

为什么二手车市场不景气

二手车市场，即旧车交易市场。按照我们通常的想法，既然是市场，一边有卖车的，一边有买车的，大家公平交易，是不会出什么问题的。比如，你这辆二手车使用的年头比较短，性能和质量还不错，应该能够卖一个好价钱。反之，性能和质量比较差，就只能卖一个不好的价钱。

事实是这样吗？不是的。假如有一辆较好的二手车，准备进场交易。这车究竟质量怎样，性能如何？应该说只有卖车人最清楚。但买车人就不同了。他从来没用过这辆车，车子质量究竟如何，他可以说是两眼一抹黑，浑然不知。怎么办呢？为了慎重起见，也为了防止风险，买车人必然要尽量杀价，本来值 10 万元的，他只出 8 万元。卖车人呢，明知道我这车完全可以值 10 万元的嘛，偏要我 8 万元出手，当然不干。一个坚持要价，一个拼命杀价。僵持的结果，自然是谈不下来。最终，这辆好车只好退出市场，不卖了。

一辆辆好车陆续退场，剩下的车质量越来越差。而车的质量越差，买车人就越要杀价。经过卖车人与买车人一轮又一轮博弈，最终，二手车市场一天天萎缩，甚至倒闭关门。

思考题：

1. 在二手车市场案例中，信息不对称是如何导致逆向选择现象的？请结合案例具体说明。

2. 根据案例中二手车市场信息不对称的情况，你认为可以采取哪些措施来改善这种状况，减少逆向选择的发生？

第一节　信息不对称

一、信息不对称的概念

市场经济发展了几百年，一直处于信息不对称的情况之下。当人们没有发现信息不对称理论的时候，比如亚当·斯密的时代，市场并没有显示出很多的缺陷，斯密甚至把"看不见的手"推崇备至，自由市场经济理论的学者都宣扬市场的自由调节，反对对市场的干预。

信息经济学逐渐成为新的市场经济理论的主流，人们打破了自由市场在信息完全情况下的假设，才终于发现信息不对称的严重性，一夜之间，到处都是"柠檬"，研究信息经济学的学者因而获得了 1996 年和 2001 年的诺贝尔经济学奖。

> **信息不对称（information symmetry）**：在社会政治、经济等活动中，一些成员拥有其他成员无法拥有的信息，由此造成信息的不对称。能产生交易关系和契约安排的不公平或者市场效率降低问题。

信息经济学认为，信息不对称造成了市场交易双方的利益失衡，影响社会的公平、公正的原则，以及市场配置资源的效率，并且提出了种种解决的办法。但是，信息经济学是基于对现有经济现象的实证分析得出的结论，对于解决现实中的问题还处于尝试性的研究之中。例如，买者对所购商品的信息的了解总是不如卖商品的人，因此，卖方总是可以凭借信息优势获得商品价值以外的报酬。交易关系因为信息不对称变成了委托-代理关系，交易中拥有信息优势的一方为代理人，不具信息优势的一方是委托人，交易双方实际上是在进行无休止的信息博弈。

占有信息的人在交易中获得优势，这实际上是一种信息租金，是每一个交易环节相互联系的纽带。每一个行业都是特殊信息的汇总，生产一种产品，需要工程师的专业信息和技术人员的技术信息，以及销售人员的市场信息；把产品变成商品进行交换，需要商人的专业渠道信息和价格信息。俗话说，隔行如隔山，这座山其实就是信息不对称，而要获得这些信息是要付出成本（代价）的。信息不对称实际上可以看作对信息成本的投入差异，消费者往往没有商品的生产信息等投入成本，这必然在信息投入成本上与生产者产生差异，生产者利用信息投入差异获取利润正是为了补偿先前付出的信息成本。其实质仍然是资本的获利性在另一种层面上的体现，只不过我们剥离了资本，换了一种观察的角度而已。

信息经济学的价值不在于揭示了信息不对称，而在于说明了信息和资本、土地一样，是一种需要进行经济核算的生产要素。在商品经济中，信息主要反映在价格上，价格信息是经济信息的中心，其他信息都是为价格信息服务的。市场经济的本质是用价格信号对社会资源进行配置，社会资源的分配和再分配过程实际上是人们围绕价格进行资源博弈的过程，对任何资源的优先占有都可以在博弈中获得相关的利益，信息也是这样。

在现实经济中，信息不对称的情况如此普遍，其影响如此之大，以至于影响了市场机制配置资源的效率，造成占有信息优势的一方在交易中获取太多的剩余，出现因信息力量对比过于悬殊导致利益分配结构严重失衡的情况。因此，纠正以上问题，减少信息暴利及维护资源分配的效率及相对公平应该成为信息经济学的主要任务。

生活中的经济学　　为什么招聘要看学历？

在劳动力市场上，对于雇主来说，应聘者的受教育水平起筛选和指示的作用。一个有本科学历的人可以向雇主提供一种能够证明其有能力的信号。正是凭着学历这个信号，雇主会按平均水平所做的决策来取舍雇员，并决定其应得到的报酬。所以，人们追求学历被认为可能主要不是为了获得更多的知识、生产技术，而是为了使潜在的雇主相信他们能创造较高的生产效率，应拿较高的工资。因为劳动力市场上雇主和雇员的信息不对称，所以要靠一种市场信号来帮助信息缺少的一方进行识别。

思考题：

1. 在劳动力市场中，雇主和雇员之间存在哪些信息不对称的情况？
2. 如何减少劳动力市场上的信息不对称？

不对称信息可能导致逆向选择(adverse selection)和道德风险(moral hazard)。

二、信息不对称的运用

信息不对称的最重要的应用领域是企业理论。如果有一个委托人和一个代理人，代理人对自己的行动或能力拥有私人信息，由于委托人无法准确观测到代理人的行为，那么，无论采取何种奖励措施，代理人都会选择自己效用水平最大化的行动。换言之，在信息不对称条件下，委托人只能通过设计一套合理的机制来诱使代理人显示其私人信息，从而达到双方的利益协调。委托代理理论或机制设计理论进一步把信息不对称区分为以下几类：若信息不对称发生在签约前，称为逆向选择；若签约后发生了信息不对称，则属于道德风险；若行为人的行动不可观测，称为隐藏行动；若行为人具有对手无法观测的知识，称为隐藏知识或隐藏信息。

信息不对称的另一个应用领域是研究市场失败。例如，"案例引入"中的案例《为什么二手车市场不景气》。

产业组织引入信息不对称后取得了丰硕的成果。例如，假设同一行业内有几家企业，成本结构是每个企业的私人信息。与信息对称模型相比，这种模型的均衡更符合通常认为的掠夺性定价或极限定价现象。巴罗应用信息不对称模型研究了政府对垄断企业的规制。

第二节　逆向选择

信息不对称
理论

一、逆向选择的概念

逆向选择在经济学中是一个含义丰富的词汇，它的一个定义是指由交易双方信息不对称和市场价格下降产生的劣质品驱逐优质品，进而出现市场交易产品平均质量下降的现象。

逆向选择又是指制度安排不合理所造成市场资源配置效率扭曲的现象，而不是任何市场参与方的事前选择。该现象经常存在于二手市场、贷款市场、保险市场。虽然逆向选择的含义与信息不对称和机会主义行为有关，却超出了这两者所能够涵盖的范围。

> **逆向选择(adverse selection)**：市场交易的一方如果能够利用多于另一方的信息使自己受益而对方受损时，信息劣势的一方便难以顺利地做出买卖决策，于是价格便随之扭曲并失去了平衡供求、促成交易的作用，进而导致市场效率的降低。

在金融市场上，逆向选择是指市场上那些最有可能造成不利(逆向)结果(即造成违约风险)的融资者，往往就是那些寻求资金最积极而且最有可能得到资金的人。大家知道，银行的主要业务之一是向企业提供风险贷款。但是，向哪些企业提供贷款，提供贷款后，哪些企业能够按期还款，哪些企业不能按期还款甚至永远也还不了这笔账，这些问题银行事前并不知道。从贷款方的角度看，对于那些行事风格比较稳健，成功率比较高因而还款能力也较强的企业,当然是优先贷款的对象。然而从借贷方的角度看,这样的企业出于其一向的稳健风格,不到万不得已,是不会花较高利息借款的;恰恰是那些平时比较喜欢冒险,而冒险就有可能失误甚至连老本也赔光因而也就无法还款的企业,更喜欢花较高利息到银行贷款。这就出现了信贷市场的逆向选择,这大概也是现今商业银行呆账率、坏账率居高不下的一个重要原因。

保险市场也是这样。身体比较健康,平时不大患病的人,一般是不愿意到保险公司购买健康保险的;恰恰是那些身体不大健康,平时老爱生病的人,更愿意购买健康保险。由于保户的总体健康水平很低,保险公司赔给保户的钱就会大大高于他们按照正常人平均得病率所收取的保费。这就出现了保险市场的逆向选择。

在现实的经济生活中,存在一些和常规不一致的现象。本来按常规,降低商品的价格,该商品的需求量就会增加;提高商品的价格,该商品的供给量就会降低。但是,由于信息的不完全性和机会主义行为,有时候,降低商品的价格,消费者也不会做出增加购买的选择(因为可能担心生产者提供的产品质量低,是劣质产品,而非原来他们心中的高质量产品);提高价格,生产者也不会增加供给的现象。

逆向选择的事例,生活中还有很多。比如人才市场、消费品市场、生产资料市场,总之,只要有市场,只要进行交易,就可能出现逆向选择。逆向选择是无处不在的。

即时思考：你还能举出生活中逆向选择的例子吗?

逆向选择的由来

二、逆向选择模型

为更加清楚地说明逆向选择模型。可以考虑最简单的情况,假定卖者出售的旧车有两种可能类型:第一种类型 $\theta=6\,000$(高质量)和第二种类型 $\theta=2\,000$(低质量),每一种车的概率分别是 1/2;买卖双方有相同的偏好且对车的评价等于车的质量。显然,如果买者知道车的质量,均衡价格 $P=6\,000$(高质量)或 $P=2\,000$(低质量)。买者不能知道车的真实质量,如果两类车都进入市场,车的平均质量 $E[\theta]=4\,000$,由于买者不敢保证出高价就能买到高质量 $\theta=6\,000$ 的车,所以愿意出的最高价格 $P=4\,000$,希望能够买到 $\theta=6\,000$ 的车。但在此价格下,高质量车的卖者会退出市场,只有低质量车 $\theta=2\,000$ 的卖者愿意出售。买者知道高质量的车退出以后,市场上剩下的一定是低质量车的卖者。唯一的均衡价格是 $P=2\,000$,只有低质量的车成交,高质量的车退出市场。如果市场上是 $\theta=6\,000$ 到 $\theta=2\,000$ 的连续分布,尽管推理稍微复杂一些,但同样证明这一理论。

(一) 逆向选择的分析

(1) 在信息不对称的情况下,市场的运行可能是无效率的,因为在上述模型中,有买主愿出高价购买好车,市场——"看不见的手"并没有实现把好车从卖主手里转移到需要的买主手中。市场调节下供给和需求是总能在一定价位上满足买卖双方的意愿的传统经济学的理论失灵了。

（2）这种市场失灵具有逆向选择的特征，即市场上只剩下次品，也就是形成了人们通常所说的劣币驱逐良币效应。传统市场的剩余竞争机制导出的结论是——良币驱逐劣币或优剩劣汰。可是，信息不对称导出的是相反的结论——劣币驱逐良币或劣剩优汰。

（二）逆向选择的意义

逆向选择理论深刻地改变了分析问题的角度，可以说给人们提供了逆向思维的路径，会加深我们对市场复杂性的认识，由此能改变很多被认为常识的结论。虽然上面的故事是讲二手车市场的，但可以延伸到烟、酒等所有产品市场、劳动市场和资本市场。其也能解释为什么假冒伪劣产品充斥这些市场：是因为交易双方的信息不对称，一方隐藏了信息。逆向选择的理论也说明：如果不能建立一个有效的机制遏止假冒产品，假冒伪劣产品将会泛滥，形成劣币驱良币的后果，甚至导致市场瘫痪。

生活中的经济学　为什么新能源汽车保险贵？

新能源汽车正以前所未有的速度强势崛起。但近期，新能源车险保费居高不下的话题引发讨论。据报道，新能源汽车的平均保费实际上比燃油车高出大约21%。"车主喊贵，险企喊亏"也成了多方面临的难题。

作为新生车种，很多以前开燃油车的车主在刚开始驾驶新能源汽车时，因为驾驶习惯和操作逻辑变化，导致汽车磕碰较多，出险多。同时，新能源汽车的主要动力系统都是一体化设计，智能驾驶相关零配件较多，一旦出问题，维修成本高。这使得大部分保险企业在新能源汽车保险业务上都呈现亏损状态。

传统上，人们普遍认为汽车保险业务亏损的主要原因是保险费比较低，结果就造成了收入不抵支出。要解决这一问题，唯一的办法是提高保费的额度，否则会一直亏损下去。然而，对于车主来说，新能源汽车的保费通常高于同级别的传统燃油车，会增加他们的经济负担；对于保险公司来说，新能源汽车保险的赔付过高会影响其盈利能力和经营稳定性。保险公司需要通过合理的定价和风险控制来保证业务的可持续发展，如果保费不能覆盖风险，保险公司可能会面临较大的经营压力。

新能源汽车保费的两难选择，是因为经济行为中存在着逆向选择。愿意购买保险的人常常是最具有风险的人，而收取较高保险价格会阻止具有较低风险的人购买保险。保险公司的保费收得高，出险率低，进一步提高保险价格，人们干脆不买保险了。

逆向选择效应的根源在于保险公司所掌握的信息是不完全的。尽管公司也知道，在它的顾客中有些肯定比其他人具有更低的风险，但它不能确切知道谁是风险低的人。也就是说，保险公司知道个人之间肯定存在差别，应该努力把他们划分为较好的和较差的风险类别，并征收不同的保险费。但是它做不到，因为它不能知道哪些人是高风险的，哪些人是低风险的。凡是那些积极买保险的人都是容易出险的人，因为他们容易出事故，所以常常渴望购买保险，以便出险之后有保险公司为他们付费。而出险概率较低的人则往往犹豫不决，如果保险价格提高了，反而会把他们首先拒之门外。

这就是典型的逆向选择效应。提高保险价格导致那些事故倾向较小的人退出了保险市场，而高风险顾客比例的上升直接影响的是保险赔付的上升。

思考题：

1. 在新能源汽车保险市场中，信息不对称是如何导致逆向选择问题的？请结合案例具体说明。

2. 根据案例中提到的新能源汽车保费的两难选择，如果你是保险公司的管理者，你会采取哪些措施来缓解逆向选择带来的不利影响？

三、"柠檬"原理

在旧车市场上，既定的卖者和关心旧车质量的买者存在信息的不对称，由此，阿克洛夫解释了为什么即使只使用过一次的"新"汽车，在"柠檬"市场上也难以卖到好价钱——它是逆向选择的必然结果，即由于消费者所处的信息劣势而被迫做出的反向选择。这一过程不断持续，最后市场上只剩下损坏最严重的旧车，所有好一点的旧车都会从市场上消失。于是，市场上只剩下了劣质商品——"柠檬"。

"柠檬"原理对经济学的贡献在于，它揭示了许多传统市场都存在的信息的不对称现象，深化了我们对真实市场现象的了解。一个市场经济的有效运行，需要买者和卖者有足够的共同的信息。如果信息不对称非常严重，就有可能限制市场功能的发挥，引起市场交易的低效率，甚至会导致整个市场的失灵。

在传统市场上，逆向选择导致了市场失灵或市场运行的低效率，使得市场参加者不得不借助各种各样可能的方法或解决途径来提高市场效率，从而使得由于信息不对称而瘫痪的市场能够重新运转起来。在传统市场上解决"柠檬"问题的方法大致有以下几种。

（一）根据商品的开价来推测商品的质量

因为"柠檬"原理告诉我们，在信息不对称环境中，商品质量依赖于价格，也就是说高价格意味着高质量。或者更进一步地讲，我们可以把价格作为传递和判断质量高低的信号，这也是市场参加者以价格判断商品质量的信息经济学解释。

（二）制造与传播信号

制造与传播信号是最为重要和最为常用的手段，主要通过品牌、广告或者向客户提供质量保证书、保修、退回等办法，来使消费者把他的产品与"柠檬"区别开，以相信他的产品是高质量的。

（三）中介

中介利用他们的专业知识为买方提供信息，通过他们来"撮合"买卖双方，比如券商、经纪人等，当然中介所获收益取决于它提供信息的质量。

（四）政府、消费者协会等建立的质量合格标准

通过标准来保证产品的质量。

（五）搜寻

搜寻就是消费者通过自身搜寻信息来改变其所处逆向选择地位，比如走访、调查、函询等。

即时思考：市场信息不完全性或非对称性有没有好处呢？

信息效率市场的不可能性

生活中的经济学
如何破除就业难题？

国务院 2022 年《政府工作报告》提出，这一年高校毕业生超过 1 000 万人，要加强就业创业指导、政策支持和不断线服务。教育部数据显示，2022 年高校毕业生首次突破千万，达到 1 076 万人，比 2021 年增加 167 万人，再创历史新高。

与其他群体相比，青年失业率高实际上是世界各国的普遍现象，原因在于就业市场不是静态的，是动态的。因为个人找工作时，个人与用人单位的相互匹配有一个过程，通常它会造成"摩擦性失业"，即信息不对称。当然，青年群体初次进入就业市场，还有一个问题是工作经验不足，也会对失业率造成一定影响。

除了经济下行背景下毕业生规模的持续加大，就业观念的巨大变化也应引起重视。"90 后"的就业预期比"80 后"都要高，期望工资在上升，这也就出现了不少慢就业，甚至不就业现象。

2021 年第四季度全国招聘大于求职"最缺工"的 100 个职业排行，其中排名前三的分别是销售员、餐厅服务员和商品营业员。与 2021 年第三季度相比，这一期"排行"反映出制造业缺工状况持续。

一方面是青年的就业难，另一方面是日益加剧的招工难，说明现阶段我国就业市场存在结构性矛盾。招工难在制造业和生活服务业，比如家政服务中尤为突出。在制造业中"招工难"的原因是什么？大多数年轻人不愿意进工厂，甚至宁愿当白领少拿工资，不愿意当工人，制造业的就业吸引力在大幅下降。

思考题：

1. 根据案例，解释在高校毕业生就业过程中，信息不对称是如何导致摩擦性失业的？

2. 就业结构性矛盾的背景下，如何改变大学生就业观念？如何破解就业结构性矛盾？

第三节　道　德　风　险

一、道德风险的概念

　　道德风险这个词还是来源于保险行业，最经典的例子就是投了保险后（签订保险合同）的人会改变自己的行为。举例说明，如果一个人给自己的车买了保险，就会在驾驶或者是停车时比没有保险的人更加的大意。参保人在参保后的行为改变会给保险公司带来损失，但是因为事后的信息不对称的存在，保险公司无法实时对参保人进行全面彻底的监控，所以要保证行为在参保前后的一致性只有靠参保人的道德自律。这样带来由事后信息不对称所引发的损失就称为道德风险。

> 道德风险（moral hazard）：在信息不对称的情形下，市场交易一方参与人不能观察另一方的行动或当观察（监督）成本太高时，一方行为的变化导致另一方的利益受到损害。其实道德风险还有其他的定义。

　　理论上讲道德风险是从事经济活动的人在最大限度地增进自身效用时做出的不利于他人的行动。它一般存在于下列情况：不确定性、不完全的或者有限制的合同使负有责任的经济行为者不能承担全部损失（或利益），因而他们不承受他们的行动的全部后果。同样，也不享有行动的所有好处。显而易见，这个定义包括许多不同的外部因素，可能导致不存在均衡状态的结果，或者，均衡状态即使存在，也是没有效率的。

　　如果从委托-代理双方信息不对称的理论出发，"道德风险是指契约的甲方（通常是代理人）利用其拥有的信息优势采取契约的乙方（通常是委托人）所无法观测和监督的隐藏性行动或不行动，从而导致的（委托人）损失或（代理人）获利的可能性"。

　　所以，汇总一下，道德风险是从事经济活动的人在最大限度地增进自身效用的同时做出不利于他人的行动，或者当签约一方不完全承担风险后果时所采取的使自身效用最大化的自私行为。

　　也就是说，道德风险是指在信息不对称的情形下，市场交易一方参与人不能观察另一方的行动或当观察（监督）成本太高时，一方行为的变化导致另一方的利益受到损害。

　　道德风险被广泛地应用在委托-代理问题（principal-agent problem）的研究之中，不管是公司治理中的所有者和经理人的关系，还是国家治理中的公民和政府的关系，都存在一定程度的道德风险。

金融机构中的道德风险

即时思考：什么是委托-代理问题？在经济学上怎么定义委托方和代理方？

二、道德风险产生的原因

道德风险的产生原因是多方面的,古典经济学、制度经济学、信息经济学和契约经济学都给出了许多解释,但综合起来主要是来自主体利益的不一致性、信息的不对称性和契约的不完全性。其主要根源是代理人的利己性和委托人与代理人的信息不对称性的同时存在。一方面,根据"经济人"假说,"经济人"是"有理性的、追求自身利益或效用最大化的人";另一方面,社会化大生产的发展导致企业所有权和经营权出现分离,由此产生委托代理关系。与此相适应的是职业经理人市场的兴起。所有者并不实际参与公司的日常经营管理,导致所有者与经营者存在严重的信息不对称。因此,代理人对委托人利益的侵害动机就始终存在,从而使道德风险不可避免。

三、道德风险的防范

(一)激励机制

在信息对称的情况下,委托人喜欢代理人多劳动,而他少支付报酬,而代理人则喜欢少劳动而得到更高的薪酬,显而易见双方是有矛盾的,但经过代理人和委托人双方的磨合,最后总能达成一个报酬的支付价格,如果代理人期望得到更多的报酬,他就必须付出更多的努力;同样对委托人来讲,若期望代理人多付出努力,委托人就必须向代理人多支付薪酬。因此,在信息对称的情况下,只需对采取的行动和支付的价格进行协商,就可以达成最佳的契约。但在信息不对称的情况下,委托人不能观测到代理人会有什么样的具体行动,所以代理人为了达到自己想要的效果完全可能先承诺他的行动,而在实施时却偏离了这个行动。因为不对称信息具有价值,所以代理人不可能在没有获得任何利益的情况下自愿地将自己的个人信息散播出来,这就使得代理人和委托人的信任关系变得很有局限性。这种局限的信任关系也使得通过双方对所采取的行动和支付的条款进行讨价还价来达成最佳契约是不可能的。

(二)监督机制

委托人托付给代理人的行动总体来说是私有信息,但并不是说代理人努力的信息委托人就一点也看不到了。现实中还有一些与代理人采取行动相关的信息,这些信息通常都会显示代理人所采取的行动和所付出的努力;比如,产出结果和某些监督的信号,通常被委托人和代理人无成本地观测到。由于代理人和委托人均可以观测到产出与监督信号,无须通过契约的协商来确定,所以,可以将报酬合同设计为产出与监督信号的函数。虽然监督手段不能在任何情形中都做出完全的信息统计,但总能给出代理人努力的附加信息。这些附加信息有助于减少代理成本和减少信息的不对称性。因此,委托人在不能以准确和直接的方式观测到代理人行动的情况下,委托人可根据产出结果和某些监督信号提供的信息,制订一套可行的支付方案,然后提供给代理人,使得代理人在符合自己利益的情况下做出选择。这样做既实现了委托人设计合同的目标又可避免代理人发生偷懒现象,因为若代理人在实现他的报酬时依赖于产出结果与某些监督信号提供的信息，且这些信息又与他所采取的行动有关，则他所做出的决策实际上受到了委托人所提供方案的支配。由上可见，在信息不对称的情况下，要使委托人与代理人的利益冲突降到最低，就要把激励机制和监督机制同时纳入报酬契约的设计。

（三）信誉机制

信誉机制是一种成本更低的维持交易秩序的机制。一个没有信誉机制的社会是不可能有真正的市场经济的。信誉就是资本，信誉资本是构成社会学意义的"社会资本"的重要内容。信誉资源已被证明是一种可以转化的特殊社会资本。一般认为，信誉资本蕴含着比物力资本和人力资本更大而且更明显的价值。信誉资本在一定程度上决定企业获取社会资源支持的能力，并对企业规模和效率具有提升作用。信誉是企业规模、绩效乃至市场发育程度的递增函数。信誉资本提升公司价值。但是，企业信誉资本的获取和维持需要有一个良好的企业信誉机制。信誉机制发生作用的条件如下：

（1）博弈必须是重复的，或者说，交易关系必须有足够高的概率持续下去；

（2）当事人必须有足够的耐心，一个只重眼前利益而不考虑长远的人是不值得信赖的；

（3）当事人的不诚实行为能被及时地观察到，这需要有高效率的信息传递系统；

（4）当事人必须有足够的积极性和可能性对交易对手的欺骗行为进行惩罚。

在现实中，最不完备的条件可能是后两个，也就是信誉机制的信息基础和法律基础。当道德机制失灵时，由公司和注册会计师"合作"和"合谋"提供的"内幕"信息，即使"公开"也很难"公平、公正"。根据这样的信息，是难以及时观察到高管层的败德行为的。

非对称信息下的经济模型

本 讲 小 结

1. 逆向选择：为了最大化自身利益，一方隐蔽信息。逆向选择是对于（事前的）状态（产品质量和投保人体质）的信息不对称。

2. 道德风险：为了最大化自身利益，一方隐蔽行动。道德风险则是对于（事后的）行为或状态（冒险行为、实际运营成本、财务状况和管理方法）的信息不对称。

3. 委托方是信息劣势的一方；代理方是信息优势的一方。

4. 道德风险的防范：设计激励机制、监督机制和信誉机制。

思 考 及 运 用

1. 信息经济学家为什么认为信息不对称有重要的价值？

2. 存款保险制度降低了由于信息不对称而出现银行挤兑的概率，增强了金融体系的稳定性，但是存款保险本身存在的道德风险又加剧了银行体系的风险。试分析存款保险中道德风险问题，并提出解决这一问题的主要方法。

3. 商业医疗保险中的逆向选择效应分析：身体比较健康，平时不大患病的人，一般是不愿意到保险公司购买健康保险的；恰恰是那些身体不很健康，平时经常生病的人，更愿意购买健康保险。凡是积极买保险的人都是容易出险的人，因为他们容易得病，所以渴望购买健康保险，以便出险之后有保险公司为他们付费。而出险概率较低的人则往往犹豫不决是否买商业保险，如果健康保险价格提高了，反而会首先把他们拒之门外。试用逆向选择效应对商业医疗保险进行分析。

4. C2C 电子商务中逆向选择分析：近年来，不断有人认为闲鱼 App 的体验越来越差，用户因为各种奇葩的原因而离开。现在闲鱼 App 上，二手商家的数量远远超过普通个人闲置卖家的数量。用户的直观感受就是闲鱼 App 对于个人闲置卖家和普通二手买家的体验越来越差。试用信息不对称和逆向选择效应分析闲鱼 App 逆向选择现象的成因和应采取的对策。

第七讲　不确定性与风险

🔍 **引导问题**

什么是风险？

为什么要进行风险管理？

金融在我们生活中的作用？

怎样转移风险？

🎯 **核心概念**

风险　　风险管理　　金融　　套期保值

112

✎ 案例引入

中融信托产品逾期

2023 年,上市公司金博股份(688598)、南都物业(603506)发布公告称,购买的中融信托产品未能按期收回本金和收益,涉及本金分别为 6 000 万元和 3 000 万元。截至 2023 年 8 月月底,中融信托产品逾期已经波及多家上市公司。

中融信托前身为哈尔滨国际信托投资公司,2007 年变更为中融信托。2010 年,经纬纺机受让中植企业集团持有的中融信托 11 700 万元公司股本,成为第一大股东。截至 2022 年年末,经纬纺机持有中融信托 37.470% 股权,为控股股东。中植企业集团持股 32.986%,为第二大股东。中融信托的实际控制人为中国机械工业集团。

由于信托公司处于转型发展关键时期,新旧业务交替,业绩增长动能不足,还有房地产等行业风险增大,对信托行业产生较大冲击。中融信托逾期的理财产品大多与房地产市场持续下行,投资的房企未能如约履行资金支付义务有关。截至 2022 年四季度末,中融信托地产敞口占信托资产比例为 10.69%,高于行业平均水平。

思考题:

1. 根据案例,分析中融信托产品出现逾期风险的主要原因有哪些?请从宏观和微观两个层面进行阐述。

2. 假设你是中融信托的风险管理负责人,在案例所描述的背景下,你认为可以采取哪些措施来降低类似风险的发生概率?

第一节 风 险 概 述

一、风险的含义

从"案例引入"中,我们来了解一下什么是风险。我们首先从不确定性开始。在生活中每一个人都不能确定将来会发生什么,对企业来说更是如此,企业的一个投资项目,其最终结果会怎样都是不确定的。投资项目时未来会发生什么是预先不知道的。对购买中融信托产品的投资者来说,由于中国庞大的人口市场和城镇化程度不断提高,中国房地产市场呈现多年繁荣发展态势,惯性思维下预期房地产能够产生稳定的投资收益,可事实上预期能否真的演变为现实,也是不确定的。

这种情况在生活中无处不在,对每个人而言,就其未来都存在不确定性。风险即不确定性,它之所以重要是因为关系到每一个人的福祉。

但是,不确定性只是风险的必要条件而非充分条件。任何存在风险的情况都是不确定的,但在没有风险的情况下也存在不确定性。

> **风险(risk):** 当不确定性带来损失的时候,我们说产生了风险。

例如,你准备请朋友聚餐,需要先订包间,你请了 8 个朋友,你预计能来 6 个,而这就存在不确定性:可能 8 个人都来了,但也有可能只来了 5 个。只有当这种不确定性大大影响了你的计划时,才会有风险,比如,餐厅拒绝为 4 人以下提供包间,人如果来少了,会影响你的聚餐安排。知道了确切的客人数会改变你的行动吗? 如果不能,就只存在不确定性,而不存在风险。

即时思考:举出生活中出现的由不确定性带来风险的几个例子,并举出几个虽然有不确定性,但没有风险的例子。

二、风险与不确定性

我们已经知道什么是风险,在分析市场的时候,前面所有的分析都假定成本和需求是已知的,并且每个企业都可以预见其他企业将会如何行动。然而,现在我们知道,这样的想法太天真,现实生活中,商业活动充满了风险与不确定性。

我们再来考虑一种情况:假定你从事矿产资源的开采,根据我国现行的法律规定,你想要获得某个矿产资源的开采权,必须通过拍卖的方式从主管部门手中买到开采的权利。我们来看看这项活动中是如何充满风险的。

决定是否要购买这个开采权之前,你需要拿到这个开采点的勘探报告,根据这个报告去推测这个矿权的储量是多少。你知道勘探报告对于矿产的储量会有一个估计,但你更清楚,这个估计的储量和实际的储量可能不一致,甚至差别很大。因为勘探报告是根据样本点的采样数据估算出来的;进一步想,实际储量和实际可开采的储量也是不一致的,因为可能有储量,但是受到开采的技术条件、地质条件等的制约,有些资源可能无法开采,所以开采一个矿点,最后能获得多少资源,也是不确定的;继续分析,矿产资源开采出来以后,市场中的价格走势也是不确定的,如果你准备买入开采权的时候资源价格高,而当你开始开采,价格却走低,你的收益又得不到保证。我们可以简单地通过市场中金、银价格的走势的变化了解这一事实。

但这还没完,你还要考虑你为开采这个矿点需要的开发投入,一旦施工后,地下情况的复杂性又会显现出来:机器是否合适,地质环境是否复杂,是否需要更多的工人,是否产生超过你预期的施工量,地质条件、气候条件等都会对你的成本投入产生很大影响。

结果,你很难判断开采这个资源能给你带来多少收入,因为投入和产出都具有不确定性。理论上,所有的企业都发现,产品的价格随时都在波动,劳动力、土地、机器、燃料等投入品价格也随时在波动,竞争者的行为也无法提前预知。经济生活就是这样一场充满风险的交易。

经济学已经充分认识生活中的这些风险,找到一些有用的工具,将不确定性引入对企业、家庭行为和金融市场的分析,用经济方法来解决部分的风险问题,实施风险的管理。

三、风险偏好：人们对风险的态度

风险在我们的生活中无处不在，无论你是开车、购买住房、进行投资活动，还是上班、出去娱乐，甚至就在家里烧水、炒菜，你都是在冒生命、财产或危难的风险，是不是很恐怖？

面对这些风险，人们会采取何种态度呢？即使面对的是同样的风险，每个人都有不同的态度。因为风险可能使人遭受经济上的损失，而每个人对经济上损失的承受力是不同的。对大多数人来说，总是想要避免各种消费和收入的不确定性，当我们想要避开风险时，我们就是一个风险规避者。

确切地说，当一个人为损失一定量的收入而感到的痛苦大于他为得到同样数量的收入而产生的快乐感时，他就是一个风险规避者。

例如，我们在生活中作为娱乐，经常抛硬币打赌，如果硬币出现正面，你得到 100元，如果出现反面，你失去 100 元。根据我们学过的数学知识，这个赌局的期望值为零。如果一个赌局的期望值为零，这可以称为一个公平的赌博。那么，如果你拒绝一个公平的赌博，你就是一个风险规避者。其逻辑就是：失去 100 元的痛苦大于得到 100 元的快乐。

与此相反的就是风险爱好者，对这种人而言，得到的快乐大于失去的痛苦。

处于这两者之间的是风险中立者，在他们看来，这样的赌局，赌与不赌是无差异的。

显然风险规避者对风险的损失看得更重，所以对风险采取规避的态度；风险爱好者看重风险可能带来的收益，所以愿意冒高风险来获得高收益；而风险中立者对风险的态度处于两者之间。

四、风险管理

每个人有不同的风险偏好，在面对风险时，就有不同的态度。为了避免自己所不喜欢的情况发生，我们需要采取一些方案规避风险，但要采取的行动方案通常都要承担一定的成本。于是我们会在成本和收益之间进行权衡，最后选择一个让自己满意的方案，这就是风险管理。

> **风险管理（risk management）**：不确定减少风险的成本收益权衡方案和决定采取行为计划的过程。

小测试：你属于哪种风险类型？

我们经常看到有朋友在婚宴订餐时，为了避免出现不愉快的情况，通常可以采取一定的预防方案。首先，需要预订足够多的菜品，菜品需要餐馆提前备货，以避免人数多了而菜品不足产生尴尬。但有部分好友可能会缺席，那么菜品已经备好，怎么办呢？可以选择向餐馆付一定的费用让他们备好足够的食物，并保留将多余的菜品退回餐馆的权利。可以明确的是，订餐人肯定要为获得这些选择权而进行额外的支付。这样，在消除订购菜品错误数量的风险所获得的收益和减少这一风险所支付的成本之间就有一个权衡。

有时我们发现，为减少风险采取了高昂的措施，担心的后果实际上却没有出现，我们通常为此十分后悔。在股票市场里，当你觉得行情可能出现反转时，可能会卖出一只在你看来有风险的股票,但让你后悔的是,这只股票后来上涨了两倍。然而,需要记住的是,所有出于规避不确定性而做的决策必须在这一不确定性出现之前做出。关键是你所做出的决策是就你当时所能获得的信息来说最好的决策。每个人都是事后诸葛亮,没有人有完全的先见之明。

风险管理决策是在不确定的情况下做出的,因而出现各种结果都是可能的,但最终必然会有一种结果出现。实际上,先见之明是技术高明还是运气好是很难评估的。对风险管理决策是否正确的判断应当基于决策时可获得的信息。

第二节　风险管理的原因

一、家庭和个人面临的风险

我们可以从自己和家庭的角度思考一下,我们将面临哪些风险?

(一)失业

现代社会每个人都面临随时失去工作的风险。如果你是一个公司的临时职员,你面临被解雇的风险就会比较大;而如果你是一个公务员,面临解雇的风险相对较低。以前在我们看来,公务员、事业单位人员的工作很稳定,只有企业的工作人员才面临失业的威胁,但现在看来不行了,我国的改革步伐加快,公务员、事业单位人员的改革已经如火如荼地展开,公务员、事业单位人员也可能面临失业,这将是全社会劳动者都可能面对的风险。

(二)疾病

俗话说"食五谷,生百病",每个人都一样,从出生的一刻开始,就有可能有生病的一天。我们从小就开始打的各种疫苗,就是人类在发展中掌握的控制疾病的技术,然而让人们悲观的是,似乎总有各种让人类束手无策的新疾病产生。

(三)耐用消费品使用中的风险

家庭购买的耐用消费品,如家电、汽车等在使用中都有可能出现让家庭蒙受损失的可能,汽车的损害、道路上的交通事故、家用电器的故障等,都有风险发生。

(四)家庭财产损失的风险

如果你拥有一套房子,你除了要面对房屋价格下降的风险,还要面临火灾、盗窃、地震损害等多种风险。一旦出现这些情况,都意味着家庭财产的损失。

(五)金融资产的风险

我们发现现在手中的货币似乎越来越不值钱,货币的购买力迅速下降,为了保值,我们去购买金融资产(股票、债券),然而所有参与国内股票市场的投资者都清楚的事实是,股票市场波动不停,投资者不一定能挣到钱。

(六)受到其他伤害的风险

在生活中,每个家庭都有可能发生的各种意外,然而这就是生活的一部分。

二、企业面临的风险

作为企业,组建的初衷是生产产品或服务,以此获得公司的收入。而事实上,公司的经营活动中,每一项活动都要承担风险,对企业来说,承担风险是企业经营活动中不可分割的基本组成部分。如果你从事进出口贸易,你就要面临汇率波动的风险。

公司的商业风险由其风险承担者承担:股票持有人、债权人、顾客、供货商、雇员和政府。公司面临的所有风险最终都源于人。

例如:一个校园旁边的小面馆,它会承受些什么风险?

(1)生产风险:生产过程中,机器损坏、原料未能及时送达等产生的风险。例如,正当中午学生用餐的高峰期,燃气停了;或你向原料供应商订购的面粉、鸡蛋由于堵车没有及时送达;其他面馆开发出了新产品,新产品的进入令你的产品滞销;工人们对工资的要求提高,希望你提高工资,否则便不开工。

(2)产品价格风险:学生们的饮食偏好发生了改变,以前的面条不再受学生欢迎,你被迫降低价格以吸引学生;或者竞争者的进入让你不敢维持以前的价格,只有降低价格以增加销量。

(3)生产投入品的价格风险:原材料价格不停地攀升,工人的工资出现预料之外的上涨,产品价格却因为激烈竞争而不敢涨价。

(4)原料品质风险:生产投入品不仅会面临价格上涨的风险,也面临质量风险。

(5)产品质量风险:你聘请了专业的师傅在你的小面馆掌勺,结果师傅这几天因为家庭问题而情绪不佳,没心情好好工作,让你的产品口味下降。

三、风险暴露之后的选择

因为风险在我们的生活中无处不在,你会因为工作、娱乐或消费的原因而面临某一种特殊类型的风险,那么你就处于风险暴露之中。处于风险暴露之中,就需要进行风险管理。

粮食属于缺乏需求弹性的商品。粮食的价格高,我们每天吃的需求是那么多;价格低,我们每天需求还是那么多;我们的需求量随着价格变化而变化的量是非常小的。当丰收的时候,市场中粮食的供给比需求高很多,自然价格会下降,这就是所谓的“谷贱伤农”,这一事实在哪都避免不了的。所以,现在我国对农产品才会有“支持价格”,否则当粮食遇到丰年时,结果会是一样的。

在这一例子中,农民就处于风险暴露状态。当然你有可能会想,如果粮食减产,价格不是就上去了吗?但是,粮食减产价格虽然提高了,农民的收入仍然不会高。那么,有没有什么办法来帮助农民摆脱这一困境呢?

如果有了风险管理,农民所面临的这个风险是可以避免的。例如,一位种植小麦的农民,在小麦还未收获时,为了规避未来小麦价格波动带来的风险,可以提前签订一项协议,协议中规定:在未来小麦收获时,以某一固定价格出售小麦。这一协议降低了农民面临小麦价格下跌的风险。

但是,谁会来跟农民签订这个协议呢? 在市场中存在一种人,我们把他们称为投机者。

投机是一种从市场价格波动中获取利益的活动。投机者希望以低价格买入,以高价格卖出,从而从价格的变动中谋取利润。他们买入的商品可能是粮食、水果、石油、股票或外汇,投机者购买这些商品并不是为了自用,而是为了获取利润。所以,与出售小麦的农民签订协议的可能是并不真正需要小麦的投机者,他可以对未来小麦的价格进行推测,然后签订一个协议,主动持有小麦,把自己暴露在风险之下。如果小麦价格出现对他有利的变化,投机者就可以赢利。

很多人可能对投机行为有偏见,认为这是一种不当的行为。但是,对整个社会而言,投机却不无益处。投机者起到了将商品从丰富地区调往欠缺地区的作用,他们在商品充裕、价格低廉的地区或时期买进,而在商品紧俏、价格高昂的地区或时期卖出。投机者有助于"熨平"商品在不同地区和不同时期的价格差异,从而提高了市场的效率。

通过买卖同一商品降低或消除地区差价是投机者所做的最简单的事,这种活动被我们称为套利。套利就是在一个市场上买入一种商品或资产,然后马上在另一个市场卖出,通过一买一卖获得利润。

与投机相反,套期保值者是处于减少风险暴露程度的交易部位。就这个例子来说,种植小麦的农民就是套期保值者,关于套期保值,我们在后面有详细的介绍。

有些时候,某一特定资产的买卖可能增加你的风险暴露程度;而在另一种情况下,相同的交易又可能减少风险。同一个人可能在某些风险暴露面前是一个投机者,而在另一些风险面前是一个套期保值者。我们在管理风险时,常常发现避免了这种风险,却又面临了另一种风险,所以不能对一项资产或交易的风险性进行孤立或抽象的估计。

第三节　金融与风险管理

一、金融的概念

人类的生活,除了要满足物质消费和精神的需求,还经常要面对未来生活的担忧,这种担忧通常源于前面所讲到的不确定性,这些不确定性包括对未来物质生活所需要收入的不确定性、身体健康的不确定性,甚至还有未来精神生活、心理状态的不确定性。这些不确定性都会引发风险。人类发展史中,人类为了规避风险,做出了很大的努力。第一种努力就是发展社会经济,生产更多的产品和服务,用物质生产力和精神产品的生产来提升和加强个人抵御风险的能力。例如,如果物资供应有结余,偶发的天灾人祸或农作物减产,不会给人类带来太大的麻烦。第二种努力就是通过人与人的经济交换达到互保、互助和资源共享的效果,以此提升整个社会的避险能力,使个人能够更好地渡过经济紧张、精神痛苦时期。

金融产品的出现,给这种经济交换提供了支持,让不同的人实现在不同的时间和不同状态下的物质交换。例如,有人可能因为做生意、购买住房等事件突然需要一大笔钱,这超出了他的支付能力。有了借贷合同,这些问题就简单了,借贷合同让贷方把钱在今天借给另一方使用,借方在到期时还本付息,对借方而言,这意味着今天的收入暂时没有用的地方,那就把今天的收入留到未来使用,而对贷方而言,是把未来的收入转移到今天来花,两人的境况都因此变好。其他的金融产品,例如,医疗保险、人寿保险、养老基金、股票、债券等,虽然每个合约的支付安排不一样,但其道理都一样,都是实现了不同的人在不同时期、不同状态间的利益。问题是,这些交换都存在一个契约的执行问题,如果大家都担心另一方会赖账,不履行其合同的义务,那么金融产品的互保功能就无从发挥作用,应当如何处理这一系列问题呢? 金融学就是专门研究这一机制的一门学科。

按兹维·博迪和罗伯特·C.莫顿的解释:金融决策的成本和收益是在时间上分布的,而且决策者和其他人无法预先明确知道的。金融系统可以帮助人们进行决策。金融系统是市场及其他用于订立金融合约和交换资产及风险的机

> 金融学 (finance):是研究人们在不确定的环境中如何进行资源的时期配置的学科。

构的集合。金融系统包括股票、债券及其他金融市场产品和工具的市场,还包括为市场的有效运行服务的金融中介、金融服务公司和监管部门。

即时思考:谈谈你平常所理解的金融和我们现在讲到的金融有什么不一样?

二、人人都离不开金融

下面这个案例,对中国人来说,完全不陌生,在过去的二十年中,它经常在我们的身边发生。

生活中的经济学

用哪种方法买房?

小王在成都工作,正准备结婚。小王和他的未婚妻开始张罗买房子,两人看中了一套100平方米的新房,总共需要花300万元。两人算了一下账,两人的年收入20万元,手上的积蓄有100万元,从双方父母那里可以借到100万元,还剩下100万元怎么办呢?

第一种方法当然就是借助于金融系统,向银行贷款,如果选择30年到期、年利率5.65%的按揭,他们的月供约为4 750元,对两人来说,这是完全能够支付的。

两人把他们的想法向父母一说,老人家马上反对,因为如果按上述方案去银行按揭,支付利息的总额大约为71万元,加上本金,本息合计达171万元。对相当一部分老年人来说,这是一项很不划算的事。第二种方法,就是想方设法从双方亲戚那里借余下

的 80 万元。最后,经过大家的努力,从亲戚那里借够了 80 万元。

思考题:

1. 小王在购房时面临银行贷款和向亲戚借款两种筹集资金的方式,结合风险管理的原理,分析这两种方式各自存在哪些风险?

2. 从小王的购房案例来看,他最终选择向亲戚借款而放弃银行贷款,这种决策是否合理?

现在,我们来说说这个案例,对于一个有金融知识的人,他通常会选择向银行借贷的方式,原因有以下几个。

第一,这样的选择将使小王大家庭的关系变得更简单和谐。对于大多数普通的家庭来说,向父母借一笔金额不小的钱,这笔钱几乎是父母多年的积蓄。这会给老人未来的生活,如生病、养老等带来诸多不便。从亲戚处借钱,碍于亲戚关系,大家可能会借钱给小王,但未必是真心愿意,毕竟,可能有的亲戚自己都还没能力买房,却把自己的钱借给小王,你说他会怎么想? 还有亲戚们还会担心,借钱给小王以后,什么时候能拿回来。亲戚们会担心小王拖很长时间不还钱,那怎么办,又不好意思开口询问。在各种机缘巧合下,这一事件有可能影响小王这一大家子的和谐。

第二,向亲戚借钱一般是不用支付利息的(如果要支付利息,为什么不向银行贷款呢?),这对小王来说是占了便宜,但对于亲戚们来说(父母亲可能并不在乎这个),他们就吃亏了。最差,他们可以将这笔钱存在银行,获取一定的利息收入。

第三,小王一家计算经济账的方式不对。他们认为,贷款 100 万元,支付利息的总额大约为 71 万,加上本金,本息合计达 171 万元。这是我们身边经常看到的计算方法,但学习了金融以后,我们会知道这种计算方法是不对的。为什么呢? 因为货币有时间价值。

货币的时间价值,指的是当前所持有的一定量货币(如 1 元人民币)比未来等量的货币具有更高的价值。通俗地说,就是今天的 10 万元钱比明年的 10 万元钱值钱。之所以这样,有三方面的原因:第一,你可以将这 10 万元钱投资 1 年,获得利息收入,明年你拥有的货币量将超过 10 万元;第二,因为存在通货膨胀,今天 10 万元钱能买到的商品量会比明年要大,或者说今天的 10 万元钱比明年的 10 万元钱有更强的购买力;第三,我们未来的预期收入有不确定性。

理解了货币的时间价值,我们就知道,你不能将本利和做简单的加总来衡量按揭的代价。因为明年的 4 750 元没有今年的 4 750 元值钱,更别说 10 年、20 年以后的月供 4 750 元了,那时候的 4 750 元能买到的东西,在今天可能只需要支付远小于 4 750 元的金额就可以买到。

这个事例告诉我们,我们的生活中真的离不开金融,无论是家庭还是企业都是如此。

(一) 家庭的金融决策

家庭中面临的基本金融决策一般来说有四种。

消费和储蓄的决策:我们的收入中总有一部分用于满足我们的日常开支,将剩下的储蓄,以备以后需要时使用。那么我们应该拿多少来消费,拿多少来储蓄呢?除非你说,我的收入太低,每个月正常开支都不够,哪里还有用于储蓄的?否则,你一定要好好计划,这对你未来的人生非常重要。

投资决策:你用于储蓄的那部分金融选择什么方式投资,难道你真的以为储蓄就是把钱存在银行里吗?这太简单了,我们生活中可以选择的投资方式很多,每种投资方式都会面临不同的收益和风险,你需要考虑如何去权衡,达到自己最优的投资方式。

融资决策:像前面小王借钱买房的案例就是一种融资决策,这就是如何利用他人的钱来帮助自己满足消费和投资计划。

风险管理决策:这是指我们如何控制和减少家庭财产中存在的风险。我们可以以不同的方式持有自己的家庭财产,如房产、股票、债券、黄金等,这些金融资产都会存在一定的风险,我们应当考虑如何去管理它们。

(二)企业的金融决策

金融中研究企业金融决策的分支,叫公司金融。什么是公司金融?我们从前面从事矿产资源开采的例子来说明。

作为企业,都需要资本。施工时所需要的建筑物、机器设备和其他用于生产过程的中间投入产品,被称为实物资本,这是进行所有的生产活动都必须具备的,它需要用钱,就是通常所说的资本投入。钱从哪里来呢?需要多少呢?这些都是一个金融决策过程。

一旦这个企业决定要在什么地方对哪个资源进行开采,就意味着展开了一个项目,项目首先要有一个计划,通过对开采地的施工条件进行考察,要明确项目的各种想法,对各种想法进行评估,选择一个合适的施工方案,然后围绕这一施工方案,对包括如何获得工厂、机器设备、仓库等进行资本预算,这是资本预算过程。然后考虑如何实施项目,项目施工过程中的其他材料,如人工工资、后勤保障等如何跟上,这些都涉及资金问题。这就要考虑如何实施本项目融资。金融体系提供了多种用于融资的金融工具,企业需要根据自身的情况具体分析选择具体的融资方式。这一系列复杂的问题都是公司金融涉及的内容。

三、风险管理过程

风险管理过程是为分析和应付风险而进行的系统尝试。这一过程可分为如下几个步骤。

第一步,风险识别。

风险识别是指出分析对象的重要风险是什么,分析对象包括家庭、公司或其他实体,把家庭、企业等作为一个整体来观察,所有可能产生的不确定性都要考虑。如同我们前面提到的家庭所面临的风险、企业所面临的风险,都要对具体的事务分析风险暴露的程度。

第二步,风险评估。

风险评估是与风险识别有关的成本量化。例如,对家庭和企业的金融资产,要用专业的知识去量化金融资产的收益和风险,在投资回报和面临的风险之间进行权衡。

第三步,风险管理方法选择。

对前面评估的风险,选择适当的方法进行管理,主要方法有:

风险回避:有意识地避免风险的发生,如我们原准备进行矿产资源开采的施工点地质情况复杂,有遭遇塌方的可能。一旦施工,不可控制的因素太多,可能面临很多的风险。于是经过评估,决定另外选择一处平坦开阔地,虽然成本会增加,但塌方的风险可以回避。这是有意识地避免某种特定风险的决策。

预防并控制风险:这是为降低损失发生的可能性、严重性而采取的措施,如煤矿施工通道中的通风等措施,可以有效地控制风险,预防并控制风险可以在损失发生之前、之中或之后采取。

风险留存:有时我们会有意识地决定自己承担风险,如我们当中有一部分人对保险公司并不信任,于是不会去购买商业保险,当出现疾病时,我们用自己积累的财富承担自己的治疗费用,这就是风险的留存。但有些时候,风险的留存是因为我们没有察觉到风险或对风险不够重视引起的,比如,现在我国社会中大量存在的"路怒族",他们完全没有意识到自己的行为可能对自己和对别人带来的风险,如果真的发生了,只能用自己的财产去弥补。

风险转移:将风险转移给他人。不要认为这是不道德的,金融市场提供了这样的机制,让我们借助于金融把风险转移出去,这并不一定是让别人变糟的事情。

第四步,实施。

前面的工作都已经完成,对已识别的风险,在决定了采取何种措施以后,就是实施这些措施。通过实施成本和收益的权衡,选择最优策略对风险实施管理。

第五步,评价。

风险管理是一个动态反馈过程,在这一过程中需要对决策进行定期的评价和修正。随着时间的推移和情况的变化,可能有新的风险产生,也可能因为环境的变化,或有关风险的信息发生变化,从而可以选择更好的风险管理的方法,这样我们就可以对以前的风险管理方法进行修正。

第四节　利用金融工具转移风险

我们通常用于转移风险的方式有三种:套期保值、保险和分散投资,下面将分别介绍这三种方式。

一、套期保值的概念

当一种行为不仅降低了一个人面临的风险,同时也使他放弃了收益的可能性,这个人就是在做套期保值。

例如,棕榈油在国内完全是依赖进口的植物油品种,因此,国内棕榈油的消费完全依赖于贸易商进口棕榈油到国内销售。国内贸易商在采购棕榈油的时候,就面临很大的不确

> **套期保值(hedge):** 在现货市场和期货市场对同一类的商品同时进行数量相等但方向相反的买卖活动。

定性。因此,在国内棕榈油期货推出之后,国内贸易商就可选择在国内卖出相应的棕榈油期货合约进行卖出保值。

2015 年 6 月 5 日,国内某棕榈油贸易商,在国内棕榈油现货价格为 5 245 元/吨的时候与马来西亚的棕榈油供货商签订了 1 万吨 7 月船期的棕榈油订货合同,按照当日的汇率及关税可以计算出当日的棕榈油进口成本价在 5 196 元/吨,按照计算可以从此次进口中获得 49 元/吨的利润。由于从订货到装船运输再到国内港口的时间预计还要 35 天左右,如果价格下跌就会对进口利润带来很大的影响。于是,该贸易商于 6 月 5 日在大连商品期货交易所卖出 9 月棕榈油合约 1 000 手进行保值,成交均价为 5 370 元/吨。到 7 月 11 日,进口棕榈油到港卸货完备,该贸易商卖出 10 000 吨棕榈油现货,价格为 4 880 元/吨;同时在期货市场上买入 1 000 手 9 月棕榈油合约进行平仓,成交均价为 4 910 元/吨。

在这次操作中,由于棕榈油现货真的下降了,如果不进行套期保值,贸易商将蒙受损失,但是通过套期保值交易,贸易商保住了利润。

在现货市场上,贸易商进口成本价为 5 196 元/吨,7 月 11 日的价格为 4 880 元/吨,损失 316 元/吨。但是,在期货市场上,贸易商 6 月 5 日以 5 370 元/吨卖出,7 月 11 日以 4 910 元/吨买入平仓,获利 460 元/吨。综合两个市场的操作,每吨可获利 144 元。

即时思考:套期保值的操作有没有风险?

通过此次保值,该贸易商规避了棕榈油市场下跌的风险,保住了该贸易商的 47 元/吨的进口利润并从期货市场额外获得了 70 万元赢利。但这里需要强调的是,卖出套期保值的关键在于销售利润的锁定,其根本目的不在于赚多少钱,而在于价格下跌中实现自我保护。如果企业没有参与套期保值操作,一旦现货价格走低,他必须承担由此造成的损失。因此,卖出套期保值规避了现货价格变动的风险,锁定了未来的销售利润。

即时思考:期货合约交易的风险包括哪些?

二、重新认识保险

保险在帮助人们转移风险上,发挥了重要作用。保险意味着支付一笔额外的费用(保险费)以避免损失,通过购买保险,你以一项确定的损失避免了如果不保险而遭受更大损失的可能性。

尽管风险规避者都要努力避免风险,但风险并不会因此而被消除。当房屋失火、汽车出现交通事故、遭遇小偷而使家庭财产损失,人们都将为此会付出代价。

生活中的经济学

保险如何分摊风险

　　某小区有 1 000 套住房,每套住房的价值为 100 万元。根据以往的经验,每年发生火灾的频率为 0.1%,且为全损,如果保险公司提出,每户房主每年缴纳 1 050 元,则由保险公司承担全部风险损失。你会不会买这个保险呢?

　　如果你不买这个保险,那么一年中,有 0.1% 的概率使你遭受 100 万元的损失,虽然看起来可能性很小,但一旦真的遭遇火灾,损失将是巨大的。如果出 1 050 元购买这个保险,你付出的风险处理成本很低,但在真正发生火灾,蒙受 100 万元经济损失时,由保险公司全额承担你的损失。这是值得的。

　　根据前面的信息,我们知道,该小区一年内将有 1 套住房会遇到火灾,只是我们不知道会是谁家而已。如果全小区的住房都购买了保险,保险公司的收入为 105 万元,它将会赔付的款额为 100 万元,5 万元为保险公司为提供这种服务付出的各种成本、费用及人工工资等。

　　从这个例子可以看出,在有保险机制的时候,遭受火灾者的损失,并不是他个人承担,他只承担了 1 050 元;也不是保险公司承担,保险公司在这里充当了风险控制的组织者。真正的损失承担是所有的房主,保险公司通过组织所有房主进行损失的分摊,由此获得公司应得的报酬。

　　思考题:

　　1. 根据案例中小区住房火灾保险的信息,若某房主认为自己住房发生火灾的概率仅为 0.05%(低于小区平均水平),从风险与成本角度考虑,他是否应该购买保险?请说明理由。

　　2. 如何看待保险在现代经济社会中的作用?

　　由此可以看出,保险是一种很好的实施风险分摊的市场机制,这一过程将对一个人而言可能是很大的风险分摊到许多人头上,从而使每个人所承担的风险变得很小。

　　另外,在购买汽车时通常都会购买交通保险,车主其实就是在为是否会发生交通事故与保险公司打赌。如果不发生交通事故,则车主所缴纳的保险费就成为保险公司的收入;而如果发生交通事故,保险公司将按合同规定的价格向车主赔偿损失,车主的损失可能远远超过他当时的保险费支出。车主以小额的支出为代价,换来在未来可能遭遇惨重损失时,保险公司代其承担损失的机会。

　　同样的情况出现在很多方面,如人寿、疾病、财产等,保险公司通过把每个人都可能面临的风险集中起来,进行风险的分摊,为无数的住宅、汽车和生命提供保险。保险公司的优势在于,对个人来说是难以预料的事件,但在整个群体中,必然会有人会遇到这些不测,也就是说,这些事件对整个人群来说又是可预见的。

即时思考：套期保值与保险的区别。

三、分散投资

风险分散的另一方式可通过资本市场进行。企业从事经营活动，一般都需要金额较大的固定资产投资。例如，现在手机在人们生活中成为不可或缺的生活必需品，手机电池的续航能力却一直是智能手机的使用者很郁闷的事情，有人试图制造一种全新的电池，可以大幅延长手机电池的续航时间，他已经有设计基础，但是要真正开发出可以投放到市场中的产品，还需要进行大量的工作，研究、试验产品等，可能需要 1 000 万元的投资，这种项目看起来非常好，仔细想一下，里面的风险却是很大。一方面，不知道什么时候，这个产品才能成功；另一方面即使产品出来了，也不一定能保证它的市场前景，有可能这种电池的成本太高，人们不愿使用。愿意出这么多的钱冒巨大风险的人肯定不会多。

如果有资本市场情况就不一样了，资本市场通过公众拥有公司股份的方法完成这种任务。就像比亚迪公司所做的一样，作为上市公司，截至 2024 年 5 月，在中国的 A 股市场上共有 18.11 亿股公司股份，总股本超过 29 亿股，30 多万公司股东，假设公司股权平均分配给这 30 万股东，那么这 1 000 万元的投资项目对每个投资人来说，只会承担 33 元，如果比亚迪公司的股票有足够的吸引力的话，这个社会里应该有更多的人愿意承担这个项目的投资风险。

对于每一个在市场中的投资者来说，也有一个分散投资以分散风险的问题。如果你把你有限的资金全部用于购买一家公司的股票，如果出现类似獐子岛事件的情况，你的损失就会非常大，对股票这样的风险资产，也需要用分散投资的方法。

分散投资意味着持有相同数量的多种风险资产，而不是将所有投资集中于一项。分散投资帮助人们降低了拥有总资产所面临的风险。

我们可以用一个通俗的比喻来定义："不要把所有的鸡蛋放在一个篮子里！"这句话简要而精确地捕捉了分散投资的特性。实行分散投资的意义就在于降低投资风险，保证投资者收益的稳定性。因为一种证券不景气时，另一种证券的收益可能会上升，这样各种证券的收益和风险在相互抵消后，仍然可能获得较好的投资收益。

当我们在资本市场上进行投资时，可以选择的分散投资包括对象分散、时机分散、地域分散、期限分散这四个方面。

对象分散就是在证券投资时，将投资的资金广泛分布于各种不同种类的投资对象上。比如说，选择债券与股票的组合：用一部分资金购买政府债券，一部分资金购买公司债券，还用一部分资金购买股票；或者在投资对象的行业分布上，分散投资在各种行业，避免将资金集中投放在一个行业上。

时机分散是指在投资时机上可以分散进行，由于证券市场价格走势瞬息万变，人们很难准确把握证券市场行情的变化，通常难以判断短期的波动。为此，购买证券时可以慢慢投入,经过几个月或更长时间完成投资。这样可避免由于投资时机过于集中或者把握不准时机而带来的风险。

地域分散是指不仅仅持有某一地区的证券,而是购买国内、国际金融市场上发行的各国有价证券。这样做可以避免由于某一地区政治、经济的动荡而可能出现的投资损失。

期限分散主要针对债券投资。债券有不同的期限。不同时期市场利率的变化方向和变动幅度不同,从而导致不同期限的债券价格变动方向和变动幅度也大不一样。实行期限分散化,购买不同期限的证券,就可以减少利率变动带来的风险。

本 讲 小 结

1. 不确定性无处不在,如果不确定性可能带来损失,则存在风险。每个人对风险的态度是不一样的,有人是风险规避者,有人是风险爱好者,有人则是风险中立者。

2. 家庭生活和企业生产都将面临不同风险,因此,进行风险管理是有必要的。

3. 借助于金融市场和金融体系,人们可以有效地管理风险。

4. 利用金融工具转移风险的方式有三种:套期保值、保险和分散投资。

思 考 及 运 用

1. 在生活中可能有哪些风险?平常人们对这些风险是怎么处理的?你现在会怎么处理?

2. 很多人都知道保险的好处,但还是不愿意购买保险,为什么?

3. 假设你在一家电缆厂担任财务,锌是电缆的主要原材料,请你去观察一下现货市场和期货市场上锌的价格走势,为锁定原材料成本,你有什么办法?

第八讲 生产要素价格

🔍 **引导问题**

生产要素市场的构成是什么？

工资是如何决定的？

利率是如何形成的？

资源价格是如何决定的？

🎯 **核心概念**

生产要素   派生需求   利率   土地价格

✎ **案例引入**

鞋服制造业的大迁移

回顾近年来中国鞋服制造业的发展，"出海"和"内迁"这两条路径在时代发展的轨迹上交织在一起。

一方面，国内沿海地区鞋服制造业向越南转移已经成为趋势。根据葡萄牙鞋类协会 APICCAPS 发布的《2021 年世界鞋履年度报告》，2020 年，越南鞋类出口占全球出口份额的 10.2%，位居全球第二，2011 年只有 2%；中国仍以 61.1% 的出口份额高居首位，但十年下降了 12 个百分点。老牌巨头耐克和阿迪达斯则是从 21 世纪初开始逐渐降低在中国的生产份额，并在越南等东南亚国家不断增加生产。另一方面，产业转移的目的地并非只有越南等东南亚国家，不少沿海企业也在向国内中西部地区转移，河南、四川等已经成为鞋服制造大省。

要素成本上升是鞋服制造业的"内外迁移"的关键因素之一。2015 年，美国波士顿咨询集团（BCG）发布的调查报告《全球制造业的经济大挪移》，指出 2004—2014 年，中国的制造业成本优势逐渐丧失。报告从劳动力成本、汇率和能源成本三个要素分析，指出这十年中国工人的时薪涨幅达 187%，人民币兑美元汇率提升 35%，电力消耗从每千瓦时 7 美元上升至 11 美元，而天然气成本则从每百万英热单位 5.8 美元升到 13.7 美元。这十年正好也是国内鞋服制造业加速向东南亚转移的十年。

工人劳动力成本的提升是鞋服制造业"出海"的最直接原因。2015 年，越南和中国的工人最低工资比为 174 美元比 360 美元，后者是前者的两倍左右；企业所得税税率，越南为 22%（2016 年降到 20%），而中国为 25%，增值税税率则是 10% 比 17%。

思考题：

1. 根据案例中提到的中国鞋服制造业"出海"和"内迁"的情况，分析劳动力成本这一生产要素价格是如何影响产业转移方向的？

2. 除了劳动力成本，案例中还提到了哪些生产要素价格的变化对中国鞋服制造业的迁移产生了影响？请具体说明这些要素价格变化是怎样推动产业迁移的？

第一节　劳　动　力

一、劳动力市场的需求

我们知道，企业购买生产要素是为了实现利润最大化目标，所以企业使用多少劳动力，取决于每个劳动力能带来多少利润，以及企业为雇用劳动力而付出的成本。企业对劳动力的需求量是企业雇用劳动力获得的边际收益（利润）等于为雇用劳

> **生产要素（production factors）**：劳动、资本和土地（自然资源）等用于生产商品和服务的投入。

动力而付出的成本(劳动力的工资)时所对应劳动力数量。

即时思考:如果你是某运动鞋生产企业的经营者,在工人月工资为2 000元的标准下,你该雇用多少工人呢?

为简便起见,假设该运动鞋市场售价为200元,工人月工资为2 000元,除人工外,不考虑其他成本,则从表8-1可见,企业雇用第一个工人给企业带来8 000元的利润,第二个工人给企业增加了7 000元的利润,第三、四个工人分别给企业带来的利润为4 000元和3 000元,第五个工人给企业带来的利润为0,而第六个工人使企业的利润减少1 000元(因为其给企业带来的收益是1 000元,而企业支付的工资是2 000元)。所以企业雇用5个工人是最合适的,雇用6个工人则会使企业收入减少,违背利润最大化的目标。

表 8 - 1 劳动力数量决定表

工人数量/人	产量/双	价格/元	收入/元	边际产量/(双/人)	边际收入/(元/人)	边际工资/(元/人)	边际收益/(元/人)
0	0	200	0	0	0	2 000	0
1	50	200	10 000	50	10 000	2 000	8 000
2	95	200	19 000	45	9 000	2 000	7 000
3	125	200	25 000	30	6 000	2 000	4 000
4	150	200	30 000	25	5 000	2 000	3 000
5	160	200	32 000	10	2 000	2 000	0
6	165	200	33 000	5	1 000	2 000	−1 000

对表8-1的分析,劳动市场的需求曲线向右下方倾斜。图8-1中与横轴平行的直线表示劳动力的市场工资(W_1),企业为了实现利润最大化,选择的最佳劳动数量(L_1)为市场工资与劳动的边际收益相等时所对应的劳动数量(L_1)。也就是说,对于任何既定的工资水平,企业都会按照利润最大化原则选择最佳的劳动投入数量。所以,对于一个竞争性的利润最大化的企业来讲,

> **劳动的需求曲线(demand curve of labor)**:表示劳动的工资与需求量关系的图形。

劳动的边际收益曲线也就是劳动的需求曲线,如图8-1。与商品市场需求曲线是同一价格水平下每个消费者的需求量加总得到的一样,劳动力市场的需求曲线是同一价格(工资)水平下每个企业需求劳动力数量加总所得。

假设企业对劳动力需求意愿影响不变的情况下,工资的上升或降低将使劳动力

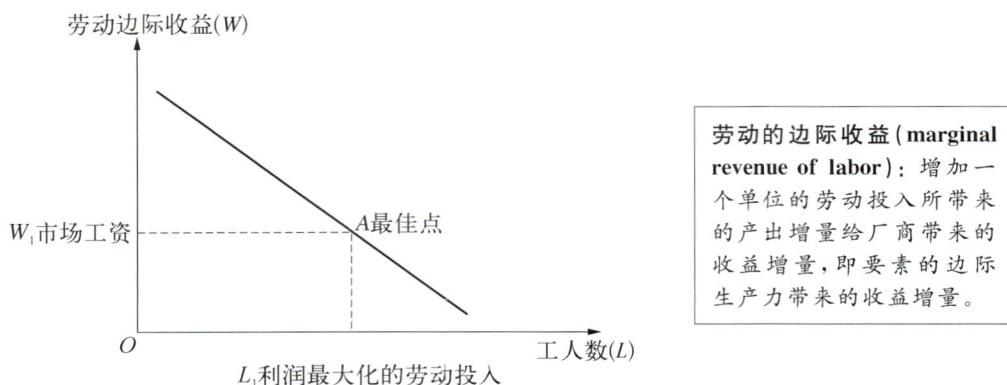

劳动边际收益(W)

W₁市场工资

*A*最佳点

O   *L*₁利润最大化的劳动投入   工人数(*L*)

> **劳动的边际收益(marginal revenue of labor):** 增加一个单位的劳动投入所带来的产出增量给厂商带来的收益增量,即要素的边际生产力带来的收益增量。

图 8 - 1   劳动需求曲线

的需求数量减少或增加,表现为在需求曲线上的移动。这是因为工资是会计成本的组成部分,在其他情况不变的前提下,工资水平高时,企业的利润就会降低,企业的用工需求自然减少;反过来,工资水平低时,企业的利润就会上升,企业的用工需求自然增加,其变动反映在曲线上是沿着曲线上下移动。但是如果除工资以外的其他变量也发生变化,则对劳动力的需求增加或降低则会反映在劳动需求曲线本身的移动。以下因素是使劳动的需求曲线发生移动的重要因素。

(一)产品价格

边际收益等于边际产量乘以产品的价格。所以当产品价格发生变化时,劳动的边际收益会变化,从而使劳动需求曲线移动。例如,其他条件不变,当产品价格上升,即同等工资水平下企业的边际收益上升(需求曲线向右移动),企业愿意雇用更多的劳动力,为其实现更多的利润;反之,则需求曲线向左移动,企业减少劳动力雇用。

(二)技术变革

在其他条件不变的情况下,技术进步会增加劳动的边际产量,从而使边际收益增加,劳动需求曲线向右移动,对劳动的需求会相应增加。当然就现实来看,由于市场容量有限,技术变化会减少特定行业特定岗位的劳动需求,如自动化设备,减少体力劳动需求数量,但从全社会来看又产生了设备设计、维修、操作等劳动力的需求。历史表明,大多数技术进步是增加而不是减少劳动需求。

(三)其他要素的投入

劳动需要跟其他生产要素配合使用才能生产产品。当厂房、设备、原材料等其他生产要素投入量减少时,会减少劳动的边际产量,从而减少对劳动的需求,使劳动的需求曲线向左方移动;反之,当其他要素的投入量增加时,如促进工人生产效率提高,会增加劳动的边际产量和边际收益,劳动力需求曲线会向右移动,同样工资水平下会增加对工人需求量。

(四)企业数量变化

由于劳动力市场的需求曲线是同一价格(工资)水平下每个企业需求劳动力数量加

总所得到,因此新的企业进入市场,对劳动力的需求量增加,在其他条件不变的情况下,需求曲线会向右方移动,反之,向左方移动。

(五)人力资本

人力资本表现为劳动力积累的培训知识和技能,拥有高技能的劳动力比低技能的劳动力有更高的效率。如果劳动力的人力资本增加,普遍拥有更高的技能,则对这类劳动力的需求也就更多,劳动力的需求曲线向右移动。

即时思考:为什么CBA篮球运动员的工资远远高于大学教授?

二、劳动力市场的供给

我们以大学生兼职打工的选择为例来分析劳动力的供给问题。对于兼职打工问题,不同的学生做出的选择是不同的,部分学生因家庭提供的学习费用、学校提供的奖学金或银行提供的助学贷款,足够其开支,为了避免减少学习或休闲的时间选择不去兼职或打工;而另一部分学生因经济来源

劳动的供给曲线(supply curve of labor):表示劳动的工资与供给量的关系的图形。

有限或者为了锻炼自己的社会适应能力,选择了兼职或打工,向社会提供相应的劳动。可见,劳动力供给主要取决于劳动的成本,主要包括两类:一是劳动力的实际生产成本,即维持劳动者及其家庭生存所必需的生活资料的费用,以及培养劳动者所花费的培训教育费用;二是劳动带来的机会成本(心理成本),劳动是以牺牲休闲时间或学习时间为代价的,用于劳动的时间增多相应地用于休闲或学习的时间就会减少,人们因为休闲、学习带来的满足感就会减少,同时劳动的紧张和劳累又会给人带来肌体或心理的负担甚至痛苦。由此,如果劳动所获得的报酬(工资)能够弥补劳动力这两方面的成本,作为追求利益最大化的理性人而言则愿意供给劳动,反之,劳动者则不愿意提供劳动,而选择休闲或学习。因此对于大学生而言,如兼职打工的收入可以弥补其(或者其家庭)生活、学习费用的不足,或者可以弥补其因休闲、学习所带来的满足感减少,则其会选择兼职;反之,则不会选择兼职。该解释同样适用于成人劳动力市场。

生活中的经济学

如何终结"996"?

经济理论指出,工作小时数量的供给部分取决于人们对家务劳动时间和闲暇时间的价值认可程度。

人力资源和社会保障部、最高人民法院日前联合发布典型案例,进一步明确了工时

及加班工资的法律适用标准。其中一宗典型案例明确："996"的上班模式，严重违反法律关于延长工作时间上限的规定，相关公司规章制度应认定为无效。

"996"指工作时间从早9点到晚9点，中午、晚上各休息1小时，每天总计工作10小时，一周上6天班。根据我国《劳动法》和《国务院关于职工工作时间的规定》相关条文，劳动者每日工作时间应不超过8小时、平均每周工作时间应不超过40小时。

我国《劳动法》第四十一条规定，用人单位由于生产经营需要，经与工会和劳动者协商后可以延长工作时间，一般每日不得超过一小时；因特殊原因需要延长工作时间的，在保障劳动者身体健康的条件下延长工作时间每日不得超过三小时，但是每月不得超过三十六小时。

显然，"996"大大超过了法定工作时长。一般认为，工资水平从较低水平提高时，劳动者会选择增加工作时间，以获得更多收入。但如果工资继续提高，劳动者就会倾向于减少工作，选择休闲。这是因为，收入的边际效应递减，钱足够多了，劳动者就倾向于认为，休闲比收入增长更重要。

简单来说，在这一阶段，工资更高了，人们反而不愿意增加工作时间了。所以劳动力的价格不仅受自身的影响，还受其他因素的影响。

思考题：

为什么工资增加，人们反而不愿意增加工作时间？ 劳动供给的影响因素包括哪些？

如图8-2所示，当工资增加时，劳动力愿意提供的劳动数量会增加，但工资增加到一定程度后如果继续增加，劳动数量不但不会增加，反而还会减少。这是因为一个人面临重要的选择就是如何将每天有限的24小时在劳动、休闲或学习之间进行分配。横轴 L 表示劳动供给量，纵轴 W 表示工资，是劳动的价格，同时也是休闲或学习的机会成本，也可看成休闲或学习的价格。当学校提供的勤工助学机会工资较低时（曲线上的点 A 对应的 W_0 时），工资可弥补学生的生活成本和心理成本相对较少，只有少部分人受此吸引，愿意为此放弃休闲和学习时间提供劳动（此时对应的劳动力供给量为 L_0）；由于厂家提供的工资较高甚至是勤工助学工资的数倍（曲线上的点 B 对应的工资 W_1时），工资可以弥补劳动力的生活成本和休闲成本，如兼职收入可以帮助其购买书籍、服装、电子产品、美食娱乐消费等，愿意提供劳动的学生数量也就增多（此时对应的劳动力的供给量为 L_1）；也有部分企业会以更高的工资吸引学生（曲线上的点 C 对应的 W_2时），条件是工作时间较学校的勤工俭学更长或者需要投入的精力更多，如工作时间不再是每周几小时，而是每天工作几小时，甚至超过全日制工人的工作时间，由于工作时间会牺牲掉大部分休闲和学习时间，并带来因学习时间减少而担心无法毕业的心理压力和劳动的负效应增加，兼职的机会成本过高，愿意接受该种兼职和工作的学生数量相对减少（此时对应的劳动力的供给量为 L_2）；现实也是如此，大学期间全日工作的学生数量极少。

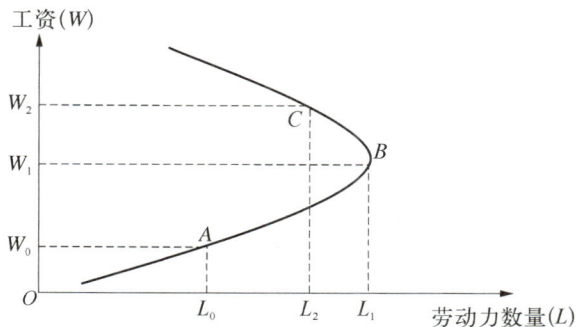

图 8-2 劳动力供给曲线

整个劳动力市场供给予大学生兼职的供给相似,随着工资的提高,劳动力被较高的工资吸引,会增加劳动供给量而减少休闲,劳动供给曲线向右上方倾斜。当工资上涨到一定程度后(如图 8-2 的点 B 处),如果继续增加工资,劳动供给量反而会减少,劳动力供给曲线从点 B 处起开始向后弯曲,其主要原因为工资收入增加到一定程度后,工资的边际效用递减,不足以抵消劳动的负效用,从而劳动就会减少。这也可以解释为什么部分人工作一段时间后,放弃原有的高薪工作,选择旅游、出国深造学习或者收入较低的工作,因为原有高薪工作劳动强度大、劳动时间长或者劳动负效应过大,形成巨大的机会成本,产生休闲、学习或轻松工作的需要,宁愿放弃高薪的待遇。

从经济学上分析,工资增加会产生替代效应和收入效应。替代效应是指随着工资的上涨,即休闲的价格(机会成本)也随之上涨,消费休闲显得昂贵,劳动力会用增加劳动供给多赚取收入来代替闲暇,因而对休闲的需求减少,劳动供给增加。收入效应是指随着工资上涨,收入随之上涨,从而使得对休闲需求增加,而劳动的供给减少。劳动力供给量到底是增加还是减少,取决于替代效应和收入效应共同作用的结果。当替代效应大于收入效应时,随着工资的上涨,消费者会提供较多的劳动代替闲暇,从而使劳动供给曲线向右上方倾斜;当收入效应大于替代效应时,随着收入的进一步增加,消费者会更注重闲暇,从而使闲暇的消费量增加,而劳动的供给量减少,劳动供给曲线向后弯曲。

在其他因素不变的情况下,与商品市场供给曲线是同一价格水平下每个企业的供给量加总得到的一样,劳动力市场的供给曲线是同一价格(工资)水平下劳动力供给数量加总所得到,其形态如图 8-2 所示,工资的上升或下降,会体现在劳动力数量沿着曲线上下移动。如果影响劳动力供给的其他因素发生变化,则对劳动力供给的增加或减少则会导致供给曲线发生移动,以下因素是使劳动的供给曲线会发生移动的重要因素。

(一)工作机会

一个劳动力市场上,劳动力的供给受其在其他劳动力市场上可以得到的机会大小影响。例如,当建筑业工人的工资上涨时,纺织业的工人会选择改变职业,从而使建筑业的劳动供给增加,而纺织业的劳动供给减少。对于建筑业来说其供给曲线会向右方移动,而纺织业的劳动供给曲线则会向左方移动。

（二）人口增减

当人口因为自然增减或迁移增减时，例如，劳动力从西南地区向沿海地区，或从一个国家向另一个国家流动，会使流入地区或国家劳动供给增加，而流出地区或国家劳动供给减少；同一工资水平下愿意提供劳动的数量也就随之增加或减少，该区域劳动力的供给曲线也就会随之向右或向左移动。

（三）人口结构

当人口年龄结构中 16～65 岁的劳动力越多，则同样工资水平下能够愿意提供相应劳动的劳动力也就越多，此时供给曲线就会右移，反之如果进入老龄社会，老年人口越来越多，则劳动力的供给曲线则会向左移动。

（四）就业观念

当妇女可以工作的观念越来越普及后，随着受教育的妇女越来越多地参与就业，使劳动供给增加，劳动曲线向右移动。

即时思考：

1. 课余兼职或暑期打工是许多大学生的选择，作为劳动的提供者，你如何做出打工或兼职的决定？
2. 为什么自愿参加学校提供的兼职（如图书协管管理、博物馆义务讲解等工作）的人相对较少，而糖酒会期间，愿意参加兼职导购的人员相对较多？
3. 现实生活中，为什么有一部分人工作一段时间后，放弃原有的高薪工作，选择旅游、出国深造学习或者收入较低的工作？

生活中的经济学

为什么"蓝领"高薪？

智联招聘发布的《2024 蓝领人才发展报告》显示，国内蓝领人才需求持续攀升，2024 年一季度升至 5 年前同期的 3.8 倍。蓝领职业招聘需求增长的同时，招聘薪酬也攀上新台阶。2024 年一季度，38 个重点城市的蓝领职业平均招聘月薪为 7 215 元，比 2019 年同期增长了 35.8%，增幅比总体高出 7.6 个百分点。健康/美容职业平均招聘月薪 10 637 元，比 2019 年一季度增长 53.8%，薪酬水平和增速均排名各蓝领职位之首。

"蓝领"与"白领"收入差距逐渐缩小，引发社会关注。蓝领群体的收入水平增长是供需因素、生产率水平提升等多重因素的结果。我国劳动年龄人口在 2011 年前后达到峰值，劳动年龄人口下降减少了劳动力供给，成为推动蓝领劳动者群体收入上升的主要原因。此外，青年群体受教育水平不断提高，进入蓝领职业就业的意愿下降，他们更愿意进入白领工作岗位，使得蓝领供给进一步减少。

供需结构也是决定蓝领收入的主要原因。月嫂是城市家庭早期缓解育儿压力的重要角色。在一二线城市,这类职业需求量大,但由于供给有限,特别是有经验和口碑的月嫂更是"一嫂难求",因此成为蓝领群体中收入居前列的职业。

生产率也是决定蓝领收入的基础之一。一般而言,资本投入高、组织化程度高的蓝领职业收入往往更高。以外卖员为例,一方面外卖员满足了城市居民日常饮食、购买生活物资的刚性需求,对其服务需求量大且稳定。另一方面,外卖员是由数字平台组织的新就业形态。平台通过数字技术协调外卖市场运行,劳动生产率较高,为较高的工资收入提供了基础。货车司机的资本投入在蓝领职业中是最高的,其较高的工资水平相当一部分是其资本投入的回报。相比较而言,缺乏技能且无资本投入回报的劳动者,只能拥挤地进入普工、建筑工、保安、保洁等职业,收入水平自然上不去。

此外,科技发展使得用工企业开始大量使用先进设备来提高生产力,这意味着流水线上的工人除了需要熟练技术,还要能够适应高新技术的新设备。这就要求蓝领具备一定的学习能力,而这种以操作经验为基础的学习能力并不以学历作为衡量标准。

随着市场化程度的不断提高,制造业的不断升级自然要求工人的能力不断提高,这必然会带动相关行业薪资的上涨。这也意味着,只要其能力符合市场需要,无论是蓝领工人还是白领工人,都将获得与能力相匹配的薪资水平。

"蓝领"和"白领"收入差距缩小,其背后核心因素还是学习和学习能力。只不过,这个学习和学习能力的判定,并不只以学历为标准。

思考题:

1. 根据案例内容,我国"蓝领"群体收入上升的原因有哪些?
2. 如何正确看待"蓝领"高薪?如何建立正确的就业观念?

三、劳动力市场的均衡——工资的决定

劳动力市场的工资是由劳动需求曲线和劳动供给曲线共同决定的。由上述分析可知,劳动需求曲线 D 向右下方倾斜,劳动供给曲线 S 向后方倾斜。如图 8-3 所示,当劳动需求曲线与劳动供给曲线相交于点 A 时,劳动市场处于均衡状态,这时均衡工资为 W_0,均衡劳动力数量为 L_0。我们可以利用需求供给的变化来分析均衡工资及劳动

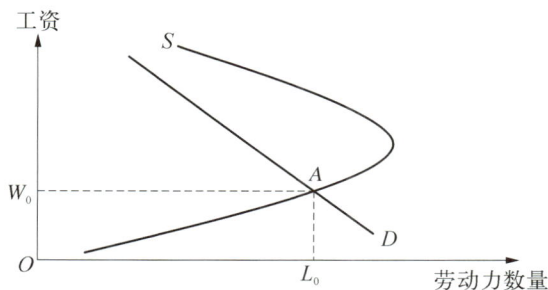

图 8-3 劳动力市场的均衡

力市场供应数量的变化,也可分析不同类型的劳动力市场,如分析为什么温州服装业工人的工资高于大学本科毕业生的工资。

即时思考:

请利用劳动力供求曲线及其变动效应分析:

1. 热门专业和冷门专业产生的原因是什么?其对劳动力市场的均衡工资的变动产生何种影响?
2. 目前大学毕业工资水平,对高校招生有何影响?为什么?
3. 作为劳动力个体,如何在未来获得较高的收入?

第二节　资　　本

一、资本需求及其来源

货币是否属于资本是由其用途决定的。如果货币的用途是购买自己消费的商品或劳务,比如汽车、住房、电视、宾馆服务等,货币只是商品交换的媒介,不属于资本。如果货币储存在你的手上或者银行里,货币只是财富储存

> **物质资本(physical capital):**
> 用于生产物品和劳务的设备和建筑物存量。

的手段,也不属于资本。而运输公司的长途营运用汽车,酒店的电视,制造企业的厂房、设备、原料、工人雇用等购买或租用时使用的货币则属于资本,因为这部分货币作为生产要素购买商品或劳务的目的不是个人消费而是商品或服务的生产,最终目的是将新生产出来的商品或服务出售后获得更多的利益(财富)。因此从生产要素而言,资本是与劳动力、土地(自然资源)并列的生产要素,是以获利为目的的货币。从资本的用途来看,直接用途是购买的投入生产的物品和劳务,如厂房、机器设备、原料、劳动力或土地;并最终以货币的形式在企业出售商品或服务后得到回收。所以,作为生产要素的资本是以货币度量的,其起点和终点属于货币形态,在生产过程中则表现为实物形态的物品或劳务。

当生产或提供某种商品或服务可以为企业带来收益时,人们才会投入资本兴办企业,投资建厂。换句话说,只有企业未来的预计收益高于投入的资本额,人们才会选择投资。而投资的前提必须拥有一定量的资本(货币)购买或租用相应厂房、机器设备、原材料等物品,以及雇用工人。

企业资本的来源有三种。

一是企业兴办者的自有货币转化为资本,企业获得的收益为出资人获得,如个人独资企业是企业主将自己的货币转化为资本用于购买生产所需的物品和劳务,收益为企业主独享;合伙企业则是合伙人、有限责任公司则是股东,根据达成的协议将各自货币资金汇集给企业形成资本用于购买企业所需的物品或劳务;经营收益按协议分配。

二是资本的拥有者将自有或租借的厂房、生产设备、原料或劳动力租借给企业；企业用其经营，经营收益的一部分以租金的形式分配给出租人。

三是通过金融市场筹集货币资金，如向银行、政府或个人借款（发行债券），经营收益的一部分以利息的形式分配给借款者。当企业经营规模较大时，资本来源往往是多样的。

二、利息与利率

当企业缺少建设及生产经营资本时也就产生了对其的需求，企业为了实现获利目标，获取资本，愿意支付利息（来源于经营获利）给资本的拥有者，作为其出让资本的回报。对于资本拥有者而言，获得利息（比以其他方式持有货币带来的更多收益），是其出让资本的动力。因此在资本市场

> **名义利率（normal interest rate）**：通常公布的，未根据通货膨胀的影响校正的利率。

上，利息是资本的价格，是资本供求双方就资本出让达成交易的结果，出资方（银行、企业、个人等）让渡资本的目的是获得利息，而需求方（企业）支付利息的目的是获取资本的支配权以获得更多的收益。简而言之，利息是资本供给者提供资本的报酬，是资本需求者取得资本的成本。这里所说的利息，是经济学理论的利息，它不同于现实生活中的借贷利息。资本的来源不同，其利息可以表现为，独资企业的业主获得的利润、合伙人和有限责任公司的股东获得股息或红利、银行等货币资本所有者得到借贷利息，房屋、设备租赁者获得的净租金，一般把借贷利息、利润、股息、红利、净租金等提供资本的报酬收入统称为利息。

用一定期限内获得的利息除以资本总额就得到资本在一定期限内的价格，我们将其称为利率。对于资本需求者，其需要的资本的数量取决两个方面：一是资本用于商品和服务的生产后能给其带来边际收益的多少；二是利率的高低。

生活中的经济学　　某公司的合同能源管理

某公司是四川省能耗大户，如不减少用电消耗，在 2021 年后将被提高电价。该公司干燥风机月均耗电 37 万度；如通过技术改造对其添加节能装置，可降低 30% 的电耗，月均减少电费 8 万多元。如完成这一节能技改有利于其完成节能目标，但是该公司缺乏技改技术和投资资金 95 万元。而广州某节能技术公司拥有干燥风机节能技术和资金，却没有市场；经双方多次协商后，采用合同能源管理方式达成如下交易：

由广州公司投资进行干燥风机的节能改造，根据改造后每月风机节约的电费金额实施分成，节电额的 70% 给广州公司；分成期 30 个月；分成期满后，设备归四川公司所有。预计分成期内每月可节电 8 万多元，需向广州公司支付 6 万元左右的节约费用，共计 180 万元。

思考题：

1. 如果你是该公司的老总，你是否会同意这项协议？为什么？
2. 两公司的收益各是多少，该项交易的利息是多少？

首先，我们计算一下四川公司的收益，如果该公司不实施技术改造，则需要每月多支付电费8万元，30个月合计多支付240万元以上并且可能被实施惩罚性电价；如自己投资95万元，则实际收益为145万元并获得该套设备，但要承担技术风险。但由于该公司没有资金，接受协议，公司月实际支付电费和分成费用后，与不实施技术改造比较，可节约电费2万多元，30个月共计节约77.5万元。同时可获得该套设备。两项合计收益是172.5万元。

广州公司30个月获得的收入是180万元，扣除购买设备的95万元，实际收益是85万元。对于缺少资金的四川公司来说，实施该合同能源管理合同，其与广州公司在实质上形成的是资本的交易，资本量是95万元；对于广州公司而言，其投入的资本30个月收回本金合计180万元，利息总额为85万元。因此其获得年利率为(180−95)÷95÷2.5=35.79%，远远高于银行贷款利息。

由案例可以看到作为生产要素交易的资本市场不是简单的货币借贷市场，利率也不是单指银行贷款利息。在风险可控的范围内，虽然企业为获取资本要支付利息，但只要企业的收益大于其支付的利息，企业和资本所有者就可以实施资本的交易。

生活中的经济学

如何存钱更划算？

家住省城的小许跟丈夫结婚3年了，在家当起了全职家庭主妇。她决定储蓄一笔孩子的养育资金。学习了一通理财知识之后，她决定采取"利滚利"的储蓄方法。虽说现在存款利率不算高，但定期存款的利息明显高于活期存款。只要选择正确的储蓄方式，同样可以获得不错的收益。以50万元资金为例，当时1年定期可收获18 000元的利息，相当于每个月增加1 500元的收入，对于普通家庭来说，也是笔不小的收入。

小许先将固定的资金以存本取息形式定存起来，然后将每月的利息以零存整取的形式储蓄起来，以此来获得二次利息。小许算了一笔账，丈夫平均每月收入15 000元，每个月4 000元的开支，剩余11 000元。小许考虑把它存成存本取息储蓄（假设为A折），在1个月后，取出存本取息储蓄的首月利息，再用这份利息开个零存整取储蓄户头（假设为B折）。以后每月从A折取出利息存入B折。如此一来，不但存本取息储蓄得到了利息，而且这些利息在参加零存整取储蓄后又得到了利息。一笔钱取得了两份利息，就是"以利生息"的储蓄方法，通俗点说就是"利滚利"。

小许认为，虽然利息不多，但只要长期坚持，就会带来丰厚回报。而且在目前的家庭收入状况之下,她让家里的每一分钱都充分发挥了功用。

这种储蓄方法实现了利息的最大化,缺点在于比较麻烦,要经常跑银行。不妨试一试各家银行推出的"自动转息"业务,办理这项业务后,银行会按照事先的约定"自动转息",A折的利息到时会自动转存到 B 折,免除每月跑银行存取的麻烦。

思考题:

本案例反映了利息本质特征的是什么?

三、资本的供求均衡——利率的决定

对于任何既定的利率,企业都会按照利润最大化原则选择最佳的资本投入量。所以,对于一个竞争性的利润最大化的企业来讲,资本的边际收益曲线也就是资本的需求曲线,资本市场的需求曲线是同一利率水平下每个企业需求资本数量加总所得到。假设企业对资本需求意愿影响不变的情况下,利率的上升或降低将使资本的需求数量减少或增加,表现为在需求曲线上的移动。这是因为资本所购买或租借的物品或服务的支出及利息是会计成本的组成部分,在其他情况不变的前提下,资本利率水平高时,企业的利润就会降低,企业的资本需求自然减少;反过来,资本的利率水平低时,企业的利润就会上升,企业的资本需求自然增加,其变动反映在曲线上是沿着曲线上下移动。但是如果利率以外的其他变量也发生变化,则对资本的需求增加或降低则会反映在资本需求曲线本身的移动。产品价格、技术、劳动力技能、地租、企业数量的变化,都会使资本的需求曲线发生移动;其变动分析与劳动力市场类似。

资本的拥有者是否愿意出让资本,以及出让资本的数量,取决于资本用于储蓄、消费、其他投资项目的机会成本的大小,以及对资本本金及利息回收的安全性的评估。假设安全性相同,则资本投资于某企业获得的利息越高,则资本所有者愿意出让越多,图8－4中 S 曲线为资本的供给曲线,在假设安全性相同的情况下,该曲线表示资本获得的利息越高,则资本所有者愿意出让越多,是同一利率水平下每个供给者愿意供给的资

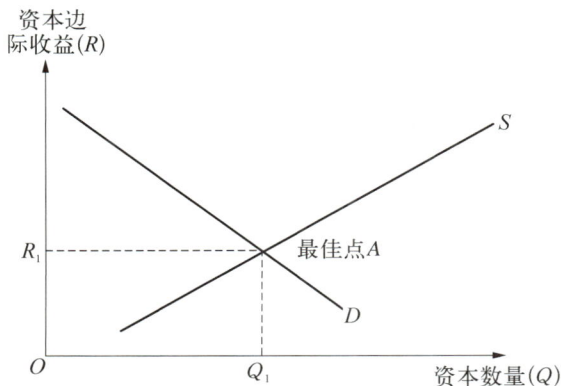

图 8－4　资本的供求均衡

本数量加总所得。假设资本所有者对资本供给意愿影响不变的情况下,利率的上升或降低将使资本的需求数量减少或增加,表现为在需求曲线上的移动。但是如果除利率以外的其他变量也发生变化,则对资本的供给增加或降低则会反映在资本供给曲线本身的移动。储蓄量、资本安全性、投资机会、投资理念等变化,都会使资本的供给曲线发生移动。

如图 8-4 所示,点 A 表示资本的需求曲线和供给曲线的交点,该点表示资本供求的均衡,表示一定时期内资本市场供求双方均可以接受利率为 R_1,而愿意提供和需求的资本总量为 Q_1。我们可以通过相关因素对供求曲线的影响,分析均衡利率的变动和均衡的交易数量。

即时思考:
1. 货币有何用途?在什么时侯属于资本?
2. 如果你愿意投资建厂,决定建厂的依据是什么?建厂及建厂后的资金从何而来?如果缺乏建厂的资金,你怎么办?

温州指数

第三节　土地(自然资源)

一、自然资源及其分类

自然资源是自然环境中与人类社会发展有关,能被用来服务于人类目的的自然诸要素,它包括土地、水、动植物、矿产及阳光、地热等资源。

按照可持续利用程度,自然资源可分为储存性资源、恒定性资源和临界性资源三类:储存性资源的自然供给总量是相对固定的、有限的和不可更新的,包括煤、石油、天然气及其他化石燃料等不可回收再利用的资源,以及金属矿等可回收再利用的资源;恒定性资源指可以源源不断地进行持续利用的资源,如太阳能、水能、风能、潮汐能等;临界性资源主要是指人类为了经济发展快要用尽的资源如土地资源。

按照产权归属方式,自然资源分专有资源和共享资源两类。专有资源是指具有明确的所有者,能通过法律或所有权的形式,对资源使用加以控制、分配和管理的资源。共享资源是指具有非排他性和非竞争性,没有明确的所有者或其所有者难以行使所有权的资源,如空气、公海等。

二、土地是自然资源的载体

企业在生产商品和提供服务的时候,除了需要投入劳动力和资本,也离不开自然资源这一重要的生产要素;不同企业需要利用的自然资源不同,制造或服务类企业直接利用的自然资源是承载厂房或服务场所的土地;而采掘类、采集类企业直接需要的自然资源是矿产资源或生物资源,然而矿产和生物不是独立存在的,必然在一定的土地之下或之上,确切地说,这类企业需要利用的是含有矿产或生物资源的土地;同理,能源生产类企业,不管利用何种能源,均需要利用含有该类能源的土地。正是如此,英国古典经济学家威廉·配第说土地是财富之母。因为任何经济活动都是在土地上进行的,土地是可利用的各种自然资源的载体。

生活中的经济学
土地拍卖还能高溢价吗?

2024年6月20日,青岛挂牌出让两宗涉宅地,其中一宗地经过364轮竞价,由青岛海业益佳地产开发有限公司以总价18.87亿元竞得,溢价率37.23%,成交楼面价39 516元/m²,成为青岛楼面价最高地块。

土地拍卖的高溢价成交,体现了优质地块的价值和潜力。高溢价的土地大多地处价值高地,附近拥有众多高端项目竞品,住宅均价约高于城市均价,且周边配套齐全。青岛本次拍卖地块周边住宅均价约6万元每平方米,区域房价位列青岛之最。

此外,政府政策刺激房地产市场发展也是本次土地市场热度回升的原因之一。以南京为例,2024年南京扶持性政策力度明显加强,尤其是二季度以来利好政策频发:都市圈公积金互认、支持"以旧换新"、落户条件放宽、首付比例下降至最低15%等政策密集落地,力求刺激住房需求释放。本次土地市场热度回升正是新政施行的结果。

思考题:

1. 从生产要素价格的角度分析,青岛这宗高价地块的高溢价成交受哪些因素影响?

2. 案例中体现了土地作为生产要素在价格形成方面与劳动力、资本等生产要素有哪些不同特点?

三、土地(自然资源)价格的形成

不管土地或其所属的资源的所有权如何安排,企业必须取得承载自然资源土地或其所属资源的所有权或使用权,否则企业将因缺少经营场所或资源难以存在。为此,企业需要在土地市场(自然资源)这一生产要素市场上,购买、租借相应的土地或相应土地上的自然资源的勘探、开采权或使用权。而其土地(自然资源)的价格同样是其市场上的供求关系决定的。

如图8-5所示在土地(自然资源)交易市场上,企业是土地(自然资源)的需求者,D为其土地的需求曲线,对于任何既定的土地价格,企业都会按照利润最大化原则选择最佳的土地(自然资源)的需求量。类似于劳动力市场,单个企业的土地的边际收益曲线也就是土地(自然资源)的需求曲线,土地(自然资源)市场的需求曲线是同一价格水平下每个企业需求土地(自然资源)数量加总所得到。它向右下方倾斜,表示在土地

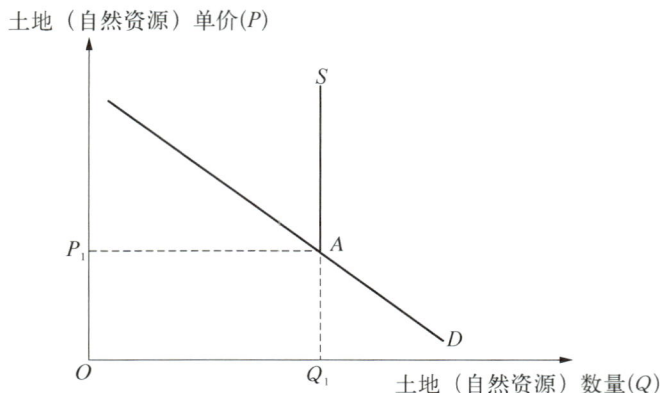

图 8 - 5　土地(自然资源)市场的供求均衡

市场上土地需求量随地价反方向变动的关系。这是因为土地需求意愿影响不变的情况下,土地价格水平高时,平均每件产品含有的土地成本就高,企业的利润就会降低。企业的土地(自然资源)需求自然减少;反过来,土地(自然资源)的价格水平低时,企业的利润就会上升,企业的土地(自然资源)需求自然增加,其变动反映在需求曲线上是沿着曲线向下移动。但是如果除地价以外的其他变量也发生变化,则对土地的需求增加或降低则会反映在土地(自然资源)需求曲线本身的移动。产品价格、技术、企业数量的变化,都会使土地(自然资源)的需求曲线发生移动;其变动分析与劳动力市场类似。

　　土地(自然资源)与其他生产要素不同的是具有规模性和固定性两个。规模性是指不管是作为生产经营的场所,还是资源的采掘使用区域都需要达到一定规模,例如,含有资源的矿山、油田只有达到经济开采规模,才能被企业利用;厂区、商场、办公地点只有达到一定面积才够完成正常的生产经营和交易活动。固定性是指一定区域内供给的土地数量(自然资源蕴藏量)是固定的,如成都市春熙路商业街或高新区工业特定地块的面积是固定的,而雅砻江流域的水能或攀枝花矿区铁矿的蕴藏量也是固定的。正是因为土地(自然资源)具有这两个特点,如图 8 - 5 所示,S 曲线为供给曲线,是一条与纵轴平行的曲线,表示不管价格如何变动,土地(自然资源)的供给量是固定的。土地拥有者是否愿意出让土地,以及出让数量的多少,取决于土地(自然资源)自用(自己开采)的获利能力、其他投资项目的机会成本的大小,以及对土地未来增值能力的评估。该曲线表示土地(自然资源)所有者对土地获利能力评估不同,可能以任何价格进行交易。

　　如图 8 - 5 所示,点 A 表示土地(自然资源)的需求曲线和供给曲线的交点,该点表示土地(自然资源)供求的均衡,表示一定时期内土地(自然资源)市场供求双方均可以接受的价格为 P_1,而愿意提供和需求的土地(自然资源)总量为 Q_1。当土地的需求量和土地的供给量相等,就形成均衡地价,由于土地(自然资源)供给量固定不变,因此,均衡地价的变动完全取决于土地的需求。土地的需求又取决于土地的边际收益产量，取决于土地所生产的产品的价格和对这种产品的需求。土地需求对均衡地价的影响是同方向的：土地需求增加会引起均衡地价上升，土地需求减少会引起均衡地价下降。

即时思考： 如果当前存款年利率为 5%，某地块的最高年租金是 10 万元；该地块拟以 220 万元价格出售，你是否购买？

由于土地（自然资源）的流动性也就是其变现能力较低，购买及后期开发和使用需要花费巨额的资金，因此对于土地的需求者和购买者来说，如何评估和确立土地的价格十分重要，对需求者而言，其基本的参考标准是租用土地的成本和利息。土地（自然资源）所有者不会闲置土地，其每年可以通过出租土地获得收益，出租土地获得收益为地租，也可以看作土地投资获得的利息。因此由地租和利率可推算出该块土地的总的价格，即：土地价格＝地租÷利率。

思考题中土地每年最高可收地租 10 万元，当银行存款年利率为 5% 时，土地价格＝10÷5%＝200（万元）。也就是说，如果土地获得 10 万元的地租，相当于将 200 万元存入银行所获得的收入，如果土地的价格高于 200 万元，则对于需求者来说将钱存入银行的收益高于购买土地，将 220 万元存入银行每年的收益为 11 万元比购买土地的收益多 1 万元；因此，理性的需求者不会选择购买该地块，而是租用；如果土地的售价为 190 万元（例如，土地的流动性低，土地所有者急需现金时会低价卖出），则可以购买。

生活中的经济学　为什么校园商铺使用权拍卖价又降价？

为了解决校园内师生购物和餐饮方便问题，某大学在银杏园修建了一排商铺，由于承租者过多，学校在礼堂对商铺的使用权进行拍卖，承诺租金最高者中标，拍卖结果令大家震惊，连最小的一间十多平方米的店铺，月租金近两万元。商家入驻一段时间后，纷纷要求降低租金，原因就是按此租金商家全部亏损，最后该大学做出让步，租金降到拍卖价的四分之一。

思考题：

1. 为什么该大学商铺的租金会降价？租金变动的规律是什么？
2. "一铺哺养三代"的说法是否都成立，为什么？

本　讲　小　结

1. 生产要素是企业用于生产商品或提供服务所耗费的所有资源。一般被划分为劳动、资本、土地(自然资源)等类型；生产要素需求属于引致需求或派生需求。

2. 企业对劳动力的需求量是企业雇用劳动力获得的边际收益(利润)等于为雇用劳动力而付出的成本(劳动力的工资)时所对应劳动力数量。

3. 劳动力市场的工资是由劳动需求曲线和劳动供给曲线共同决定的。

4. 企业资本的来源有三种：企业兴办者的自有货币转化为资本，资本的拥有者将自有或租借的厂房、生产设备、原料或劳动力租借给企业；通过金融市场筹集货币资金，如向银行、政府或个人借款(发行债券)。

5. 利息是资本的价格，是资本供求双方就资本出让达成交易的结果，它不同于现实生活中的借贷利息，根据来源不同，利息可以表现为借贷利息、利润、股息、红利、净租金等。

6. 土地价格＝地租÷利息率。单位土地的地租是在一定时期内使用土地的价格，其变动取决于土地的需求和经营收益。

思 考 及 运 用

1. 什么是边际收益产量？企业决定生产要素需求量的利润最大化原则是什么？

2. 生产要素价格如何影响生产要素的需求量和供给量？生产要素的需求和供给如何影响生产要素价格？

3. 工资水平如何影响劳动的需求量和供给量？为什么劳动的供给曲线会向后弯曲？

4. 什么是人力资本？为什么人力资本含量高的劳动力可以得到高水平的工资？

5. 利息存在的最重要原因是什么？利率如何影响资本的需求量和供给量？资本的需求和供给如何影响均衡利率？

6. 如何理解土地买卖的理论价格与地租的关系？土地需求变动如何影响均衡地租？

第九讲　外　部　性

🔍 **引导问题**

什么是外部性？

外部性是由什么引起的？

外部性的政府解决方法有哪些？

外部性的私人解决方法有哪些？

🎯 **核心概念**

外部性　　正外部性　　负外部性

案例引入

雾霾的故事

2013年年初,严重的雾霾席卷了中国中东部地区。从北方的石家庄、北京,到南方的南京,以及中部的武汉,大半个中国浸泡在浓雾中。北京气象台发出了北京气象史上首个尘霾橙色预警,城区多数地方的PM2.5浓度一度超过700微克/立方米。不仅仅是北方地区,在2013年年底,上海、南京等华东地区也是遭遇雾霾最严重地区,上海多地多次出现PM2.5数值超过500。此外,广东甚至海南地区同样遭遇雾霾侵袭。不夸张地说,雾霾已经成为当时中国环境污染第一词。

约10%的雾霾是自然排放,其他近90%来自人为排放,直接来自人类的经济社会活动。导致雾霾的污染物都和人类的生产和生活活动息息相关。对北京PM2.5排放源分析发现,燃煤、机动车为最主要来源。北京年平均PM2.5排放中,燃煤占26%,机动车19%,餐饮11%,工业10%。

党中央一声令下,"蓝天保卫战"在全国范围内打响。十年弹指一挥间,京津冀三地2023年细颗粒物(PM2.5)年均浓度与2013年相比降幅六成左右,全国环境空气质量保持长期向好态势,老百姓有了一份实实在在的幸福感。2021年2月25日,生态环境部宣布《打赢蓝天保卫战三年行动计划》圆满收官。这一年,在设置了全国空气质量监测网点的339个地级及以上城市中,218个城市环境空气质量达标,占总数的64.3%。

2024年4月,十四届全国人大常委会第九次会议听取审议了国务院关于2023年度环境状况和环境保护目标完成情况的报告。这是全国人大常委会连续第9年听取审议年度环保报告,已成为一项例行开展的监督工作。

思考题:

1. 案例中提到的雾霾现象体现了哪种外部性? 请解释原因。

2. 案例中提到了哪些应对雾霾的公共政策措施? 这些措施是如何发挥作用来改善环境的?

第一节　外部性概述

经济学家经常讲两个故事。

一个是"污染的故事"。一家企业在生产过程中需要排污,出于种种原因,这家企业的排污是在人们并不知情的情况下发生的。因此,企业没有为排污付出任何代价,产品的成本很低,利润很高,企业的社会声誉也很好。

一个是"门灯的事故"。交通要道边,一大户人家在门口安装有亮度很高的门灯,目的是方便家人夜晚的进出。由于灯光很亮,通过这条要道的行人都能够享用到灯光带来的方便。显然,行人虽然得到便利,却没有为灯光付出一分一毫的代价。

经济学家发现,在第一个故事中,企业应当承担的污染成本却没有承担,该成本实际上转嫁给了外部社会,企业由此得到不应当得到的收益,或者说是应当由外部社会得到的收益;在第二个故事中,大户人家支付了门灯的全部成本,却不仅让家人得到便利,还让外面的行人得到便利,无意中承担了部分本应由行人自己承担的夜行照明成本,给外部社会做了完全没有回报的"光明"贡献。由这样两个故事,体现了一个经济学的概念:外部性。

什么是外部性?外部性就是一个经济主体在运行中,本应当承担的成本没有全部承担而部分转嫁给了外部社会,或是本应得到的收益没有全部得到而让外部社会享受了部分收益。对于这个经济主体而言,它就创造出了与外部社会的特殊联系——或者是占了外部社会的便宜,如污染外部环境又不支付代价,或者是对外部社会做了特殊贡献,如门灯照耀行人。这种经济主体与外部社会的特殊联系,就是外部性。

> **外部性(externality)**:当一个人的行为对旁观者的福利产生影响,而既不对这种影响付费又不从中得到报酬。如果对旁观者的影响是不利的,就称为负外部性;如果这种影响是有利的,就称为正外部性。

为了方便分析,经济学将这样的外部性进行了分类。凡是经济主体转移成本负担到外部社会的情况,称为负外部性;凡是由经济主体承担成本而对外部社会产生积极效益的情况,称为正外部性。上面的两个故事,正好一负一正。

现实生活中,正外部性的活动有很多。例如,新技术研究,因为它创造了其他人可以运用的知识;修复历史建筑,因为那些在这种建筑物附近散步的人会享受到这些建筑的美丽,并感受到这种建筑的历史沧桑。负外部性的活动就更多,最典型的就是河流污染,上游的工厂污染了河水,使下游的企业和居民必须付出额外的费用来获取清洁水源。但是,上游污染水源的人并不因此向下游的企业和居民付费。此外,如建筑工地施工造成的噪声影响居民休息也具有负外部性;汽车废气有负外部性,因为它产生了其他人不得不呼吸的烟雾;狗的狂吠声引起负外部性,因为邻居受到噪声的干扰;还有公共场所乱扔垃圾,森林植被受到破坏,等等。

即时思考:请问你还能举出生活中其他负外部性和正外部性的例子吗?

生活中的经济学　火车给农民造成损失怎么办?

20世纪初的一天,列车在绿草如茵的英格兰大地上飞驰,车上坐着英国经济学家庇古,他发现列车在田间经过,机车喷出的火花飞到麦穗上,给农民造成了损失,但铁路公司并不用向农民赔偿,于是他开始思考,最后将这种市场经济无力解决的问题称为外部性问题。

外部性有不好的一面,也有好的一面。

将近70年以后,1971年,美国经济学家斯蒂格勒和阿尔钦同游日本。他们在高速列车上想起了庇古当年的感慨,于是好奇地询问列车员,铁路附近的农田是否受到列车的损害而减产,列车员的回答着实令人吃了一惊,恰恰相反,飞速驶过的列车把吃稻谷的飞鸟吓走了,农民反而受益,当然铁路公司也不能向农民收"赶鸟费"。可是,好的外部性问题常常被人淡忘,人们记住的常常是那些不好的。

思考题:

1. 上面故事中的外部性属于正外部性还是负外部性?
2. 为什么铁路公司不向农民赔偿会导致市场失灵?

第二节　负外部性与正外部性

一、负外部性

如果你出门坐上一辆车,刚好司机一路抽烟,那你要注意了,只要超过一小时就会危害到你的健康。研究显示在司机抽烟超过3根的情况下,检查吸二手烟的乘客的尿液,发现尿液中致癌物质和其他毒素有明显上升。吸烟会产生外部性,这就是二手烟。

吸烟者为了满足自己的私利而吸烟的行为造成了他人健康的损失,而他并不对此承担费用。所以,吸烟者吸烟的行为只考虑了自己的费用,即私人成本(通常可以用一包烟的价格来计算),而没有考虑给环境和他人造成的损失,所以,吸烟者吸烟的低成本会激励吸烟者更多地吸烟,而不是少吸或不吸。

> **私人成本(private cost):** 由产品生产者或服务者自己所承担的成本。

经济学中把外部性导致他人福利受到的损失称为外部成本。每抽一包烟所带来的外部成本中的一大部分由吸烟者以外的经济主体承担。因此,吸一包烟的成本包含了两部分,一部分是吸烟者自己付出的私人成本,另一部分是二手烟所产生的外部成本,这两部分加在一起,经济学称为社会成本,即:

> **外部成本(external cost):** 生产一单位产品和服务,由其他人而不是生产者或服务者自己所承担的成本。

社会成本＝私人成本＋外部成本

我们生活中的负外部性更多地来自生产者。例如,污染企业排放污水、排放废气、排放有毒污染物,等等。在存在负外部性的情况下,污染企业不考虑外部成本,会导致其生产量超过社会有效率(合意)的产量,使竞争市场无效率地配置经济资源。

我们以一个发电厂为例来说明为什么负的外部性会造成竞争市场的无效率。发电厂燃烧煤会排放二氧化碳等有害人们健康的烟尘,因此它产生了负外部性。由于这种外部性,发电对于社会的成本大于电生产者的成本,所以,每生产一单位电,社会成本包括电力生产者的私人成本加上受到污染影响的旁观者的成本。图 9－1 表示生产电的成本,这两条曲线的差别反映了排放污染物的成本。

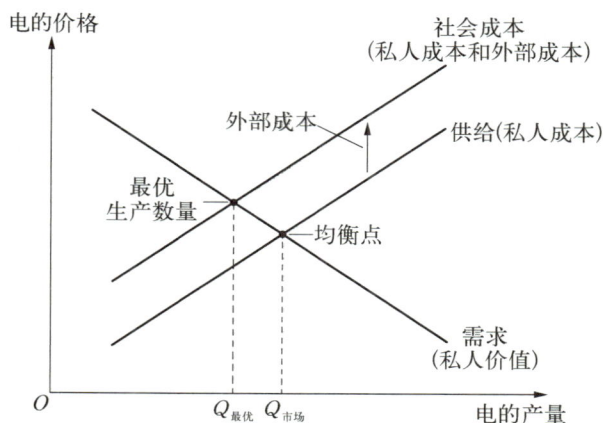

图 9－1　污染与社会最优

从图 9－1 看出,当不存在外部性时,电的市场需求和供给会在均衡点产生一个社会最有效率的产量:$Q_{市场}$。但电力企业的负外部性导致它的供给没有考虑外部成本,这时由供求决定的市场均衡量大于由社会成本和需求曲线决定的社会最优生产数量,社会多生产的量为:$Q_{市场}－Q_{最优}$。因此,若将电的生产量和消费量降低到市场均衡之下的 $Q_{最优}$,就会达到社会有效率的水平,增加社会总福利水平。

二、正外部性

2023 年 9 月 1 日是很多大学的开学日,在新生们忙着开始迎接大学生活时,家住成都的玲玲,却在为上大学的事和只有小学文化程度的父亲进行一轮又一轮的谈判。虽然拿到了成都某高校的本科录取通知书,但玲玲的父亲固执地认为"读书无用",甚至表示收废品都比大学毕业后赚得多,他宁愿出钱资助玲玲做点小生意,也不愿"扔几万学费进去打水漂"。

在玲玲的父亲看来,四年大学毕业之后的收入远远抵不上大学这四年的投入,读大学是"肯定会失败的投资"。可是在经济学家看来,教育不仅仅用私人成本和收益来衡量,教育还可以产生正外部性:受教育的人有更好的修养,更广的知识面,使社会更好发展,促进技术进步,减少犯罪率等。所以,玲玲读大学有可能会使她成为一个有修养、有知识、有眼界的人,玲玲以后也有可能成为一个好妈妈和好员工,从而使整个社会受益。

教育的供给和需求包含了有关教育成本和教育收益的重要信息。在这里,教育的需求反映了受教育者对教育的评价,这种评价常常用他们愿意支付的价格来衡量。而其愿意支付的价格又取决于其预期的投资收益率。一个人通过教育投资提高了生产技能,从而可以增强个人的生产力,并提高收入,这是他的教育收益。而为此付出的费用及放弃的收入,则为他的教育成本。由于人们只计算个人收益,忽视了社会收益,故教育的价值通常是被人们所低估的。同样,供给反映了教育生产者的成本,由于教育的社会价值大于私人价值,故由私人成本所决定的市场均衡数量常常小于社会最优教育年限,具体分析如图9-2所示。

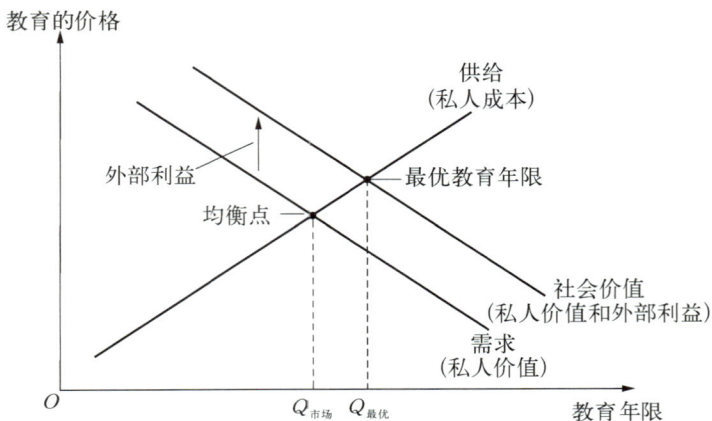

图9-2　教育与社会最优

即时思考: 为什么存在正或负的外部性时,市场是无效率的?

第三节　外部性的解决办法之公共政策

当存在外部性时,竞争市场不会产生有效率的产量水平。一个社会可以使用哪些方法来解决外部性引起的问题呢?

实际上,一个社会,无论是政府还是私人都可以对外部性做出反应。解决外部性的基本思路是对外部性进行矫正,就是要将外部成本或外部收益引入价格,从而激励市场中的买卖双方改变理性选择,生产或购买更接近社会最优的量,纠正外部性的效率偏差,这种纠正过程称为外部性内在化。

> **外部性内在化(internalizing the externality):** 改变激励,使人们考虑自己行为产生的外部收益或成本。

通常,政府可以通过两种方式做出反应:命令与控制政策直接对行为进行管制;以市场为基础的政策提供激励,以促使私人决策者自己来解决问题。

一、"命令与控制"型的管制

政府用规定或者禁止某些行为来约束个人或厂商的行为，这种解决外部性的办法称为"命令与控制"型的管制。不遵守这些规定的厂商将被处以罚款。这种方法被政府机构广泛采用，如负责环境政策的环保局。

一般地，"命令与控制"型的管制倾向于迫使每个厂商承担同样份额的污染控制负担，而不考虑相应的成本差异问题。这是"命令与控制"型的管制的主要缺陷。例如，在命令与控制方法下，电厂必须安装"除污器"以清除污染物，这样它就没有积极性去开发除污效果更好而且成本更低的替代性技术。

"命令与控制"型的管制有一个重大缺陷就是会阻碍污染控制技术的发展。此类政策几乎不存在促使企业超越其控制目标的经济激励，并且技术标准和绩效标准都妨碍企业采用新技术。一个采用新技术的企业得到的回报是更严格的控制标准和控制绩效，而无法从投资中取得经济利益——除非它的竞争者为达到新的标准面临更大的困难。

但是，"命令与控制"型的管制也并不是一无是处，它在应付复杂的生态和技术风险具有一定的优势。例如，对于有毒废弃物管理，因为有毒废弃物一旦泄露，危害巨大；又如，保护生物多样性，因为物种一旦灭绝，就不可逆转。在这些情况下，采用经济手段调节不是一个很好的选择。所以这种传统的管制工具在世界各国仍然是最主要的手段。

生活中的经济学

如何解决"伦敦烟雾事件"？

1952年12月5日至12月10日间，高气压覆盖英国全境上空，给伦敦带来寒冷和大雾的天气。冷天时伦敦市民通常多使用煤炭取暖。同时期，伦敦的地上交通工具正逐渐淘汰路面电车，开始全面使用内燃引擎的巴士，后者在运转中排出大量废气。供给暖气的火力发电厂、内燃机车产生的亚硫酸（二氧化硫）等大气污染物质在冷空气层中如被锅盖封闭一般而不得排散，污染物遂浓缩形成pH仅等于2的强酸性、高浓度的硫酸雾。

烟雾进入民宅，人人眼痛、鼻痛且咳嗽不止。大烟雾的隔周，各医院收治了大量得支气管炎、肺炎、心脏病的重病患者，大烟雾期间总计死亡4 000余人。另有诸多老人和儿童为慢性病患者。其后数周间又有8 000余人死亡，合计死者数达12 000人以上，成为罕见的大惨案。

"伦敦烟雾事件"发生后，英国人开始反思空气污染造成的苦果。此后，英国政府制订了一系列的法规措施整治环境，1956年，英国政府颁布了《清洁空气法案》，大规模改造城市居民的传统炉灶，减少煤炭用量；发电厂和重工业被迁到郊区。1968年以后，英国又出台了一系列的空气污染防控法案，这些法案针对各种废气排放进行了严格约束。20世纪80年代后，交通污染取代工业污染成为伦敦空气质量的首要威胁。为此，政府出台了一系列措施，来抑制交通污染。包括优先发展公共交通网络、抑制私车发展等。经过50多年的治理，伦敦终于摘掉了"雾都"的帽子，城市上空重现蓝天白云。

思考题：

"伦敦烟雾事件"中的"命令与控制"型的管制如何发挥作用？

二、税收和补贴

对于外部性，政府也可以不采取管制行为，而通过以市场为基础的政策向私人提供符合社会效率的激励。经济学家通常建议采用税收和补贴的解决方法：对具有外部性的产品和服务征税。这种税也被称为庇古税，它是以最早主张采用这种税收的经济学家阿瑟·庇古的名字命名的。另外，对具有正外部性的产品和服务提供补贴。

例如，我们来考虑一下由司机引起的负的外部性。当城市交通中有很多司机时，道路会变得拥挤，导致交通阻滞和延迟。每个司机都是引起交通拥挤的因素，而且他们将外部成本都转嫁到了其他司机身上。世界上各国的大城市都存在交通拥堵问题，如何解决这种负外部性呢？

最早利用庇古税来解决交通拥堵问题的国家是新加坡，它于1975年起在市中心6平方千米的控制区域对进入的车辆每天收费3新元的道路拥堵费，公交车除外。到2003年，伦敦也开始征收市中心交通拥堵费，收费标准是每辆车每天进入收费区一次性缴纳5英镑的进城费，2005年又调高到8英镑，并在收费区内设置了摄像头识别车牌号以确保司机支付了税费。这种通过税收的方式让司机承担交通拥挤的外部性成本，旨在使城市中心区由拥堵造成的外部性内在化。如果城市中心驾车通行的需求曲线是向下倾斜的，税收会使司机的驾驶成本提高，从而使市中心的车辆减少，这样通过缓解拥堵不仅降低了司机造成的外部成本，而且增加了政府的收入。事实上，伦敦征收拥堵费后，每天进入市中心的小汽车减少20%～30%，公交车因此较以前提速25%。模型分析，如图9-3所示。

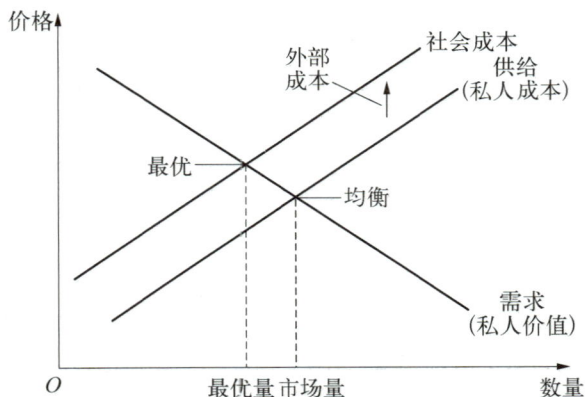

图 9 - 3　负外部性中税收的运用

接下来我们来考虑对具有正外部性的产品提供补贴的情况。比如,蜜蜂养殖者的蜜蜂为果园带来的总收益为 100 元,则应补贴蜜蜂养殖者 100 元,养殖者有了更多的收益,就会多养蜂,于是又给果园带来更多的收益,假设又多了 50 元的收益,则政府应该再补贴养殖者 50 元,养殖者又会扩大规模,接着再得到政府的补贴,直到蜜蜂养殖者为果园(即社会)增添的最后一元钱得到政府补贴,这时,从社会而言,就达到了蜜蜂养殖的最适当状态。

庇古提出的这种罚款或补贴来解决外部性的办法对后来的理论研究和政策实践产生了巨大影响,1972 年 5 月经济合作与发展组织(OECD)提出的"谁污染谁负担"的原则,就是基于庇古税的原理。一直到 20 世纪 90 年代排污权交易的广泛实践,才使这一政策原理的主流地位受到新的挑战。人们逐渐意识到,征税不是一件容易的事。恰当的税率和合理地征税,也要花费许多成本,导致社会福利的净损失,所以,需要找寻别的解决办法。

即时思考: 庇古税和命令与控制的区别是什么? 各有什么优缺点?

收"拥堵费"是解决城市交通拥堵的良方吗?

生活中的经济学　　　　中国首个生态县——安吉县

2001 年,安吉县确立了"生态立县"发展战略。2005 年 8 月,时任浙江省委书记的习近平同志在安吉调研时,首次提出了"绿水青山就是金山银山"("两山"理念)的科学论断。安吉县在"两山"理念的科学指引下,充分发挥生态环境优势,率先转变发展方式,逐步探索出了一条生态美、产业兴、百姓富的高质量绿色发展之路。

安吉县是如何实现"绿水青山就是金山银山"的呢? 首先加强"绿水青山"保护,建立长效保护机制。持续加大生态保护和环境整治力度,深入开展治水治违等"六治"行动,构建以绿色 GDP 为主导的考核体系。其次推动"两片叶子"生态产业发展,强化"金山银山"转化。大力发展"全竹利用"深加工产业,推动白茶产业创新发展,实现竹叶子、茶叶子"两片叶子"富一方百姓。再次以农业高质量发展助力推进全域旅游。积极发展休闲观光农业旅游,成为类型较为多样的旅游乡村,乡村农业旅游"富民效应"逐步显现。最后加强生态文化宣传教育,全力打造"美丽乡村"安吉样板。推进生态文明教育及"基地"建设,实施标准化建设。

思考题:

1. 从外部性角度分析安吉县的绿色发展模式体现了哪种外部性?

2. 举例说明安吉县采用了哪些公共政策来解决外部性问题,以实现"绿水青山就是金山银山"的转化。

三、可交易的许可证

解决过度污染的另一种方法是发放企业可买卖的污染配额——可交易许可证。排污权交易制度是政府将排污权有偿出让给排污者,排污者购买到排污权后,可在二级市场上进行排污权买入或卖出。区域内排污总量一旦确定,排污权就成了稀缺资源,有限的排污权必然带来价格不菲的交易,企业在利益驱动下,自然会珍惜有限的排污权,减少污染物的排放。排污权交易制度的真正意义在于将政府对环境的治理由行政方式转变为市场方式。

可交易许可证是一种很好的方式,这样监管者就没有必要知道每一位排污者的边际成本。政府颁发给每一个企业一个排污许可证,而降低污染边际成本较高的企业会买进许可证。许可证交易市场决定许可证的交易价格,企业会买卖许可证直到它们的边际污染成本等于市场价格为止。

一个企业节约下来的污染排放指标,可以作为商品出售给其他缺少排放指标的企业。目前,我国正将市场机制引入污染防治领域,着手建立和推广排污权交易制度。

据专家介绍,排污权交易制度是指在实施排污许可证管理及排放总量控制的前提下,鼓励企业通过技术进步和污染治理节约污染排放指标,这种指标作为"有价资源",可以"储存"起来以备自身扩大发展之需,也可以在企业之间进行商业交换。那些无力或忽视使用减少排污手段、导致手中没有排放指标的企业,可以按照商业价格,向市场或其他企业购买指标。在发达国家,排污权交易制度对排污总量控制起到了重要作用。

美国的排污
权交易制度

生活中的经济学　●●●●●●●●●●● ▶　空气也可以买卖吗?

2024年5月1日,我国应对气候变化领域的第一部专门的法规——《碳排放权交易管理暂行条例》施行,该条例明确重点排放单位"应当如实准确统计核算本单位温室气体排放量"。碳交易是温室气体排放权交易的统称,通过碳交易市场的发展,不仅可以促进企业节能减排,还能有效推动深圳的产业结构优化和技术创新。

河源市紫金县,森林资源丰富,是广东省第三大生态林业县。仅在黄花村,每年这里的人工林就可以吸收二氧化碳约1 200吨。森林通过光合作用,从大气中清除二氧化碳的过程被称为碳汇。在现有生态林里收集碳汇出售,能额外增加村民们的收益,反过来也可继续促进村民保护森林,形成良性循环。

要让村民真正接受碳汇交易,就要促成买卖。

目前企业要进一步开拓海外市场,面对激烈的国际市场竞争,做好产品碳足迹管理可以帮助企业更好地应对这些绿色贸易壁垒,提高产品在国际市场上的竞争力。这不仅是企业的长期规划,也是国家发展的长远战略;同时企业未来有上市计划,需要披露

ESG。ESG 为环境（environmental）、社会（social）、治理（governance）的缩写，是企业在可持续发展方面综合表现的"成绩单"。企业在可持续发展方面综合表现的"成绩单"，也是评估上市公司价值和成长性的重要考量。对企业来说，碳排放管好了就是资产，管不好就是成本。

在不同企业间"牵线搭桥"，促成企业之间的碳交易，从而实现企业碳排放量、碳配额量的平衡，林业碳汇交易获得的收益也能更好地"反哺"林场生态建设。

减碳进行时，对"双碳"人才的需求急剧攀升。据统计，"十四五"期间，我国"双碳"人才需求量在 55 万人至 100 万人，而目前相关从业者仅有 10 万人左右。

当前，社会、高校、企业纷纷主动承担起社会责任，通过发起或参与"双碳"领域的公益项目，如碳足迹追踪、绿色供应链管理、低碳产品认证等，带动整个产业链向低碳化、绿色化转型，同时也为社会培养更多具备"双碳"意识和能力的专业人才，绿色低碳高质量发展之路越走越宽广。

思考题：

1. 根据案例说明碳交易是如何解决外部性问题的？
2. 在促进碳减排方面，政府实施了哪些政策？

第四节　私人解决外部性的办法

虽然外部性会引起市场的无效率，但解决这个问题并不总是需要政府行为。在一些情况下，人们可以采取一些私人解决方法。

一、私人解决方法的类型

（一）道德规范和社会约束

正所谓"己所不欲，勿施于人"，这就是在告诫人们，要考虑自己的行为会对别人造成何种影响。用经济学术语讲，就是告诉人们要将外部性内在化。例如，想一想，为什么多数人不乱扔垃圾？尽管很多国家都有禁止乱扔垃圾的法律，但这类法律并没有严格实行过，多数人不乱扔垃圾只是因为乱扔垃圾是错误的。

（二）慈善行为

许多慈善行为的产生，是为了解决外部性问题。例如，一些非营利组织接受免税的捐款，其目的在于环境保护、医疗救助等。另如，一些学校接受校友、企业和基金会的捐赠，部分是因为教育对社会具有正外部性，同时，政府通过允许计算所得税时扣除慈善捐款的税制来鼓励这种外部性的私人解决方法。

（三）依靠私人各方的利己

这种方法采取了把不同类型的经营整合在一起的形式来解决外部性问题。例如，考虑位置相邻的一个果园主和一个养蜂人。每个人的经营都给对方带来了正外部性：

蜜蜂在果树上采花粉,有助于果树结果;同时,蜜蜂也用从果树上采集的花粉来酿造蜂蜜。但是,当果园主决定种多少果树和养蜂人决定养多少蜜蜂时,他们都没考虑正外部性。结果,果园主种的果树太少,而养蜂人养的蜜蜂也太少。如果养蜂人购买果树,或果园主购买蜜蜂,这些外部性就内在化了:可以在同一个企业内进行这两种活动,而且这个企业可以选择最优的果树数量和蜜蜂数量。外部性内在化是某些企业进行多种类型经营的一个原因。

(四) 私人各方签订合约

上例中,果园主和养蜂人的合约也可以解决果树太少和蜜蜂太少的问题。可以在合约中规定果树和蜜蜂的数量,也许还可以规定一方对另一方的支付。通过确定果树和蜜蜂的适当数量,这个合约就可以解决这种外部性通常产生的无效率问题,并使双方的状况都变得更好。

二、科斯定理

在 20 世纪 60 年代一篇有影响力的文章中,经济学家、诺贝尔经济学奖得主罗纳德·科斯指出,在一个理想的世界里,私营部门确实能解决外部性问题。根据科斯定理,即使存在外部性,如果达成交易的成本足够低,一个经济体也能有效地解决这个问题。这种达成交易所需花费的成本称为交易成本。

> **科斯定理(Coase theorem):** 只要交易成本(个人之间达成协议的成本)足够低,即使出现外部性,也总会达成有效的解决方案。

假设一家化工厂将其污物排入河流,引起下游六户居民的供水污染,结果每户损失100 元,共计 600 元。污物有两种方法消除:工厂花费 300 元安装污水过滤器;为每个居民安装净水器,每家 75 元,共 450 元。显然最好的办法是工厂安装过滤器,因为它仅用 300 元就消除了 600 元的危害。

如果法律赋予家庭使用清洁水的权利,工厂将支付 600 元的赔偿金,或花费 300 元或 450 元来净水。所以,工厂最有效的办法是自己花 300 元安装污水过滤器。如果法律赋予工厂排污的权利,最终结果为,居民为工厂安装污水过滤器。所以,在假设交易成本为零的前提下,无论法律如何配置初始权利,都可达成最有效的方法,即在工厂安装净水过滤器。

进一步讨论,如果法律赋予工厂排污的权利,居民在一起进行集体选择的交易成本不为零,每户付出成本 30 元时,情况又会发生变化。因为 450÷6＝75＜(30＋300÷6=80),所以每户居民将花费 75 元购买净水器。因此由于交易成本的变化,居民将选择自己安装净水器,而不是第一种情况下的为工厂安装过滤器。

科斯解仅在交易费用足够低的前提下才能起作用。但在许多情况下,交易费用太高,以至于通过私人行为解决外部性的问题不太可能。例如,成千上万的人受到酸雨的侵袭,要想通过这些人和电力公司来解决这个问题的成本非常高昂,几乎不可行。当交易费用妨碍了私人部门解决外部性问题时,就要靠政府来解决了。

即时思考：为什么私人解决外部性并不总是有效的？

本 讲 小 结

1. 外部性：当一个人的行为对旁观者的福利产生影响，而对这种影响既不付费又得不到报酬。如果对旁观者的影响是不利的，就称为负外部性；如果这种影响是有利的，就称为正外部性。

2. 外部性导致了竞争市场的无效率，使社会产出的最优量大于或小于均衡数量。

3. 解决外部性有四种方法："命令与控制"型的管制、税收和补贴、可交易的许可证及私人解决方法。对于每一种方法而言，其目的都是使厂商将外部性内在化——考虑自己行为对别人的影响，并改变行为。

思考及运用

1. 为什么经济学家对庇古税的偏好大于管制？

2. 使用可交易的许可证减少污染的优点是什么？

3. 专利制度怎样帮助社会解决外部性问题？

4. 设想你是一个与吸烟者同住一间房的不吸烟者。根据科斯定理，什么因素决定了你的室友是否在房间里吸烟？这个结果有效率吗？你和你的室友如何达成这种解决方案？

第十讲　公共物品

🔍 **引导问题**

什么样的物品才是公共物品？

为什么有些物品只能由政府提供？

为什么会出现过度砍伐森林、毁灭性猎杀野生动物的现象？

🎯 **核心概念**

公共物品　　搭便车现象　　公地悲剧

✐ **案例引入**

抗蛇毒血清

近年来,我国多地发生了被剧毒蛇咬伤后急需抗蛇毒血清救治,但医院普遍缺乏此类血清的情况。抗蛇毒血清的生产周期长、保质期短、使用率低且报废率高,导致生产企业长期处于单品亏损状态,市场供给严重不足。而这类血清对于被剧毒蛇咬伤的患者来说,是关乎生命的重要医疗资源,具有非竞争性和非排他性的公共物品特性。

为了解决这一问题,政府采取了多项措施。第一,通过财政补贴的方式,弥补生产企业的亏损,维持抗蛇毒血清的生产供应。这有助于打破单一企业生产的垄断状况,增加市场供给。第二,政府还补贴医院因储备抗蛇毒血清带来的亏损,鼓励医院增加储备量,以应对不时之需。此外,政府还建立了跨区域的抗蛇毒血清应急调剂机制,确保在紧急情况下能够迅速调配资源,满足患者的救治需求。

思考题:

1. 结合案例,为什么抗蛇毒血清被认为具有公共物品的特性?请分别从非竞争性和非排他性两个方面进行说明。

2. 政府的财政补贴和建立应急调剂机制分别对公共物品供给起到了什么作用?

义务教育是现实中政府提供公共物品的典型案例。现实生活中也有私人创办经营的小学、中学,但这些都不是免费的,许多私立学校都是"贵族学校",要收取高昂的学费,不能称为义务教育。那么,从事基础教育的义务教育为何通常由政府部门提供,而不能由私人来提供?主要原因在于义务教育是一种典型的公共物品,它与生活中大量的私人物品有本质的不同,本讲将对公共物品的相关理论和现象进行探讨。

第一节　公共物品概述

在房价居高不下的时候,许多人为了能有一个温暖的小窝而不懈地努力,开发商在利润的驱使下也乐意于投资建房。大量的企业为房屋装修过程提供地砖、地板、乳胶漆、家具、家电等各种产品,光是装修公司的数量就不胜枚举。事实上,日常生活中人们吃、穿、住、行所涉及的许多物品都可以在市场上购买,有许多企业为此而生产。经济学家们把这些物品称为私人物品。

而还有些物品,例如,城市污水处理系统、道路、桥梁、城市路灯、街道上的垃圾桶、义务教育、国防、社会治安、环境保护等,通常都不是企业提供的,而是由政府供给。经济学家们把这些物品称为公共物品。

私人物品和公共物品在物品特性上有本质的区别,由此导致了市场对它们两者不同的态度和反应。本部分我们首先对物品的特性进行介绍,在此基础上,对物品进行分类。

一、物品的特性

观察商品房、地板、家具、家电等私人物品,我们会发现,只有人们付了费才能消费它们;不付费是不能消费这类物品的。经济学家把物品所具有的这种特性称为排他性(excludability)。而义务教育是不收学杂费的,任何适龄儿童和青少年都可以接受义务教育;同理,对于公共设施、国防、社会治安、环境保护等公共物品而言,当人们在享用这些物品的好处时,是不用花钱的。经济学家把物品所具有的这种特性称为非排他性(non-excludability),即:不管人们是否付费,都能享用该物品,物品所具有的这种特性称为非排他性。

另外,从对商品房等私人物品的消费来看,如果一个人买了一套商品房,那么这套房子就不能同时再卖给其他人,也就是说,同一单位的物品只能供一个消费者消费(或者说一个人使用某种物品,将减少其他人对该物品的使用),经济学家把物品所具有的这种特性称为竞争性(rivalness)。而对于国防、社会治安、环境保护等公共物品而言,每个人都可以享用它们带来的好处,也就是说,它们可以供人们同时消费,任何人的使用都不影响其他人的使用,经济学家把物品所具有的这种特性称为非竞争性(non-rivalness)。非竞争性意味着在给定产出水平的情况下,新增消费者不会影响其他消费者,厂商无须增加产品的生产数量,引起的产品边际成本为 0。

由此,我们可以知道,物品的特性按是否付费才能消费可以分为:排他性和非排他性;按是否影响他人消费可以分为:竞争性和非竞争性。

二、物品的分类

根据物品的上述特性,总的来说,物品可以分为两大类:公共物品和私人物品,如图10-1所示。

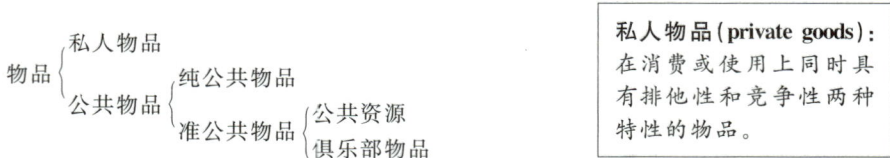

物品 {
  私人物品
  公共物品 {
    纯公共物品
    准公共物品 {
      公共资源
      俱乐部物品

> **私人物品(private goods):** 在消费或使用上同时具有排他性和竞争性两种特性的物品。

图 10 - 1 物品的分类

生活中,大多数物品都是私人物品——除非付费,否则就不能得到;而且,一旦拥有,拥有者几乎就是唯一的获益者。例如,要想吃汉堡包,我们必须花钱;同时,如果一个人买了一个汉堡包,其他人就不可能再买同一个汉堡包吃。这意味着当物品是私人物品时,要增加一个消费者的消费就要增加产品的数量,从而增加产品生产的成本。

严格地讲,只有同时具备非竞争性与非排他性两种特性的公共物品,才是真正的公共物品,但是现实生活中同时具

> **公共物品(public goods):** 是指其物品特性表现为在消费或使用上具有非竞争性和非排他性两种特性的物品。

备这两种特性的公共物品并不多。因此,根据公共物品所具有的非排他性与非竞争性程度的不同,经济学家将公共物品分为纯公共物品和准公共物品。

纯公共物品(pure public goods),是指同时具备非排他性与非竞争性两种物品特性的公共物品。生活中,国防、公海上的航标灯、路灯、空袭警报器、畅通的免费道路等都是属于这类物品。准公共物品(quasi public goods),是指或者具有非排他性,或者具有非竞争性的公共物品。其中,经济学家把具有竞争性和非排他性两种特性的准公共物品称为公共资源(common resources)。例如,公海里的鱼:一方面,由于在公海上,渔船捕鱼不需要向任何国家付费,因此它具有非排他性的特性;另一方面,即使是海洋中的鱼,其数量也是有限的,所以,当一个人捕到鱼后,留给其他人的鱼也就减少了。捕鱼船的增加会使鱼类资源趋于枯竭从而增加每一个捕鱼者的捕鱼成本,因此它具有竞争性的特性。日常生活中,除公海里的鱼外,环境资源、拥堵的免费道路等都是属于这类物品。

另外,还有些物品只具有非竞争性,不具有非排他性,经济学家把这些具有非竞争性和排他性的准公共物品称为俱乐部物品(club goods)。例如,有线电视、高速公路、收费公园、游泳池等。以高速公路为例,高速公路在其入口、出口都设置有关口,入口取卡,出口凭卡收费,驾驶员必须缴费后才能通过,说明高速公路具有排他性;而在交通的非高峰期,多一辆车进入也不会影响原有汽车在高速公路上的行驶,增加额外一辆车通过所引起的边际成本近似于零,说明此时高速公路具有非竞争性。又如有线电视,只要客户不付费,广电公司就不会向其提供有线电视信号,说明它具有排他性;而当一个人付费收看有线电视信号时,有线电视信号也可以同时被其他人收看,不会因为一个人收看了,而影响到其他人收看的效果。多一个人看,也不会增加电视台的成本,说明它具有非竞争性。需要注意的是,这类物品一般具有"拥挤性"的特点,即当消费者的数目增加到某一个值后,每增加一个人,将减少原有消费者的效用。

即时思考:
1. 公海里的鱼和养鱼专业户池塘里的鱼在物品特性上有无区别?
2. 义务教育和私立学校的教育分别属于哪类物品?

通过上面的分析可以看出,现实生活中,根据物品特性对物品进行分类是有用的。物品有排他性吗?可以阻止别人使用它吗?有竞争性吗?一个人使用后会减少其他人的使用吗?综合物品的特性和分类,如表 10-1 所示。

表 10-1　物品的特性及分类

特　性	排　他　性	非　排　他　性
竞争性	私人物品 (商品房、汽车、衣服、食品等)	准公共物品之一:公共资源 (公海里的鱼、环境资源、拥堵的免费道路等)

续　表

特　性	排 他 性	非 排 他 性
非竞争性	准公共物品之二：俱乐部物品 （有线电视、游泳池、高速公路、收费公园等）	纯公共物品 （国防、公海上的航标灯、路灯、空袭警报器等）

第二节　搭 便 车 现 象

假如有一天街道上的路灯坏了，你去换了个灯泡，它在照耀你的同时也照耀了你的邻居，他们没有为此付费却得到好处。你是个大度的人，一次如此，也就算了。但是随着换灯泡次数的增多，你开始有些不乐意了，你尝试着和邻居们商量，希望大家能够平摊灯泡的费用。有些邻居也许会欣然同意，有些人却宁愿街道上的路灯继续黑下去，也不愿意为此付费，尽管他们并非真正希望没有路灯照明，但他们还是将自己真实的想法隐藏起来，希望继续搭你的便车由你来替他们付费。假如那个灯泡的价格是 10 元，也许你会坚持下去；但是，假如是 100 元呢？10 000 元呢？又会出现什么样的情况呢？市场就这样趋于失灵：如果没有外力作用，我们街道上的路灯多数会黑掉。

上述例子中，经济学家把这种消费者称为搭便车者（free rider），即在对非排他性物品的消费中，那些自己不为这种物品付费，依赖他人为此付费而获得物品利益的人。搭便车现象产生的根本原因在于利益团体共享，责任与成本却由团体的某个成员承担，这样便会滋生搭便车的投机心理与

> **搭便车现象（free-rider phenomenon）**：不付成本而坐享他人之利的投机现象。

行为。不具有排他性的物品常常会遭遇搭便车问题。因为如果一种物品是非排他性的，理性消费者就不愿意为之付费——他们会跟着付费的人搭便车，从而出现搭便车现象。

即时思考：请举例生活中的搭便车现象。

搭便车现象的存在，使得私人市场无法有效提供公共物品。我们以"烟花表演"的简单例子来予以说明。一个 1 000 人的小镇，国庆节要举行烟花表演，那么这个烟花表演究竟由政府来承办，还是由私人企业来承办呢？从理论上说，如果小镇上的人都愿意看这场烟花表演，假设能够对小镇上观看烟花表演的所有人都收费，每人为 5 元，则烟花表演的收益为 5 000 元；如果烟花表演的成本为 2 000 元，则收益大于成本，私人企业应该愿意提供。但事实是，烟花表演不具有排他性，因为当烟花在小镇的天空漫天飞舞时候，要阻止任何人看烟花是不可能的（即使他们没有买票），由此导致正外部性的产

生。小镇上许多居民都会意识到即使不用买票,他们也能看到燃放的烟花,从而导致要向小镇上所有人收费成为不可能。也就是说不管人们是否付费,都能观看到烟花表演,因此,烟花表演的非排他性决定了小镇居民就有了成为搭便车者、而不是购票者的激励。企业作为理性的经济人,以利润最大化原则来决定自己的生产决策,很明显是不愿意提供烟花表演这种产品的。因此,在这种情况下,私人市场不能提供有效率的结果,会出现市场失灵。

这种市场失灵是由于物品的非排他性导致的正外部性而产生:私人企业承办烟花表演的活动,使他人或整个社会受益,而受益者(小镇上没有付费的居民)却无须花费代价,导致搭便车现象的出现。这样私人企业承办烟花表演的活动所得到的收益小于该种活动所产生的社会收益,由此影响企业承办烟花表演的积极性。

生活中的搭便车现象很多,例如,在一个小组活动中,常常只有一些成员是主要完成者,而其他人却跟着享受这些人的成果。又如,绿化环境能使周围所有的人受益,但周围的人却不会为此付费。其中,公共物品的搭便车现象尤为严重。一般来说,公共物品覆盖的消费者人数越多,搭便车问题就越严重。

生活中的经济学　　海上的灯塔该如何收费?

灯塔是船只安全航行的一种必要设施。为了满足航海者对灯塔服务的需要,一些临海人家出钱建设了灯塔,然后根据过往船只的大小和次数向船只收费,以此获取维护灯塔设施的日常开支的费用,并获取投资收益。建造灯塔的人后来发现,有些船只总是想方设法逃避缴纳灯塔使用费。他们或者绕过收费站逃避付费,或者干脆宣称没有享用灯塔的服务,拒绝缴费。这种现象扩散开来,自觉缴费的船只越来越少,以致灯塔经营者入不敷出。

于是,灯塔经营者专门建立了一支队伍,配备了专门的装备来监督和核查过往船只的缴费情况。这样一来,虽然灯塔的收入有所增加,但支出也增加了,灯塔经营还是入不敷出。经营者被迫再次提高收费,然而收费的提高促使更多船试图逃避付费,而雇用更多人员监督收费又会使成本进一步上升。最终私人灯塔制度终于维持不下去了,没人愿意再出钱建造灯塔。但是灯塔对于船只安全航行的必要性并未改变,航海者还是需要灯塔这种服务。最后,只能由濒海的各个地方政府出资兴建和维护灯塔的运营。

思考题:

1. 案例中,为什么私人灯塔制度最终无法维持下去?政府在灯塔的供给中起到了什么作用?

2. 结合本案例,分析应如何应对搭便车现象。

即时思考：我们都知道"一个和尚挑水喝，两个和尚抬水喝，三个和尚没水喝"这个故事，这个故事有很多的寓意，那么从经济学角度又体现什么问题呢？为什么会出现这种现象？

搭便车现象的出现，意味着自利的力量将具有非排他性的公共物品的生产导向一个无效的水平。即使某种公共物品带给人们的利益要大于生产的成本，私人市场也不愿自动提供这种物品。因为私人进行公共物品的生产，成本是由个人负担，而收益却是所有共用者分享——也即提供公共物品所带来的私人收益小于社会收益。私人企业在根据边际收益等于边际成本的原则进行决策时，生产的产量低于最优产量水平。因此，单纯依靠市场机制的调节，具有非排他性的公共物品会遭遇无效的低产问题。因此，通常只能由政府承担供给公共物品的职能。

在"烟花表演"的例子中，如果由政府来承办，则可以解决相应的问题。政府可以雇用外地人来提供这场烟花表演。由于烟花表演的成本为 2 000 元，政府只需向镇上每个人征收 2 元的税作为财政收入（共 2 000 元），然后通过财政支出的方式来支付烟花表演的费用，这样不仅达到有效率的结果，还能使镇上每个人的福利（消费者剩余）都增加 3 元（对烟花表演的评价 5 元减去 2 元的税收）。也就是说，面对这种市场失灵，政府干预可以潜在地解决相关问题，并增进经济福利。

即时思考：为什么主要公共物品由政府提供更有效率？

第三节 公地悲剧

现实生活中，我们常常看到森林被过度砍伐、野生动物被毁灭性猎杀、公海里的鱼被过度捕捞等现象。公海里的鱼、森林、野生动物等都具有一个共同的特点，它们都是公共资源，是准公共物品，具有消费中的竞争性和非排他性的特点，在对公共资源的使用上，常常容易出现过度使用的现象，寻致公地悲剧现象的产生。

一、公地悲剧：公共资源的过度使用

1968 年，哈丁在《科学》杂志上以公地的悲剧（the tragedy of the commons）为题探讨了这一问题。假设：在一个乡村里有一块土地属于全体村民共同所有；村民们可以在这块公共土地上任意放牧奶牛；奶牛可以免费进入，并且进入的数量不受任何限制；奶牛的产奶量与放牧程度密切相关。这块土地的使用不受任何限制，导致村民实际放牧的奶牛数量将远远超过它的最优水平。由此引起的后果是，这块土地因长期的过度放牧被破坏,日益衰落,最终成为荒地,这就是公地悲剧现象。

生活中的经济学 ▶ 想保护犀牛,竟然必须先"伤害"它们

在非洲,有很多的犀牛被偷猎者割去犀牛角。因为犀牛角十分名贵,所以有很多偷猎者不断地偷猎。为什么会有那么多的人冒着生命危险去猎取犀牛角?因为它每千克价值 54 000 至 60 000 美元,犀牛角比黄金或可卡因还昂贵。

一头犀牛在非洲大陆上面悠闲地散步,突然有一架直升飞机飞了过来,犀牛立马狂奔逃跑。飞机上面的人用麻醉枪把犀牛给麻醉,人们把麻醉之后的犀牛用麻绳紧紧捆绑住,用布条把犀牛的眼睛给遮住,然后这些人用电锯把犀牛角给割掉了,但是这些人并不是什么可恶的偷猎者,其实他们是动物保护协会的安保人员,其实他们的行为也是十分的无奈。很多的偷猎者为了拥有完整的犀牛角,甚至不惜把犀牛脸部的前半部分完全割下,要知道这样严重的伤情会让犀牛直接失去生命,所以动物保护协会才会想出这个办法。

但实际上,犀牛角可以在 2~3 年长出来,因为它的两角由角蛋白形成(这种蛋白质是构成羊毛、羽毛、鸟嘴和马蹄的基本成分)。通俗点说就是犀牛角的成分和人类的指甲盖没什么区别!

思考题:

请从经济学角度,分析动物保护协会的安保人员割去犀牛角的行为影响机制。

二、公地悲剧产生的原因

出现公地悲剧的物品都具有一个特征,都是公共资源,属于公共财产,具有共有产权。

按照物品的产权所有人的不同,我们可以把物品分为共有财产和私有财产两种。共有财产(joint property),是指归社会或群体共同所有,没有明确的所有者,任何人都可以无须支付费用而无偿使用的物品。私有财产(private property),是指由特定的人(包括自然人和法人)所有,只有所有者同意后其他人才能使用的物品,其他人常常需要支付一定的费用后才能获得这种物品的使用权。

> **产权(property ownership)**:对谁拥有一种物品,以及作为所有者被允许可以与他人作交易所做出的法律规定。

前面所提到的公海里的鱼、森林、野生动物,以及空气、水、湖泊、大草原等都是共有财产。而日常生活中我们个人所拥有的衣、食、住房等各类物品、企业所有的厂房和生产资料等都是属于私有财产。共有财产的产权为共有产权;私有财产的产权为私有产权。

产权的性质不同,对资源配置会产生重要影响。出现公地悲剧的物品都是公共资源,属于公共财产,具有共有产权,没有明确的所有者,人人都可以免费使用该物品,也即具有非排他性的特性,同时公共资源又具有竞争性的特性,这意味着一个人使用了它们就会减少他人的使用,从而对其他人的使用造成影响。

公共资源的这些特性会导致负外部性的产生。村民放牧的奶牛在公共土地上吃草,对村民自身是有利的,但这种活动会降低其他村民可以得到的公地数量,也就是说对他人造成了负面影响。但是,由于公地是公共财产,具有共有产权,任何村民都可以免费使用,而无须为自己的放牧行为付费,从而对村民的放牧行为没有任何约束,这种负外部性的结果,导致了公共土地被过度使用——使得放牛的数量过多,超过了土地的承受能力。

也就是说共有产权决定了公共资源的非排他性,从而使作为理性经济人的村民会从自身利益出发,而不会考虑自己的活动对他人的影响。由此可见,公地悲剧的产生,是因为负外部性的存在,而这从根本上是源自公共资源的产权性质——共有产权。这种产权性质决定了公共资源具有非排他性的性质,从而对资源配置产生影响,导致资源被过度使用。

在私有产权情况下,产权的归属是明确的,就可以有效地解决外部性问题。在共有产权的情况下,产权界定不清,没有明确的所有者,造成外部性问题难以解决,从而导致共有财产通常会出现被过度使用的现象。

下面,我们以公共湖泊上的捕鱼为例(图10-1),说明产权界定不清如何导致共有财产的滥用,从而导致公地悲剧的产生。

路边的李子树

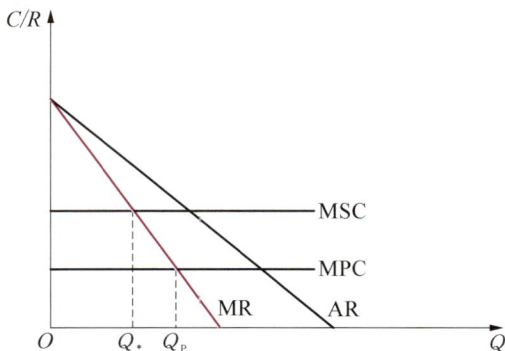

图10-1　共有财产的滥用

图10-1中,横坐标代表单个捕鱼者的捕鱼数量,纵坐标代表该捕鱼者的成本与收益。MR、AR分别代表捕鱼者的边际收益曲线和平均收益曲线;MPC、MSC分别代表

捕鱼者的边际社会成本和边际私人成本(假设 MSC 和 MPC 都是常数)。由于私人捕捞会给社会造成成本,因此边际社会成本(MSC)大于捕鱼者的边际私人成本(MPC)。每个捕鱼者都是理性经济人,追求利润最大化。他会按照边际私人收益等于边际私人成本的利润最大化原则来决定捕鱼量 Q_p。而从社会角度看,最优捕捞量应该是边际社会收益等于边际社会成本的 Q_*。很明显,$Q_p > Q_*$,出现了过度捕捞的现象。也就是说个体基于自身利润最大化原则所作出的决策,是不利于资源的最优配置的。由此可见,公共资源容易出现过度使用的现象,从而导致公地悲剧的产生。

即时思考:私人物品为何通常不会出现"公地悲剧"现象?

三、公地悲剧的解决

公地悲剧的解决方法有两种:一种方法是在明晰产权的基础上通过市场机制解决;另一种方法是政府干预。

(一) 通过界定产权来解决

通过界定产权来解决外部性问题的思想是以科斯为代表的经济学家提出的。1960年,科斯在《社会成本问题》一文中提出了著名的科斯定理(Coase theorem)。由科斯定理可知:只要产权是明晰的,私人之间的交易活动不存在交易成本,则私人之间可以通过达成契约,解决外部性问题,实现资源的最优配置。

科斯定理的成立需要具有两个前提条件:明确产权和不存在交易成本。明确产权,就是指物品的产权归属是明确的,能清楚地指明其所有者。不存在交易成本,是指交易成本为 0,或极小以至于可以忽略不计。

下面以化工厂生产产品时排放污染物到河水中为例进行说明。化工厂生产产品,需要投入人工和各种原材料,这些属于"私人成本";同时,在生产过程中还会排放污水、废气、废渣等,会对河水、空气造成污染,周围居民的健康也会受到影响,这些是化工厂生产带来的"外部成本"。很明显,生产量越大,排放的污染物越多。化工厂如果仅考虑私人成本,其产量将超过私人成本和外部成本都考虑情况下的产量。如果政府出面干预,通过征收排污费或税使得化工厂的成本提高,生产量自然会减小,但是,制订合理的税率和进行有效的监管,也要花费许多成本。

对此,科斯提出了一个全新的思路:政府可以通过明确这条河的产权归属来解决这个问题。如果政府把这条河的产权"判给"河边居民,也就是说这条河归河边居民所有,居民们可以向化工厂要求相应的污染赔偿费,否则化工厂就不能把废物排放到河水中;如果给了污染赔偿费,则提高了化工厂的成本,只好减量生产。这实质上是将负的外部效果内部化,也就是说将个体经济活动对他人(或社会)造成的影响计入其产品的成本与价格中,由此对个体经济活动的产出水平进行限制,达到社会的最优产出水平,从而实现资源的优化配置。反之,如果这条河的产权归化工厂所有,为了身体健康,居民可能通过支付给化工厂一些"赎金"的方式使厂方减少生产来减少污染;只要化工厂收到的"赎金"与减少产量所丧失的盈利相等,化工厂就可能考虑减少产量。

也就是说,只要产权能划分得清楚,无论是化工厂支付污染赔偿费,还是居民支付"赎金",都可以实现减少产量和污染排放的目的。只是产权归属不同,收入分配就有所不同:谁拥有产权,谁就可以从中获益。因此,只要产权明确,市场可以自行解决外部性问题,政府的职能仅是明确产权,并且有效地保护产权。

除了明确产权,通过市场交易实现资源最优配置还需要"不存在交易成本"。交易成本(transaction costs),又称交易费用,是指交易双方为达成一笔买卖,在买卖前后所产生的各种与此交易相关的时间和货币成本。其包括调研、广告、运输、谈判、协商、签约、合约执行的监督等活动所花费的成本。由于完成一笔交易的过程往往需要付出大量的时间和金钱,因此,交易费用可能是很大的。化工厂污染河水那个例子中,无论是居民拥有河的产权,要求索赔污染赔偿费;还是化工厂拥有河的产权,有权向居民索要"赎金";无论哪种情况,双方都要调查研究,并且进行讨价还价。如果这当中只涉及一家工厂和一户居民,还容易协商解决。如果涉及多家工厂、多户居民,情况就复杂得多。因为厂家之间对于污染物排放量的分担、赔偿费的分摊或者"赎金"的分享都会存在协商困难;而居民之间也会对"赎金"分担或赔偿费分享问题存在不同意见,难以达成共识。正是由于这些交易成本的存在,即使产权明确,私人间的交易也难以实现资源的最优配置。

科斯定理的这两个前提条件中,明确产权是根本性条件。产权如果不明确,会导致旷日持久的争端,双方永远难以达成一致意见,意味着交易成本无穷大;而产权界定得清楚,即使存在交易成本,人们也可以通过选择交易方式等方法,尽可能使交易成本最小化。

因此,按照科斯定理,对于公地悲剧的一种简单的解决方法就是:明晰产权,通过市场机制来解决。在前面所讲的村民放牧的例子中,乡村政府可以把公地分开并出售给每个村民,以使每个村民都拥有属于自己的地,使公共资源(共有财产)变成了私人物品(私有财产),使村民有减少自己牛群规模的激励,避免放牧的牛群数量超过土地所能承受的规模。从而避免过度放牧。实际上,17世纪英国的圈地运动就是这样做的。

(二)政府干预

明晰产权是解决公地悲剧的一种方法。但是有时明晰产权是比较困难的。对于空气、湖泊等公共资源而言,明确产权虽然在理论上说得通,在现实中却难以做到;因为即使政府规定任何人只能污染属于他个人的那一份空气,要明确个人所能污染的空气的产权归属所需的监督和执行成本也是非常大的,大大高于空气污染所造成的损失,甚至可能无法承受,这就使采用明确产权来解决公共资源滥用问题失去了意义。在这种情况下,政府干预成为公地悲剧的另一种解决方法。

以前面所讲的村民放牧的例子为例，乡村政府可以用各种方法解决相关问题，如：可以对每个村民在公共土地上放牛的数量进行强制性管制；可以对村民养牛的数量进行征税；也可以采取拍卖放牧许可证的方式。这些方式方法都可以有效地限制在公共土地上过度放牧的问题，从而使公地悲剧问题得以解决。

即时思考： 政府纠正外部性的方式有哪些？

生活中的经济学 ▶ 如何解决中国土地沙漠化等环境问题？

根据联合国估计，自从 1980 年以来，在中国北部，沙漠已经吞噬 81 万公顷农田、将近 243 万公顷牧场和 650 万公顷森林。几乎中国的四分之一是沙漠。中国北方持续的沙漠化已经把世界上发展最快的经济体、一个拥有十几亿人口的国家推向了全球淡水危机的前沿。

从出现金属工具开始，人类破坏森林速度远远超过了森林植被的恢复速度！而自然灾难的步伐随着森林破坏的步伐一路而来，土地沙漠化、干旱、高温、水灾、泥石流、龙卷风、冰雹、沙尘暴、雾霾，各种灾害不断。以沙尘暴为例，沙尘暴是一种风与沙相互作用的灾害性天气现象，它的形成与森林锐减、植被破坏等因素有不可分割的关系。随着土地沙漠化日趋严重，沙尘暴也越来越频繁。频繁水灾的产生也与森林被过度砍伐有关。因为森林植被可以大量吸收降雨，把大量的水分储存到植物的根茎叶中。解决水灾、泥石流最好的方法就是大规模植树造林，恢复森林。雾霾现象的产生也与森林被大量砍伐有关。森林能制造氧气，是空气的净化物，对全球气候的影响也是至关重要的。

综上所述，解决中国土地沙漠化、干旱、高温、水灾、泥石流、龙卷风、冰雹、沙尘暴、雾霾等问题，最好的途径就是全国各地进行大规模植树造林运动，严禁乱砍滥伐，破坏森林、草原、湿地，大力推动全国各地植树造林运动。经过几代乃至几十代人的努力，提高中国森林覆盖率。一旦中国森林覆盖率达到 50% 左右，中国土地沙漠化等问题随之解决，中国必将风调雨顺，自然灾害日益减少。只有这样，中国才能可持续发展。

经过长期治理，我国重点工程区林草植被有效恢复，重点治理区实现了由"沙进人退"到"绿进沙退"的历史性转变。"三北"工程区累计完成造林 4.8 亿亩，治理退化草原 12.8 亿亩，森林覆盖率由 1978 年的 5.05% 提高到目前的 13.84%。沙化土地状况持续好转，全国沙化土地面积连续 4 个监测期持续净减少，由 20 世纪末年均扩展 515 万亩转变为目前年均缩减 1 000 万亩。绿色惠民成效明显，沙区生态持续改善，农田防护林网有效保护 4.5 亿亩农田,沙区年产干鲜果品 4 800 万吨,年总产值达 1 200 亿元。

思考题:

1. 根据案例中提到的森林所具有的功能,说明森林可被视为一种公共物品的原因。

2. 为解决土地沙漠化,政府采取了哪些政策?

第四节　公共物品的供给：政府干预

搭便车现象和公地悲剧的存在,说明了公共物品的供给或消费通常都必须通过政府干预的方式来实现。那么政府提供公共物品的资金来源于哪里呢? 政府如何确定某公共物品是否值得生产及应该生产多少呢?

政府提供公共物品的资金来源于政府财政收入。财政收入,是指政府为履行其职能、实施公共政策和提供公共物品与服务需要而筹集的一切资金的总和。财政收入主要来自税收收入、国有资产收益、国债收入和收费收入,以及其他收入等。

其中税收收入是非常重要的来源,所谓"取之于民,用之于民"。公共物品的提供需要耗费资源。政府通过强制性征税的形式,获取资金,用于国防、社会治安,以及提供公民所需要的其他各种公共物品和服务,从而可以有效地克服搭便车问题。

关于公共物品的生产数量,瑞典经济学家林达尔对此进行了理论上的研究,提出了林达尔均衡(Lindahl equilibrium)。

假定全社会有两个政党,每个政党内部人们的偏好是一致的。个人 A 与 B 分别是这两个政党的代表,A 与 B 通过讨价还价来决定各自应负担公共物品成本(即税收负担)的比例。

图 10 - 2 中,以 O_a 为坐标的原点反映的是 A 的行为;以 O_b 为坐标的原点反映的是 B 的行为。横轴代表公共物品供给的数量,也可认为是公共支出的规模。纵轴代表个

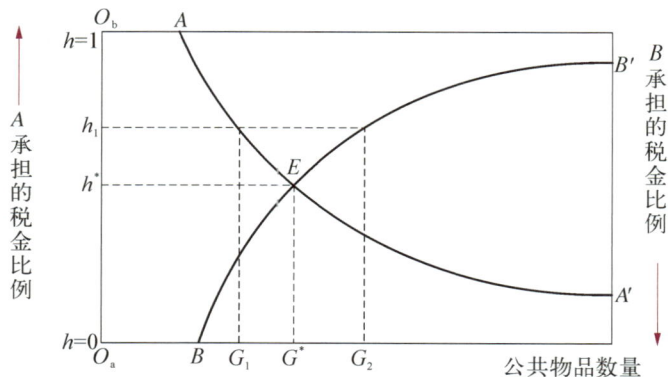

图 10 - 2　林达尔均衡

人 A、B 分别负担的公共物品成本(即税收负担)的比例:设 A 负担的比例为 h,则 B 负担的比例应为 $1-h$,两者之和为 1。曲线 AA' 代表个人 A 对公共物品的需求,曲线 BB' 代表个人 B 对公共物品的需求。

假设最初个人 A 负担的税收比例为 h_1,个人 B 负担的税金比例为 $1-h_1$。面对 h_1 的税收比例,根据曲线 AA',A 愿意消费的公共物品数量为 G_1(即同意 G_1 规模的公共开支);而 B 面对 $1-h_1$ 税金比例,愿意消费的公共物品数量为 G_2(即同意 G_2 规模的公共开支)。这样 A 和 B 关于这种公共物品的生产数量为多少(也就是该公共物品公共开支的规模)存在分歧。如果 A、B 两人实力悬殊,则强者具有绝对话语权。如果 A、B 两人势均力敌,则两者会讨价还价,最终结果是当在曲线 AA' 和曲线 BB' 相交的点 E,A 负担的税收比例为 h^*,B 负担的税金比例为 $1-h^*$,此时 A 和 B 两者愿意消费的公共物品数量均为 G^*,即两者都同意 G^* 规模的公共开支,此时两人达成共识,故点 E 为均衡点,我们把这种均衡状态称为林达尔均衡。这里的 G^* 即公共物品的有效供给量。

现实生活中,由于所有人都可以免费使用公共物品,而消费者所承担的公共物品成本如果取决于自己从公共物品中获益的情况,那么他就有隐瞒自己真实效用水平的动机,因此,要定量了解个体对公共物品的支付意愿是很困难的。这就使得有效率地提供公共物品变得很困难。因此,要解决公共物品有效供给问题,设计合理的机制来准确揭示人们的偏好,具有至关重要的意义。

即时思考:除政府外,还有没有其他供给公共物品的方式?

本 讲 小 结

1. 根据物品的特性,可将物品分为两大类:公共物品和私人物品。

2. 公共物品的非排他性造成了公共物品容易遭遇搭便车现象,从而使市场无法有效提供公共物品。

3. 公共资源具有消费中的竞争性和非排他性的特点,在对公共资源的使用上,常常容易出现公地悲剧。公地悲剧产生的根本原因在于共有产权。

4. 公共物品的供给可以通过政府税收等手段集资,通过公共支出来提供。

思 考 及 运 用

1. 什么是公共物品？它具有什么特性？

2. 公共物品为何不能由市场来有效提供？

3. 搭便车现象产生的原因是什么？

4. 公地悲剧产生的原因及解决方法是什么？

5. 黑鱼的捕捞一度非常猖獗，以至于使之面临绝种。几年禁渔之后，政府打算引进可交易的执照，每个执照授权其持有者一定量的捕鱼权。请解释捕鱼如何产生负的外部性，以及执照计划如何克服这种外部性产生的低效。

第十一讲　经济行为背后的制度

✏️ **案例引入**

线上社区团购还是线下菜市场?

下沉城市的熟人社会网络里,衍生出了一种新的生产关系和商业模式——社区团购。

和传统菜场相比,社区团购具有种类丰富、性价比高、流程便捷等特点,特别是小区团长取货＋媲美京东物流的次日达,非常受老百姓的喜爱。在其背后,各个互联网电商企业也纷纷出动,以注资或入股的方式抢占各个社区生鲜菜场。2020 年 6 月,滴滴推出社区团购品牌"橙心优选";7 月,美团宣布成立"优选"事业部,大举进军菜市场;8 月,拼多多社区团购项目"多多买菜"上线;9 月,阿里巴巴成立"盒马优选"事业部,加入社区团购;10 月,今日头条上线"今日优选",成立电商一级部门。

巨头的加入更带来了补贴潮,把原本在下沉城市发展的产物变种到了更多大众消费者能更便捷使用的平台,速度之快,让人猝不及防。它是昙花一现还是能像电商平台一样坚挺下来呢?

下沉市场对便宜、高性价比生鲜产品的刚需,是社区团购跑通其商业模式的前提条件;在卖菜这个看似红海的市场,熟人社交模式,也挖掘了消费者们多元化的新需求,是众多机构看好的"大消费结构化升级机会"。

思考题:

线下菜市场是否会被新的竞争"误伤"? 线上社区团购和线下菜市场的优势分别有哪些?

第一节　制　度　概　述

为什么聚焦于制度? 在一个不确定的世界中,制度使人类的交往具有稳定性。制度是社会的博弈规则,并且会提供特定的激励框架,从而形成各种经济、政治、社会组织。制度由正式规则(宪法、法律、规则)、非正式规则(习惯、道德、行为准则)及其实施效果构成。实施可由第三方承担(法律执行、社会流放),也可由第二方承担(报复),或由第一方承担(行为自律)。制度和所使用的技术一道,通过决定构成生产总成本的交易和转换(生产)成本来影响经济绩效。由于制度与所用技术存在密切联系,所以市场的有效性直接决定于制度框架。

一、制度是社会的博弈规则

制度是强制执行的人与人的关系的行为规范。

一个人的时候,发生的一切都是人与自然、人与物质世界的关系;当有了两个人,就

有了人与人的社会关系,这时就要有规范人们利益
关系的制度了:产品如何分配,财富归谁所有,谁干
什么活儿,谁听谁的,等等。所有权关系是一切经济
关系的基础,而与各种利益相关的那些产权关系
(property rights),是制度要规范的主要内容。

制度(institution):制度首先是一种游戏规则;其次是对人们行为和相互关系的约束和限制;第三不是单一的,它是一个体系。所以,制度就是制约人们行为、调节人与人之间利益关系的社会承认的一系列规则,这些规则涉及社会、政治及经济行为。

正式的制度是要成文的,也就是要在事后发生
利益纠纷时有案可查。两个人之间办一件事的协
议,就是一种制度。

同时正式的制度是要强制执行的,其意义就在于如果有人不按规范办事,是要受到
惩罚的,要为此支付成本。而这就是说,制度不仅是写在纸上的一些条款,而且要有一
套组织加以贯彻,要有可信的惩罚机制。有立法而无司法,而且是没有有效的司法,不
构成真正的制度。

有正式的制度,相应地也就会有非正式的制度,这指的是一些不成文的、没有强制
执行的社会行为准则(social codes)。但这些行为准则与一般的道德的差别在于,它们
也是会有惩罚作为后盾的。比如在一个"熟人"市场中,一个人骗了人,以后大家都不与
他做生意,他就没了市场,收入下降。只有这时,不能骗人才构成这一社会中的非正式
制度。在历史上的很多场合,社会的确是靠这种非正式的制度维系的。但是在一个流
动性越来越大、大多数情况下人们是与"生人"打交道的场合,正式的制度(包括信用记
录制度)就成为必需。

制度是一种"公共品"。制度作为一种"公共品"又与其他"公共品"(如广播或电视
信号等)有一定的区别。这主要表现在:一方面,一般公共品都是有形的,一般表现为
具体的实物,如城市公共设施的建设等;而作为"公共品"的制度则是无形的,它是人的
观念的体现,以及在既定利益格局下的公共选择,或者表现为法律制度,或者表现为规
则及其规范,或者表现为一种习俗。另一方面,一般公共品不具有排他性,即在一定范
围内人人都可享用公共品;但作为"公共品"的制度,有的可能具有排他性,如对大多数
人有益的制度可能对少数人并不利。

制度也是人与人之间的一种契约关系。制度作为制约人类行为的一套规则,实际
上契约化地定义了人与人之间的关系,是人们在行动中与他人和社会构成的一种行为
约束框架,是与他人和社会达成的一种权利义务关系。人们的任何社会经济活动都离
不开制度,什么事能做,什么事不能做,实际上就是一个制度(即规则)问题。如果没有
制度的约束,那么人人追求效用(或收入)最大化的结果,只能是社会经济生活的混乱或
者低效率。

二、制度的优势

(一)制度的激励功能

制度的激励功能,通过提倡什么、鼓励什么或压抑什么的信息传达出来,借助奖励
或惩罚的强制力量得以监督执行。制度的激励,可以规定人们行为的方向,改变人们的

偏好,影响人们的选择。任何制度都有激励功能,只是不同的制度产生的激励效应不同而已。

如果特定的制度安排鼓励人们从事发明创造和生产性活动,经济就会持续增长,如果这种制度为人们提供的是不良刺激(如从事寻租活动更为有利可图),那么非生产性活动就会盛行不衰,经济也会走向停滞和衰退。制度的有效性决定个人选择的有效性,从而决定经济绩效。例如,如果没有专利制度,那么我们今天的技术进步就要缓慢得多。

(二)降低交易成本

降低交易成本是制度的基本好处之一。一般来讲,当交易成本存在时,制度就会起作用。制度通过构造人们的相互关系的框架,把人们的行为约束在一定的规范内。有效的制度可以减少交易活动的不确定性,抑制人的机会主义行为倾向,从而降低交易成本。下一节会详细讲解此内容。

即时思考:如果交易成本为零,那么还要制度吗?

(三)降低风险

经济活动总是存在风险的,而风险很大程度上来源于人们行为的不确定性。制度规定人们能做什么,不能做什么,该怎样做,不该怎样做,也就等于告诉了人们关于行动的信息,增强了人们行为的确定性和可预期性,这样就可以大大地降低人们的行为风险。一些制度安排,如保险制度、期货制度,以及社会保障体系,则是专门为降低人们的行为风险而设立的,对于人们规避风险,降低风险成本,具有极为重要的作用。

(四)减少外部性

新制度经济学主要是从成本—收益的角度来讨论的。如果存在外部性,一个人的行动所引起的成本或收益就不完全由他自己承担,反之,他也不可能在不行动时,承担他人的行动所引起的成本或收益。市场秩序混乱,实际上是一种负的外部性。科斯认为,许多负外部性的产生都与产权界定不清有关。有些制度经济学家根据科斯的这一观点,将产权制度的主要功能界定为是引导人们实现将外部性较大地内在化的激励。建立排他性产权制度的过程也就是将外部性内在化的过程,也只有在排他性产权制度建立以后,成本—收益之类的经济计算才有了真实的意义。

(五)抑制机会主义行为

人的机会主义行为必然会使市场秩序混乱。而一个社会没有秩序,就不可能正常运转。制度安排或工作规则形成了社会秩序,并使它运转和生存。制度告诉并强制规定人们可以做什么,不可以做什么,从而限制了人们活动的范围,在制度规定的范围内,人的活动具有选择自由,超出这一范围就要受到惩罚。因此,制度可以在一定程度上约束人的机会主义行为倾向。

（六）利益分配

制度变迁和制度创新往往是一个利益重新分配的过程。人们通过新的制度安排，来重新界定相关主体的责权利关系，形成一种新的制度安排。一般来说，不论是强制性的利益分配还是协议性的利益分配，都是通过一定的制度安排来实现的。不同的制度安排的根本区别之一，就是其利益分配机制的不同。这种不同的分配机制，也是形成制度激励机制的重要因素。

（七）创造合作条件

传统经济学强调了经济当事人之间的竞争，而忽略了合作。实际上在社会生活中，人与人的关系不仅有竞争，还有合作，竞争与合作是一对矛盾的统一体。在有限理性和信息不对称条件下，人自身不可能处理好竞争与合作的关系，正是从这个意义上讲，制度就是人们在社会分工与协作过程中经过多次博弈而达成的一系列契约的总和。

制度为人们在广泛的社会分工中的合作提供了一个基本的框架。制度的功能就是为实现合作创造条件，保证合作的顺利进行。尤其在复杂的非个人交换形式中，制度更加重要。所以，制度的基本作用之一就是规范人们之间的相互关系，减少信息成本和不确定性，把阻碍合作得以进行的因素减少到最低限度。

（八）资源配置

从宏观上看，计划经济体制和市场经济体制在资源配置方式上不同，计划体制是以计划手段来配置资源，市场经济体制是以市场为配置资源的基础，市场在配置资源中起基础性作用。从微观上看，企业的不同制度安排，实际上是企业对生产要素的不同配置，如股份制企业与合作制企业、单业主制企业在资源的配置方式上是不同的。

三、制度的产生

（一）个人理性与集体理性的冲突的解释

在传统经济学里，价格可以使个人理性和集体理性达到一致。现代经济学开始注意到个人理性和集体理性的矛盾与冲突，但是解决这个问题的办法并不是像传统经济学主张的那样，通过政府干预来避免市场失败所导致的无序状态，而是认为，如果一种制度安排不能满足个人理性的话，就不可能贯彻下去。所以解决个人理性与集体理性冲突的办法，不是否认个人理性，而是设计一种机制（或进行相应的制度安排），在满足个人理性的前提下达到集体理性。

囚徒困境告诉我们：强调个人理性的非合作博弈往往可能是无效率的，相反，重视团体理性的合作博弈则一般可以带来"合作剩余"。合作博弈和非合作博弈的区别就在于在人们的行为相互作用时，当事人能否达成一个具有约束力的协议。这个协议的达成过程，其实就是制度起源的过程。博弈论的纳什均衡说明的是理性人的个人理性行为可能导致集体的非理性，为了解决个人理性和集体理性的冲突，不是否认个人理性，而是设计一种机制和制度，在满足个人理性的前提下达到集体理性。由此可以说，个人理性和集体理性的冲突是制度起源的重要原因。

（二）交易费用理论的解释

科斯的《企业的性质》一文实质上是分析制度（企业制度）起源的经典之作。证明企业的存在是通过对比市场来完成的,其逻辑是:利用市场交易可能支付额外的成本,所以需要一种替代市场的组织——企业;反过来,利用企业进行交易也需要支付额外的成本,所以需要替代企业的组织——市场。当企业的边际交易成本和市场的边际交易成本相等时,组织均衡出现。

科斯的制度起源理论揭示了交易费用与制度形成的内在联系。交易费用的存在必然导致制度的产生,制度的运作又有利于降低交易费用。只有在无交易费用的状况下,交易者才能忽视制度安排达到总收入的最大化。当交易是有费用时,制度就会起作用,或者说制度至关重要。

科斯的制度
选择思想的
三个层次

（三）专业化分工与合作关系的解释

经济学家诺斯认为迄今为止,人类经历了两类交换形式:一类是简单的交换,另一类是非个人交换。前者专业化和分工处于原始状态,交易是不断重复进行的,卖和买几乎同时发生,每项交易的参加者很少,当事人之间拥有对方的完全信息,因而不需要建立一套制度来约束人们的交易行为,就能达成合作。这种分工的专业化程度不高,生产费用高。

非个人交换,交易极其复杂,交易的参与者很多,信息不完全或不对称,欺诈、违约、偷窃等行为不可避免。个人收益与社会收益就会发生背离,如果个人收益与其投入不相对称,个人便失去了从事生产性活动的动力,社会效率也达不到最优。

亚当·斯密所说的通过市场的作用,人们追求个人利益最大化的同时,能自动实现社会利益最大化的假定,说明不了非个人交换的状态。于是产生了囚徒困境和搭便车问题,导致了交易费用的出现。

为了约束这些不规范的行为,降低交易费用,制度便应运而生。制度的作用在于规制人们的相互关系,减少信息成本和不确定性,把阻碍合作的因素减小到最低程度。

如图 11-1 所示,分工及专业化程度的提高,使生产费用（production cost）下降,但又会使市场的交易成本增加,交易费用的增加有时会抵消专业化程度提高带来的好处。

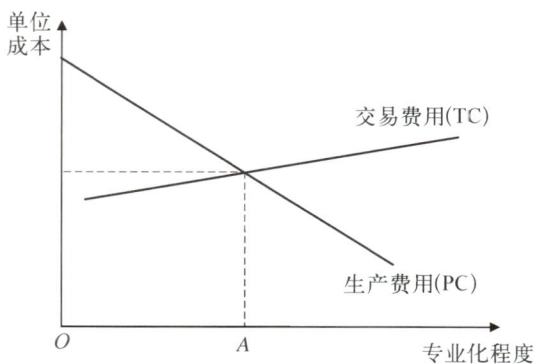

PC 曲线比 TC 曲线更陡些,专业化水平每提高一个单位的所引起的生产费用的减少大于相应增加的交易费用。分析表明,制度的出现一定会使专业化程度的每一步提高所节约的生产费用,正好大于或等于由此所引起的交易费用的增加,亦即在两条曲线的交点所决定的点 A 右侧。点 A 就是制度出现的转折点（简单交换到非个人交换的转折点）。

图 11-1　专业化程度与单位成本的关系

在诺斯的非个人交换形式中,如果

没有"合作"状态的出现,那么专业化和分工给人们带来的好处可能被过大的交易费用所抵消。而为了生产费用的减少避免被过大的交易费用抵消,人们就会达成某种共识,也就是说,"共识"是合作得以进行的基本条件,而为合作提供"共识"就是制度的基本功能。它告诉人们在什么条件下能做什么,以及违约所要付出的代价这类共识,这就是人们设计的一系列规则。

在诺斯等新制度主义者看来,人总是追求自身效用的最大化,同时由于认知能力有限又总是处在信息不完全和不对称的环境中,因此在交易中就会发生欺诈、偷懒、搭便车等机会主义行为,从而使人与人发生利益冲突和摩擦,增加交易费用和交易后果的不确定性,最终损害自己的福利,而制度就是人们为防止机会主义而缔结的契约。这是制度起源的一种契约论解说。

实际上,在此之前,制度被当做外在的前提即制度是外生的,而诺斯则把它内生化到以个人的成本—收益为基础的新古典分析框架中,实际上是把制度内生化。

(四)利益集团与公共选择理论的解释

在经济学家奥尔森看来,制度的起源应该从利益集团的斗争中去寻找。假定利益集团的利益目标不一致,并且集团内部可以采取一致行动,则集团和集团内成员的行为就是等价的。当不同利益集团之间所拥有的资源和所采取的战略不同时,处于优势地位的集团就可能强制地推行对自己有利的制度安排。不过,如果集团内部成员之间的行动不一致,就可能出现搭便车现象,结果集团无法取得统一的意见,对集团成员均有利的制度安排就可能无法实行。奥尔森认为,在经济学乃至整个社会科学中,实际上存在两个基本"定律"。所谓"第一定律"是指:在某种情况下,当个人仅仅考虑自身利益时,集体的理性结果会自动地产生。这实际上是斯密的市场的作用。而所谓的"第二定律"则是指:在某种情况下,第一定律是会失效的,即不管个人如何精明地追逐自己的利益,社会理性的结果也不会自发地出现,此时此刻只有借助适当的制度安排,才能求得有效的集体结果。

第二节　交　易　成　本

一、交易成本的概念

交易对方的信息,包括要承担交易损失的风险。在一般意义上,这是人与人打交道时所要花费的成本,经济学称为交易成本。

任何制度的形成与执行,都是要有成本的,它是社会总交易成本的一种。起草和制订一种制度要花费许多人的时间,而执行这一制度(使它成为可信的、真正有约束力的制度),要有司法体系,要

> **交易成本(transaction costs)**:又称交易费用,最早由美国经济学家科斯提出。交易成本是"通过价格机制组织生产的,最明显的成本,就是所有发现相对价格的成本""市场上发生的每一笔交易的谈判和签约的费用",以及利用价格机制存在的其他方面的成本。

有监督与检查,要有警察和监狱,这些都要费时费力。打官司要花律师费,告状的一方要花费很多的时间与精力,都是这种制度成本的一个组成部分。

制度成本太高,往往会导致制度无法实施,甚至导致一种制度流于形式,构不成可信的有效的制度。这种情况出现时,也许是制度本身的某些环节上存在更为根本性的问题。

交易成本思想的来源

科斯提出了一个著名假说:如果不存在交易成本,把产权界定给谁都没有关系,人们可以通过交易达到同样的利益均衡。但这一假说的反命题就是:交易成本的存在,决定了产权界定是重要的! 事实上,由于产权本身决定了谁来支付交易成本,制度的结构就会决定经济的结构。

从这个意义上说,能否对交易成本或制度成本给予充分的补偿,关系到能不能有一个好的制度。打官司是一件费时费力有风险的事,而如果赢了官司也不能给予胜诉者以足够高额的补偿、对败诉的一方不能给予足够大的惩罚,人们就会选择忍气吞声,好的制度也会流于形式而不能真正地起到应起的作用。制度是在问题出现的过程中形成和完善的,法律是在案例和判例发生的过程中实现其效力的。

二、制度为什么重要:节省交易成本,促进经济增长

制度为什么重要,从根本上说,就是它可以节省交易成本,用通俗的话说,就是减少麻烦。如果制度是可信的,也就是说,如果有人不按制度办,违犯了法律,是会受到惩罚的,那么人们就可以对别人如何行事有一个比较可靠的预期,与他们打交道时就会比较简单,用不着防着这个防着那个,可以节省大量的时间与精力。即使出了问题,有制度可循,有法律可依,就没有什么争议,处理起来比较简单方便。

一个好的制度的标准,就是它明确而清晰地界定了各方的权利与责任,涵盖了可能发生的各种问题,有一个简单明了的处理问题的程序。而正如我们所了解到的,好的制度的形成一定是一个不断发展、不断修订的过程,因为最初人们不可能预见到所有可能发生的利益冲突,只有在不断"出事"的实践过程中,才能发现原来制度的缺陷,并不断地改进,使制度趋于缜密,做到"法网恢恢,疏而不漏"。

但这时就出现了一些问题:制度越发达,往往就越复杂,法律条文就越多,弄到一般人都记不住、搞不懂的程度,必须花钱聘用法律专家(也就是律师)来搞清楚相关的规章制度,来处理各种利益关系。而因为制度的复杂,法律程序的复杂,往往需要好多人参与,费时费力费钱后不过是解决一个小问题。人们这时就会抱怨打官司贵,抱怨制度不合理,成本太高。但是,如果仔细分析下来,在规章制度基本合理的情况下,只要打官司的成本低于旷日持久扯皮扯不清时,各方所要花费的时间与精力成本的总和,这个社会为这个制度支付这个打官司的成本,就是合算的。制度的重要,首先就在于它可以减少扯皮。

这也给我们提供了一个发展制度、改革制度、完善制度的思路:既然制度的作用在于节省扯皮的成本,制度的发展方向就是进一步降低这些成本,而不是搞出各种繁文缛节,加大大家的成本。节省成本,就是提高效率,经济增长就会快一些。在增加产出的

方面,制度的重要性就在于它可以提供正确的激励,使人们发挥创新能力,追求更大的新利益。比如,保护产权(包括知识产权)的制度,就可以使人们为了追求自身利益的最大化而不断创新,以获得创新的超额利润或额外收入,经济中的商业模式和科学技术,就会不断创新,生产力不断提高,经济增长和经济发展就有了持久的动力。正是在这个意义上,现代增长理论和发展经济学已经把最近几十年来制度经济学研究的成果吸收进来,把制度改进定义为决定经济增长的第四个要素。另外三个要素是:资源、劳动和知识(有知识和技术附着的资源就演化为"资本",受过教育的劳动者就成为"人力资本")。

生活中的经济学 乘公交车付同样多的钱,有的人有座,有的人没有

我们乘坐公共汽车和地铁的时候,大家通常是上车后,先看看有没有空位,有的话就坐着,没有的话就站着。从价格上来说,任何人都没有对座位有任何的索取权,也就是说,座位的分配是先到先得。没见过有人会跟司机(或者售票员,乘务员)说,我多付你 X 元,你给我安排个座位,或者说,我多买一张票,我要一个座位。这个不否认吧?

那么,为什么有人会有座位,有人没有。不是有座位的人付的钱多,而是他到得早或者说运气好。那么,我们乘坐公共交通,比如公交和地铁,到底花钱买了什么呢?答:运输服务,即安全地将旅客从一个地方送往另一个地方。之所以称座位是俱乐部物品,是说这个是花钱买票的人(他们有权利享受送到目的地的服务,但无权利要求座位)享有的,跟健身房的器材一样。它排除了不花钱买票的人。

但是,这里还有个问题,为什么明明享受了不同的服务(坐着去和站着去是不同的感觉吧),但是价格相同呢?答:交易费用。这就是我们制度经济学的答案了。一个人上车了,怎么按有无座位来收费?对于一开始就有空座的人,该多收费吗?那这个人可以说,我就站着就行不坐。一旦交了车钱了,那这个人又违约坐了怎么办,怎么监督,要人来管他是不是?半路有空位的人车费怎么收?这些都是交易费用,太高了,所以干脆同车同价,这样就导致了付同样多的钱,有的人有座,有人没有。

总的来说,同车同票是有经济理由的,交易费用过高可能是原因。遇到这种问题,不妨多学学理论,再来思考实践,再深入思考理论,再实践。

最后再说,人多车少是基本事实,如果人人都坐着那得要多少车才能满足需求?有时候恨不得拥挤的车上不设座席,站着反而宽松一些,座位太多反而挤占空间。也就是说,你上了车当然希望都是坐着,那对那些还没挤上车的呢,给个站着的地方也不至于迟到,虽然没有坐着舒服,但好歹也能到达目的地吧。

思考题:

案例中提到同车同票有其经济理由,除了交易成本因素外,还有哪些经济方面的考虑使得这种制度具有合理性?

三、制度变革为什么难：成本比较高

制度变革就是利益的重新分配，不同的制度就是要在收入分配上不一样，才会产生不同的结果。正是在这个意义上，经济学通常所说的"没有人受损，至少有一人受益"的"帕累托改进"，在制度改革的问题上根本是不适用的，因为如果没有至少一个人受损，制度变革就没有发生。比如说经济学经典关于打破垄断的分析，消除了垄断，实现了竞争，社会收益增长了，但这时至少有一个人，即那个原来的垄断者的利润是要下降的，否则还叫什么打破垄断？

既得利益集团会因制度的不同而不断变化，既得利益集团阻碍改革，是一般性的规律。这是改革的一个基本问题。

所以说，制度变革，首要的也是根本性的问题不是技术性的，而是社会性的，只不过有时技术上做得好一些，会使阻力小一些，改革得以推进。

化解制度变革的一个一般性的技术手段，就是通过对既得利益者的适当"补偿"，使既得利益者的损失小一些，他们就会较容易地接受变革。经济学中的补偿原理，就是为了使制度变革更"像"一种没有人受损失的"帕累托改进"，可以使变革克服阻力。

第三节　制 度 变 迁

一、制度变迁的概念

诺斯认为，制度变迁是一个制度不均衡时追求潜在获利机会的自发交替过程；林毅夫认为制度变迁是人们在制度不均衡时追求潜在获利机会的自发变迁（诱致性变迁）与国家在追求租金最大化和产出最大化目标下通过政策法令实施强制性变迁的过程。

> **制度变迁（institutional change）**：制度的替代、转换与交易过程，它的实质是一种效率更高的制度对另一种制度的替代过程。

衡量制度变迁的条件是制度变迁的预期收益大于预期成本。戴维斯和诺斯说："只有当这一条件得到满足时，我们才可望发现在一个社会内改变现有制度和产权结构的企图。"

二、制度变迁产生的原因：人的自利性

在经济人的假设下，制度变迁最根本的原因，是人的自利性。由于人的自利性，人们的行动总是试图实现个人利益最大化。人类的一切行动，都是在利益最大化的驱动下进行的，或者说，制度变迁产生的其他原因都是在利益最大化的原则下衍生出来的。斯密认为，个人一切经济活动的根本目的和主要动力是追求自身的利益，自身的利害关系和欲望构成他们经济活动的巨大内驱力。

斯密认为，所有的人在经济生活中都必然要考虑自己的利益，个人的劳动积极性和

工作动力,从根本上说,来自对自身利益的考虑和满足,作为社会下层的普通工人和其他劳动者也概莫能外。他说:"若说一般人在为自己工作时,工作较少,在为他人工作时,工作较多,那是再荒谬不过的。贫穷的独立劳动者,一般都比按件计资的帮工勤勉,因为前者享有自身劳动的全部生产物,而后者则须与雇主分享。"可见,人们从事经济行为的强大动力来自人对自身利益的追求。

(一)制度的稳定性

稳定性是制度存在的理由,又是制度变迁的原因。由于条件和环境的变化,原有制度的稳定性就可能成为人们行动的障碍,因此改变或打破旧的稳定性,建立新的稳定性就成必要。

(二)环境的变动性及不确定性

如果环境不发生变动,则人们一旦建立一套有效的制度就不必再为之操劳,制度变迁就不会发生;但世界是运动、变化、发展的,环境的变化打破了制度的均衡,这就要求人们适时改变和调整已有的行为规则,实现制度均衡。

(三)利益集团的博弈

制度是不同利益集团博弈的结果,不同的利益集团在博弈过程中,达到制度均衡。但是,随着环境的变化,出现了新的获利机会,或者是原有的制度均衡遭到破坏,这时候就要重新建立新的制度均衡,新的制度均衡同样是不同利益集团共同博弈的结果。

(四)技术创新推动

制度的变革是技术创新推动了社会生产力发展的必然要求和结果。有人提出了一个诱致性制度变迁的模型,即制度变迁可能是对与经济增长相联系的更为有效的制度绩效的需求所引起的。

土地(或自然资源)价格相对于劳动力价格的提高诱致了用于减少土地供给约束的生产技术变迁,同时也引起了能更准确地定义与配置土地产权的制度变迁。劳动力相对于土地(自然资源)的价格的提高,导致了能使资本替代劳动的技术变迁,同时也导致了能增进代替人的生产能力并增进工人对他自己的就业条件进行控制的制度变迁。

即时思考: 移动互联网的出现改变了人们的生产方式和生活方式,移动互联网需要的共同的规则与制度有哪些?

三、制度变迁的类型

从不同的角度来看,制度变迁有不同的分类。

(一)从制度变迁的层次来看,可分为基础性制度安排与次级制度安排

基础性制度安排,也可称为制度环境,指一系列用来建立生产、交换与分配基础的政治、社会和法律基础规则,如产权和合约权利的规则就是构成经济环境的基本规则。

基础性制度安排是一国的基本制度规定,它决定、影响其他的制度安排。在制度环境中,宪法和法律结构又是至关重要的。

新制度经济学一般把制度环境视为制度创新模型的外生变量。

制度安排是指支配经济单位之间可能合作与竞争的方式的一种安排。这里的制度安排也可称为"第二级制度安排"或者称为"次级制度安排"。

制度安排一般在制度环境的框架里进行。制度安排可能包括单个人,一批自愿合作在一起的人或政府。一般来说,制度环境决定制度安排的性质、范围、进程等,但是制度安排也反作用于制度环境。

制度环境当然是可以改变的,但与其他制度安排相比,制度环境的变迁要相对缓慢得多(革命引起的制度环境的改变除外)。从制度的层次来看,制度变迁中制度环境与制度安排的矛盾可能表现为两种情况:一是制度环境的变迁滞后于制度安排;二是制度安排滞后于制度环境的变化。

（二）从制度变迁的规模来考察：整体制度变迁和局部制度变迁

整体制度变迁是指一个国家或者一个地区制度体系的改革,这种制度变迁涉及几乎所有的制度,这又可称为宏观制度变迁。与整体制度相对应的制度均衡可以称为一般制度均衡。

局部制度变迁是指同一轨迹的单个制度变迁,如粮食流通制度变迁、土地制度变迁、社会保障制度变迁等。与局部制度相对应的制度均衡称为局部制度均衡。

（三）从制度变迁的主体来考察：需求诱致性制度变迁和强制性制度变迁

诱致性制度变迁指的是现行制度安排的变更或替代,或者是新制度安排的创造,它由个人或一群人,在响应获利机会时自发倡导、组织和实行的。诱致性制度变迁必须由某种在原有制度安排下无法得到的获利机会引起。

需求诱致性制度变迁是来自地方政府和微观主体对潜在利润的追求,改革主体来自基层,程序为自下而上,具有边际革命和增量调整性质。

强制性制度变迁是国家在追求租金最大化和产出最大化目标下,通过政策法令实施的,它是以政府为制度变迁的主体,程序是自上而下的激进性质的存量革命。

（四）从制度变迁的速度来考察：激进式的制度变迁和渐进式的制度变迁

激进式的制度变迁是指以终极预期目标为参照系数,采取迅速而果断的行动,一步到位安排预期制度的方式,"破"与"立"同时进行,也就是在新制度安排的同时,否认现存的组织结构和信息存量。而渐进式的制度变迁相对缓和,逐步推进制度变迁。

制度转轨的
一般性与国
别性

生活中的经济学 ▶ 发展市场经济的逻辑

党的十一届三中全会作出把党和国家工作中心转移到经济建设上来、实行改革开放的历史性决策。进行经济建设、推动经济发展,就要提高资源配置效率。在以公有制为主体的社会主义条件下能否发展市场经济呢？改革开放之初,理论界围绕这个问题进行了热烈讨论。1992 年邓小平同志发表南方谈话明确指出,市场经济不等于资本主义,社会主义也有市场。党的十四大明确提出,我国经济体制改革的目标是建立社会主义市场经济体制。这表明,我们党在解决公有制与市场经济能否结合、怎样结合问题上迈出了决定性步伐,逐渐搞清楚了建立社会主义市场经济体制的理论逻辑。

第一,商品交换的制度前提并不是生产资料所有权,而是产品所有权。马克思虽然说过"私有权是流通的前提",但他所说的私有权并非生产资料私有权,而是商品私有权。马克思指出:"商品不能自己到市场去,不能自己去交换。因此,我们必须找寻它的监护人,商品所有者。""对于那种还要进入流通的商品的所有权,就表现为直接从商品占有者的劳动中产生的所有权。"这就是说,商品生产者即便没有生产资料所有权,但如果拥有产品所有权,就可以进行市场交换。

第二,生产资料所有权与经营权可以分离,因而生产资料所有权与产品所有权也可以分离。生产资料所有权与经营权的分离,必然带来生产资料所有权与产品所有权的分离。企业只要拥有了产品所有权,就能成为市场交换主体。因此,在公有制为主体的基础上可以建立市场经济体制,其前提是将公有的生产资料经营权委托给企业,让企业拥有产品所有权。

这两点充分证明,"如果财产不是私有,就没有办法进行商品交换"的西方经济学理论逻辑是不正确的,在公有制为主体的社会主义条件下可以发展市场经济。

思考题:
1. 请简要说明在公有制为主体的基础上建立市场经济体制的理论逻辑是什么？
2. 查阅资料,分析市场失灵与市场机制的局限性。

本 讲 小 结

1. 制度是强制执行的人与人的关系的行为规范。

2. 降低交易成本是制度的基本好处。

3. 个人理性和集体理性的冲突是制度起源的重要原因。

4. 交易费用的存在必然导致制度的产生,制度的运作又有利于降低交易费用。只有在无交易费用的状况下,交易者才能忽视制度安排达到总收入的最大化。当交易有费用时,制度就会起作用,或者说制度至关重要。

5. 在不同制度下交易费用存在巨大的差异。

6. 从制度变迁的主体来考察有需求诱致性制度变迁和强制性制度变迁。

思考及运用

　　1. 在交易成本为零的条件下,货币、商品还要不要? 或者在货币、商品出现之前,交易费用是否为零? 在交易成本为零的条件下,计划机制和市场机制有没有区别?

　　2. 从产权经济学的角度来看,是否意味着要保持产权的延续性和稳定性,从而保持产权的长期激励呢? 尤其是对个人拥有财产的激励。

　　3. 为什么会产生制度供给过剩?

　　4. 单个交易的成本越低,那么这种制度就越有效。发展中国家与发达国家差距形成的一个重要原因是发展中国家的制度成本高。这种高的制度成本(指单个交易的成本)使发展中国家的分工、交易等经济发展的因素大大地受到制约。

　　5. 诺斯试验:10多年前,诺斯做了纺织品下订单的全过程试验。他采用一整套标准来间接反映交易成本状况。当订单下了以后,对各国生产产品、完成订单的质量和完成订单的时间等打出分数。然后与不同收入的国家进行对比,结果和他们预想的一致:美国和中国香港等地方,按照效率来分类排在名单的前列,而莫桑比克等地方则排在了名单的最下方。经济越发达,对交易越有利,交易效率越高,进一步讲,交易成本是不是也越低呢?

　　6. 西方知识产权制度本身也存在高度的扭曲。最根本的问题在于,知识是一种公共品,而且是一种全球性的公共品,对其使用不会产生边际成本。托马斯·杰斐逊曾说,知识就像蜡烛,点燃别的蜡烛并不会使自己受损,反而会带来更多光明。因此,知识产权的存在会限制对知识的利用,并必然造成对效率的损害。你认为这种说法对吗? 为什么?

第十二讲　GDP 与经济增长

引导问题

如何衡量一国经济状况？
经济增长由什么因素决定？
如何理性看待 GDP？
如何保持长期经济增长？

核心概念

GDP　　名义 GDP 与实际 GDP　　GDP 的局限性　　经济增长的"三驾马车"

案例引入

2023 年我国 GDP 概况

国家统计局公布数据显示,初步核算,2023 年全年国内生产总值(GDP)1 260 582 亿元,按不变价格计算,比上年增长 5.2%。

分产业看,第一产业增加值 89 755 亿元,比上年增长 4.1%;第二产业增加值 482 589 亿元,增长 4.7%;第三产业增加值 688 238 亿元,增长 5.8%。分季度看,一季度国内生产总值同比增长 4.5%,二季度增长 6.3%,三季度增长 4.9%,四季度增长 5.2%。从环比看,四季度国内生产总值增长 1.0%。

思考题:

我国已成为世界第二大经济体,那么,衡量一国经济状况的最佳指标是什么?什么是国内生产总值(GDP)? GDP 如何衡量? GDP 有缺陷吗?如何才能保持一国经济的长期增长?

第一节　GDP

一、GDP 的概念

GDP 作为一个国家或地区一定时期内社会经济活动成果的集中体现,已成为各级政府制订经济发展计划和战略目标的重要依据,并成为家喻户晓、世人关注的经济"晴雨表"。那么,究竟什么是 GDP 呢?

GDP 是三个英文单词首字母的组合,分别为:gross(总的),domestic(国内的),product(产值),即我们通常所说的"国内生产总值"。从定义来看,GDP 主要包含了以下几方面内容。

> **国内生产总值(gross domestic product,GDP):** 在某一既定时期内一个经济社会(一国或一地区)运用生产要素所生产的全部最终产品(物品和劳务)的市场价值。

(一) GDP 是价格概念

为什么采用价格而不是实物来表示一个经济社会的总产量呢?原因在于:最终产品和劳务有成千上万种,如衣服、钢笔、汽车、住房、医疗、教育等,这些商品的计量单位各不相同,显然不能将它们直接加总,要想加总就必须找到共同的量纲。幸好,它们都有自身对应的价格,这一点是可以直接相加的,即用最终产品的单价乘以产量获得其市场价值,然后进行加总。例如,某国一年生产 50 万件衣服,每件衣服的售价为 100 元,那么,本年度该国计入 GDP 的衣服市场价值则为 5 000 万元。

(二) GDP 测度的是最终产品的价值

首先,我们要弄清楚什么是最终产品和中间产品?最终产品是指在同期内不再加工,可供最终使用和消费的产品;而中间产品指的是用于再出售而供生产别种产品用的产品。GDP 只统计最终产品,不统计中间产品。当最终产品的价值计入 GDP 时,中间产品的价值已经包含在最终产品的价格中,所以如果将中间产品的价值再计入 GDP 就会产生重复计算,从而夸大一个国家的产值。

> **即时思考:** 根据中间产品和最终产品的概念,请说明面粉和面包分别属于中间产品还是最终产品? 请问你还能举出其他中间产品和最终产品的例子吗?

(三) GDP 测度的是现期生产的产品

GDP 强调的是现期生产,它不包括过去生产的产品交易。例如,福特公司生产并销售一辆新汽车时,这辆汽车的价值应该包括在当年的 GDP 中,但如果是某人花 20 万元购买了一辆福特公司去年生产的二手车,其中 19.8 万元是二手车的价值,2 000 元是二手车经纪人的费用,很

> **国民生产总值(gross national product,GNP):** 一定时期内某国国民拥有的生产要素所生产的最终产品和劳务的市场价值。

显然,这 19.8 万元不能计入 GDP,因为它在去年已经计算过,但买卖这辆二手车的 2 000 元经纪人费用可以计入 GDP,因为这是经纪人买卖二手车过程中提供的劳务报酬。

(四) GDP 局限于一国地理范围之内

GDP 是一国范围内生产的最终产品的市场价值,从而是一个地域概念,而与此相联系的国民生产总值(GNP)则是一个国民概念。因此,一个在中国工作的美国公民的收入要计入中国的 GDP,但不计入美国的 GDP,而是计入美国的 GNP 中;反之,一个在美国开设公司的中国老板取得的利润是中国 GNP 的一部分,而不计入美国的 GNP,但要计入美国的 GDP。因此,若某国一定时期内的 GNP 超过 GDP,说明该时期该国公民从外国获得的收入超过了外国公民从该国获得的收入,而 GDP 超过 GNP 时情况则正好相反。

(五) GDP 是一定时期内生产的最终产品的市场价值

GDP 计算的是特定时期内生产的最终产品的市场价值。这个时期通常是指一年或一个季度(三个月)。GDP 衡量在这一段时期内经济收入与支出的流量。

二、GDP 的核算

既然 GDP 是如此重要的一个指标,那么,我们应该如何核算 GDP 呢? 当前 GDP 的核算方法有以下三种。

(一) 生产法

生产法是从生产者的角度来计算 GDP。从国民经济各部门一定时期内生产和提供的产品和劳务的总价值中,扣除生产过程投入的中间产品的价值,从而得到各部门的

从"生产法"看我国 GDP 构成

增加值,各部门增加值总和即 GDP。计算公式为:

$$GDP = 各行业增加值之和 = \sum 各行业总产出 - \sum 各行业中间消耗$$

即时思考: 近年来我国第三产业在 GDP 中所占比重与发达国家如美国的差别?请查找资料予以说明。

(二)支出法

支出法是通过核算在一定时期内整个社会购买最终产品的总支出即最终产品的总售价来计量 GDP。在现实生活中,产品和劳务的最后使用,除了居民消费,还有企业投资、政府购买及出口。因此,用支出法核算 GDP,就是核算经济社会在一定时期内消费、投资、政府购买,以及净出口这几方面支出的总和。

(1)消费(指居民个人消费,用字母 C 表示)支出包括购买耐用消费品、非耐用消费品和劳务的支出。

(2)投资(I)包括固定资产投资和存货投资两大类。固定资产投资指新厂房、新设备、新商业用房,以及新住宅的增加;存货投资是企业掌握的存货价值的增减。

从"支出法"看我国 GDP 构成

(3)政府购买(G)是指各级政府购买物品和劳务的支出,如政府花钱设立法院、提供国防、建筑道路、开办学校等方面的支出。政府购买只是政府支出的一部分,政府支出的另一些部分如转移支付、公债利息等都不计入 GDP。

(4)净出口($X-M$)指出口与进口的差额。进口(M)应从本国总购买中减去,因为进口表示收入流到国外;出口(X)则应加进本国总购买量之中,因为出口表示收入从外国流入。净出口可能是正值,也可能是负值。

把上述四个项目加总,支出法计算 GDP 的公式可写成:

$$GDP = C + I + G + (X - M)$$

(三)收入法

收入法即用要素收入亦即企业生产成本来核算 GDP,包括以下项目:

(1)工资、利息和租金等这些生产要素的报酬;

(2)非公司企业主收入,如医生、律师、农民和小店铺主的收入;

(3)公司税前利润,包括公司所得税、社会保险税、股东红利及公司未分配利润等;

(4)企业转移支付及企业间接税;

(5)资本折旧。它虽不是要素收入,但包括在应回收的投资成本中,故也应计入 GDP。

三、名义 GDP 与实际 GDP

我们将 GDP 定义为物品和劳务的货币价值,而在计算这一货币价值时,我们使用的是市场价格这根标尺。但价格

> **名义 GDP(nominal GDP):**一个经济体在一年内生产的以当年价格计算的全部最终产品(物品和劳务)的市场价值。

会随时间变化,通货膨胀会年复一年地将价格推向更高的水平。因此,一国 GDP 的变动由两个因素造成:一是所生产的物品和劳务数量的变动,二是物品和劳务价格的变动。当然,两者也常常会同时变动。用货币作为尺度时,经济学家必须解决一个问题,那就是价格变动,即我们需要用固定不变的尺子来衡量 GDP,即剔除 GDP 中价格增长的因素,即我们通常所说的名义 GDP 和实际 GDP。

为了便于理解实际 GDP 的计算过程,我们构造一个简单的经济体,假设这个经济体只生产苹果和服装两种产品,并且这两种产品只向最终消费者出售,两种产品在 2013 年和 2023 年的价格和产量如表 12-1 所示。首先我们从该表中可以看出,从 2013 年到 2023 年总销售额增加了,2013 年总销售额为 5 000×2+200×10＝12 000(元),2023 年总销

> 实际 GDP(real GDP):一个经济体在一年内生产的以某年作为基期价格计算的全部最终产品(物品和劳务)的市场价值。

售额为 6 000×2.2+240×11＝15 840(元),增幅为 32%。但是,我们也清楚地看到,GDP 货币值 32% 的增幅中,不仅反映了苹果和服装产量的增加,同时也包含了它们价格的上涨。

表 12-1　简单经济体的名义 GDP 和实际 GDP

项　目	指　标	2013 年	2023 年
苹果	价格/(元/吨)	5 000	6 000
	产量/亿吨	2	2.2
服装	价格/(元/件)	200	240
	产量/亿件	10	11
GDP	名义 GDP/亿元	12 000	15 840
	实际 GDP/亿元	12 000	13 200

为了只估计出总产出的实际增长,我们必须回答如果价格不变,GDP 会增长多少?为了回答这个问题,我们需要用 2013 年的价格来表示 2023 年的产值,具体为:5 000×2.2+200×11＝13 200(亿元),而 2013 年的产值为 12 000 亿元,因此,以 2013 年价格作为基期衡量的 GDP 增长了 10%(从 12 000 亿元增长到 13 200 亿元)。

2023 年名义 GDP 与实际 GDP 的差别,可以反映出这一时期和基期相比价格变动的程度,该例中:(15 840÷13 200)×100%＝120%,说明从 2013 年至 2023 年该国价格水平上升了 20%。在这里,120% 即 GDP 平减指数。

> GDP 平减指数(GDP deflator):名义 GDP 与实际 GDP 的比率。

在上述简单经济体中,用名义 GDP 衡量的产值变化会产生高估,我们以为增幅有 32%,实际只有 10%。

我国名义
GDP 与实际
GDP 差距有
多大？

伊斯特林
悖论

即时思考：我国实际 GDP、人均实际 GDP 与美国的差距为多少？请查找资料予以说明。

四、理性看待 GDP

那么，我们应如何理性看待 GDP 呢？近年来，大家对 GDP 的局限性开始有了越来越多的认识。例如：GDP 不能准确反映一个国家财富的变化，不能反映某些重要的非市场经济活动，不能反映经济发展对资源环境所造成的负面影响等。具体来看，GDP 的局限性主要体现在以下几个方面。

（一）没有考虑非市场性活动

GDP 几乎未包括所有在市场之外进行的活动的价值：GDP 遗漏了在家庭中生产的物品与劳务的价值，许多居民活动产生很多有价值的准市场性的产品和服务没有计入 GDP，如：托儿所对孩子的照顾是 GDP 的一部分，而父母在家照顾孩子则不是。GDP 没有包含地下经济，地下经济是一种国民经济中未向政府申报登记，经济活动脱离政府法律法规约束，且不向政府纳税的经济成分。地下经济活动涉及生产、流通、分配、消费等各个经济环节，可谓无处不在，是当前世界范围内的一种普遍现象，被国际社会公认为"经济黑洞"。较少有资料具体统计地下经济情况，仅有加拿大统计局报告显示 2021 年加拿大地下经济飙升至 685 亿元，比上一年增长 4.8%，占 GDP 总额的 2.7%。

生活中的经济学　　如何估算我们的生活成本？

有一句谚语说：如果一个人同他（她）的管家或厨师结婚，GDP 将会下降。事实确实如此：如果某人提供付费服务，这些服务将被计入 GDP。但是家庭成员之间的服务则不计入 GDP。一些经济学家试图用替代指标来"估算"家务劳动的价值，即估计这些家务劳动在由市场提供情况下的价值，但是对 GDP 的标准测算不包含这种估算。

然而，GDP 的测算中却包含了对"自住房"价值的估算。换句话说，如果你买下原先租住的房子，GDP 不会下降。确实，你不需要再向房东支付房租，房东也不再向你提供服务——也就是对房子或公寓的使用权。但是不管你住在哪里，不管是房子还是公寓，统计人员都会对你所需支付的租金做出估计，从 GDP 统计角度来看，自住房就好比你租了自己的房子住。

仔细思考一下，这一点意义非常重大。在一个许多人都拥有自住房的国家，从自己房子中所得到的收益是生活水平的重要组成部分。因此，为准确起见，对 GDP 的测算必须考虑房主所拥有的房子及房租的价值。

思考题：

1. 结合案例，为什么一个人同他（她）的管家或厨师结婚，GDP 将会下降？但买下原先租住的房子,GDP 却不会下降?

2. 你生活中支付的所有成本都计入 GDP 了吗?

(二)没有考虑环境破坏活动

设想政府取消了所有的环境管制,那么企业就可以不考虑它们引起的污染而生产物品和劳务,GDP 会增加,但福利很可能会下降。空气和水质量的恶化要大于更多生产所带来的福利利益。对于我国而言,2010 年已超过日本成为全球第二大经济体,这是日本自 1968 年超过当时的联邦德国成为全球第二大经济体后,持续 42 年之久的座次被中国夺走。虽然我国 GDP 跃居全球第二无疑是一件具有里程碑意义的好事,但无法回避的一个事实是,过去的经济发展方式导致了一些环境问题。如今,我国正在着力推动高质量发展,加快发展方式绿色转型。

(三)没有考虑收入分配

假设有两个国家 A 和 B:A 国由年收入均为 10 万元的 1 000 个人组成,那么 A 国的 GDP 为 1 亿元;B 国由年收入为 30 万元的 200 个人、5 万元的 800 个人组成,那么 B 国的 GDP 仍为 1 亿元。虽然两国 GDP 相等,但 A 国不存在收入差距问题,B 国居民间的收入差距则较大,即 GDP 并没有考虑收入差距问题。那么,目前我国的贫富差距问题如何呢? 在 2024 年,中国的贫富差距状况得到了一定程度的改善。国家统计局的数据显示,中国的基尼系数在过去的几年里呈现出逐渐下降的趋势。这意味着中国的收入分配变得更加均衡,贫富差距正在逐步缩小。

(四)不是衡量福利的完美指标

对美好生活有贡献的某些东西并没有包括在 GDP 中,如现实中闲暇时间太少、工作压力大和职业枯竭等。2023 年的调查显示,64％的职场人"工作幸福指数"并不高,每 10 个在职人士就有 3 个人的工作幸福感偏低,每 10 个在职人士只有 1 个人的工作幸福感较强。其中,8.9％认为自己工作很不幸福,19.9％选择了自己工作不太幸福,37.2％感觉不到工作的幸福,只有 9.79％的被调查者感觉自己是在幸福地工作着。

第二节　经济增长的决定因素

经济增长由什么来决定呢? 我们常把消费、投资、出口比喻为推动经济增长的"三驾马车"。

一、"三驾马车"之消费

消费通常指的是最终消费,即常住单位为满足物质、文明和精神生活的需要,从本国领土和国外购买的货物和服务的支出,它主要包括了居民消费和政府消费。居民消费主要有哪些呢? 我们以刚毕业的大学生小王为例,小王毕业后为了解决衣食住行,在

我们应如何理性看待 GDP?

工作单位附近租住了一间生活用房,购买了职业装,平时还需要缴纳电话费、网费,并且为了提升工作技能,她还报了办公软件培训班。那么小王购买衣服、食物等的商品性消费,缴纳电话费、网费、培训费等的文化生活服务性消费,缴纳房租、水电等的住房水电消费都属于居民消费。而政府消费主要包括政府为社会提供公共服务的支出和政府免费或以较低价格向居民提供的消费货物和服务的净支出,如政府提供的教育、医疗等。

　　消费是如何推动经济增长的呢？消费需求是最终需求,是总需求的重要组成部分,消费增加能够直接推动经济增长,所以消费是推动经济稳定增长的根本动力。此外,消费需求还可以创造出生产的动力,进一步刺激投资需求,促进经济增长。从长期来看,教育、医疗保健等消费支出可以创造人力资本,政府的部分消费性支出可以提供生产性公共产品,这些均为经济长期增长提供了生产要素,助推经济增长。

生活中的经济学　　消费支出拉动经济增长贡献率

　　2024 年 6 月 25 日,国家发展改革委员会同农业农村部、商务部、文化和旅游部、市场监管总局联合印发了《关于打造消费新场景培育消费新增长点的措施》(以下简称《措施》)。国家发展改革委就业司负责人表示,近两年,我国消费需求不断释放,消费市场稳步回暖。2023 年,最终消费支出对经济增长的贡献率为 82.5%,是经济增长第一拉动力。从中长期看,消费的发展机遇和趋势,以下"四新"值得关注。

　　一是人民对美好生活的向往带来消费新需求。从国际经验看,当人均 GDP 迈过 1 万美元大关时,消费升级的进程会显著加快。我国有 14 亿多人口,人均 GDP 超过 1.2 万美元,随着我国人均 GDP 的提升和中等收入群体的扩大,消费升级步伐有望进一步加快。

　　二是科技革命创造消费新供给。当前,科技革命和产业变革加速演进,大数据、云计算、人工智能、物联网、区块链等新技术手段不断涌现,数字技术、数据要素正在深刻改变人类生产和消费,这将为消费供给迭代升级提供众多新机遇。

　　三是人口结构变化蕴藏消费新动能。随着我国居民人口结构变化和社会需求转换,服务消费快速增长。2023 年,全国服务零售额增速较商品零售额高 14.2 个百分点。同时,年轻群体逐渐成为消费主力,个性表达和沉浸体验消费开始受到青睐。

　　四是农村消费升级释放消费新潜力。2023 年年末,我国乡村常住人口共计 4.77 亿人。随着农村消费环境改善、消费渠道完善,城乡消费市场融合水平不断提升,将带动优质消费品下乡及特色农产品进城,有助于释放农村消费潜力,持续拓展新的消费增长空间。

　　思考题:

　　1. 结合案例,我国消费成为经济增长第一拉动力的原因有哪些？

　　2. 结合案例中提到的"四新",科技革命是如何具体影响消费并为其提供新机遇的？

二、"三驾马车"之投资

什么是投资？传统经济学中的投资不同于一般意义上的投资，它并不包括对股票证券的投资，仅仅指增加或者更换原有资本资产的支出，一般用资本形成总额来衡量。

投资是如何推动经济增长的呢？投资也是社会总需求的重要组成部分，它对总需求的总量和结构均会产生直接影响，也是增加社会总供给的重要途径，通过增加投资能够扩大社会生产能力。需求推动作用通常直接表现在投资增长和经济增长的同期数值中，供给推动作用则有一定滞后期。投资波动会导致经济同向波动，它与总产出存在乘数效应。当投资增加时，会立即增加对投资品的需求，增加投资品生产企业的产量，就业就会上升，居民收入增加，从而有利于促进消费需求的增加从而使社会总产出倍数增加；反之则正好相反。投资与经济增长是一种相互促进、相互制约的关系。一般来说，投资的适度增长能促进经济持久发展，投资增长不足可能减缓经济发展，而投资增长过快可能引发经济过热。

生活中的经济学　以有效益的投资带动有潜能的消费

激发有潜能的消费，扩大有效益的投资，形成消费和投资相互促进的良性循环，是扩大国内需求的关键着力点。2023年，我国最终消费支出对经济增长的贡献率达到82.5%，共拉动经济增长4.3个百分点；资本形成总额对经济增长的贡献率达到28.9%，共拉动经济增长1.5个百分点。由此可见，消费和投资是拉动我国内需增长的基本动力，也是促进我国经济增长的关键引擎。

从消费与投资的关系来看，消费与投资是相辅相成、相互促进的。一方面，消费是生产的最终目的和归宿，能够从需求侧为投资指明方向、提供动力，有潜能、高层次的消费需求不仅能带动短期的经济增长，还能牵引投资效益的改善和经济增长可持续性的提升。另一方面，投资是满足消费需求的工具和手段，通过资本积累推进社会再生产，从供给侧适应和满足社会需求。此外，投资对消费还具有促进与引导作用。投资可以通过促进社会再生产创造就业、提高居民收入，为扩大消费需求奠定物质基础。有效益、高质量的投资还能够培育新的消费增长点，推动社会消费结构优化升级。

随着经济社会发展，传统的投资模式对经济增长的边际效益逐步递减，从2012年至2023年，资本形成总额对GDP的贡献率从42.1%下降至28.9%。但随着我国步入高质量发展新阶段，扩大有效益的投资是使得投资这一拉动经济增长的"马车"持续发力的良策。

当前，我国正处于着力扩大内需、推动经济增长动能转换的关键阶段，优化政策支持体系，提升投资效益，以有效益的投资激发有潜能的消费，形成投资与消费的良性循环应有的放矢。

（资料来源：曹亚伟，《以有效益的投资带动有潜能的消费》，经济日报，2024 年 3 月 18 日）

思考题：

结合案例，说明为什么扩大有效益的投资对我国经济增长至关重要？

三、"三驾马车"之出口

出口是如何推动经济增长的呢？内需可以为外需提供重要的支撑和动力，同样，外需对内需也有巨大的拉动作用。外需从不同方面直接或间接地刺激内需，形成了如"出口—带动国内相关产业的发展—提供大量就业岗位—提高居民收入水平—扩大消费需求"或"出口—缓解国内产能过剩—减少相关企业破产—增加国家税收收入—扩大国内投资需求和消费需求"的"拉动链"。外需还通过"示范效应"推动内需升级，这种"示范效应"同时存在于投资和消费两个领域。因此，在扩大以内需为宏观经济调控立足点的同时，不可忽略或小视稳定外需的作用，需要继续重视和支持对外贸易发展，充分发挥好外贸对上下游产业的乘数效应，实现以外需带动内需，以内需促动外需。

即时思考：近年来"三驾马车"对我国经济增长的贡献率是如何变化的，请查找资料予以说明。

第三节　经济长期增长的影响因素

一、物质资本的增加

经济学家巴里·博斯沃思和苏珊·科林斯对中国和印度经济增长进行比较研究所使用的总量生产函数为：

$$工人人均 GDP = T \times (工人人均物质资本)^{0.4} \times (工人人均人力资本)^{0.6}$$

可以看出，物质资本对生产率有重要的影响效应，保证物质资本增加是保证长期经济增长的前提之一。政府在推进物质资本增加时，可以从两个方面进行。

（一）基础设施的建设

尽管基础设施有一部分是由企业提供，但很大一部分都是由政府提供或者管理和支持。政府在基础设施方面的增加将会对经济起到非常重要的作用。

> **基础设施（infrastructure）：**诸如道路、电线、港口、信息网络，以及其他一些能够为经济活动提供支持或平台的物质资本。

（二）提高国民储蓄和投资

由于资本是生产要素，因此，一个社会可以改变它所拥有的资本量。如果经济今天生产大量新资本品，那么明天它就拥有大量资本存量，并能生产更多的物品与劳务。提高未来生产率的一种方法是把更多的现期资源投资于资本的生产，这就要求社会牺牲现期物品和劳务的消费，把更多的现

> **资本收益递减规律（diminishing returns）：** 随着资本存量的增加，由增加的一单位资本生产的额外产量减少。

期收入储蓄起来，增加资本存量，从而引起生产率的提高和 GDP 的更快增长。那么，这种高增长率能持续多长时间呢？生产过程的传统观点是，资本要受到收益递减的制约。换句话说，当工人已经用大量资本存量生产物品与劳务时，再给他们增加一单位资本所提高的生产率是微小的。由于收益递减，储蓄率的增加所引起的高增长只是暂时的。随着高储蓄率使积累的资本更多，从增加的资本中得到的收益一直在减少，因此增长放慢。在长期中，高储蓄率引起高水平的生产率和收入，但在这些变量中并没有高增长。然而，达到这种长期可能需要相当一段时间。根据对经济增长国际数据的研究，提高储蓄率可以在几十年内引起相当高的增长。另外，资本存量的增加还可以通过引进国外的投资来实现。当跨国企业在一个国家投资时，他们这样做是因为他们期望获得投资收益。在墨西哥的福特公司的汽车厂增加了东道国的资本存量，因此提高了墨西哥的生产率，增加了墨西哥的 GDP，但福特公司也以利润的形式把一些额外收入带回美国。跨国投资的一部分收益流回外国所有者手中，同时这种投资也增加了东道国的资本存量，导致该国更高的生产率和更高的工资。而且，来自国外的投资也是穷国学习富国开发并运用先进技术的一种方式。

二、人力资本的增加

经济学家认为，人力资本对经济增长特别重要，因为人力资本带来正外部性。外部性是一个人的行为对旁观者福利的影响。例如，一个受过教育的人会产生一些有关如何更好地生产物品与劳务的新思想。如果这些新思想进入社会的知识宝库，每一个人都可以利用，那么这些思想就是教育的外部收益。在这种情况下，学校教育的社会收益就远远大于个人收益，这种观点证明了我们看到的以公共教育为形式的大量人力资本投资补贴的正确性。

教育到底有多重要？

三、技术和研发

技术进步是经济增长的主要动力。科学使得新技术的产生成为可能，但仅仅有科学是不够的，科学知识必须转化成有用的产品和流程，这就需要投入大量的资源进行研究和开发。目前，许多的研发都是由政府进行资助和促进的。例如，我国政府一直以来用国家科学基金鼓励知识进步，并利用补贴和减税的方式鼓励企业从事研究与开发。

政府政策借以鼓励研究的另一种方式是专利制度。当一个人或一个企业发明了一种新产品，如一种新药品时，发明者可以申请专利。如果认定该产品的确是原创性的，

政府就授予专利,从而给予发明者在规定年限内排他性地生产该产品的权利。在本质上,专利给予发明者对其发明的产权,这就把他的新思想从公共物品变成私人物品。通过允许发明者从其发明中获得利润——尽管只是暂时的——专利制度就增加了对个人和企业从事研究的激励。

技术进步对经济增长的影响

四、政治稳定和产权保护

如果暴乱会毁坏你的财产,在那里投资就没有什么吸引力。同样,如果具有政治权力的人能够窃取你的储蓄资金,那么储蓄就没有什么吸引力。政治稳定和产权保护是保证经济长期增长的重要因素。如果一家餐厅预计来吃饭的客人都不会付钱,它就不会努力经营,只有相信将会从经营中获得利益,它才会继续经营。因此,在经济体中我们需要有良好的法律和保证这些法律实施的制度来保护产权。法律必须明确规定你的财产确实是属于你的,从而防止他人来侵犯;法院和警察必须足够诚实来执行法律;政治体系必须足够稳定从而保证法律不会朝令夕改。许多国家缺乏产权已成为一个严重问题,司法制度不能很好地运行,合同很难得到实施,而欺诈往往没有受到应有的惩罚,在较为极端的情况下,政府不仅不能实施产权,而且实际上还侵犯产权。在一些国家中企业为了进行经营需要贿赂有权的政府官员,这种腐败阻碍了市场的协调能力,并且还抑制了国内储蓄和来自国外的投资。

生活中的经济学

GDP 与绿色经济

彭博社在 2024 年 1 月 25 日发布报道,引用赫尔辛基智库能源与清洁空气研究中心(CREA)的一份深度报告,揭示了 2023 年中国绿色经济的显著增长。报告详细指出,中国的绿色经济在 2023 年为国内生产总值(GDP)注入了高达 114 000 亿元的新活力,同比增长幅度达到了 30%,创下了历史性的新高。

这一显著的增长趋势,得益于中国在清洁能源领域的持续投入和发展。报告进一步分析,清洁能源在上年的中国经济增长中占据了高达 40% 的比重,显示了中国对可再生能源的深度依赖和坚定承诺。在推动清洁能源发展的主要因素中,太阳能发电、电池板制造、电动汽车,以及电池技术成为主导力量,这些领域的创新和发展为中国的经济增长注入新的活力。

回顾 2023 年,中国的 GDP 实现了 5.2% 的稳健增长。然而,如果没有清洁能源的显著贡献,这一增长数字可能会大幅下滑。报告中援引分析师的观点,如果没有清洁能源的助力,上年的经济增长可能仅达到 3%。这一数据进一步凸显了清洁能源在中国经济发展中的关键角色。

CREA 在报告中强调,清洁能源对经济增长的显著贡献,使其在中国经济和工业政策中占据了举足轻重的地位。这一趋势预示着中国可能会进一步加快能源结构的转型,将更多的资源和投资转向可再生能源领域。此外,这也可能促使中国在全球范围内加大对可再生能源项目的融资和开发力度,以推动全球绿色经济的发展。

思考题:

结合近年我国绿色经济发展状况,分析经济保持长期增长的原因。

本 讲 小 结

1. 国内生产总值(GDP):在某一既定时期内一个经济社会(一国或一地区)运用生产要素所生产的全部最终产品(物品和劳务)的市场价值。其核算方法包括生产法、支出法和收入法三种。

2. 名义 GDP:一个经济体在一年内生产的以当年价格计算的全部最终产品(物品和劳务)的市场价值;实际 GDP:一个经济体在一年内生产的以某年作为基期价格计算的全部最终产品(物品和劳务)的市场价值;名义 GDP 与实际 GDP 的比率为GDP 平减指数。

3. 推动经济增长的"三驾马车"包括:消费、投资和出口。

4. GDP 的局限性主要包括:没有考虑非市场性活动、没有考虑环境破坏活动、没有考虑收入分配状况以及不是衡量福利的完美指标。

5. 一个国家保证经济长期增长应采取的政策为:保证物质资本的增加、保证人力资本的增加、加强技术进步和研发,以及加强政治稳定和产权保护。

思 考 及 运 用

1. 为什么经济学家在判断经济福利时用实际 GDP,而不用名义 GDP?

2. 一个农民以 5 元的价格把小麦卖给面包师,面包师用小麦做成面包,以 15 元的价格出售。请问上述交易对 GDP 的贡献为多少呢?

3. 某商品的生产日期为 2023 年 12 月,销售日期为 2024 年 2 月,售价为 150元。那么,该 150 元应计入哪一年的 GDP?

4. 特斯拉中国公司、海尔在美国工厂的利润分别怎样计入两国的 GDP 和 GNP?

5. 近年来,妇女的有偿工作时间增加,无报酬的工作时间减少。请分析:

(1) 妇女有偿工作时间的增加如何影响 GDP?

(2) 分析 GDP 核算中是如何处理非市场性的经济活动。

(3) 解释下面一个问题:为什么当一个人和他(她)的花匠结婚成家时,会减少 GDP。

第十三讲　货币与银行体系

🔍 **引导问题**

劣币驱逐良币的现象对国家经济造成什么影响？

在当今世界,面临全球性金融危机时,各国央行能发挥多大作用？

市场均衡利率是如何形成的呢？

🎯 **核心概念**

货币　　货币需求　　均衡利率

货币的前世今生

中国的货币在形成和发展中,经历了多次重大演变:由自然货币向人工货币的演变,由杂乱形状向统一形状的演变,由地方铸币向中央铸币的演变,由文书重量向通宝、元宝的演变,由金属货币向纸币的演变。

在还没有发明货币的时代,我们的祖先靠着以物易物的方式进行商品的流通。不过,这样不但容易有亏本买卖而且物品交换也非常不方便。于是,就需要有一个用于多次交换的媒介,这种媒介就是"货币",也称为"通货",是从普通商品中分离出来的"一般等价物"。货币具有以下几个属性:一是代表着商品的价值,二是其代表的价值被大家所公认,三是比一般商品体积更小,更易于携带与分割,适合频繁地作为商品交换的媒介。

我国最早的货币是起源于商朝的贝币,原始贝币是天然的海贝,它产自大海,不仅小巧美丽又坚固耐磨还便于携带,因此成了我国最早的货币。随着商品交换的扩大,贝币的流通数量日益庞大。但天然贝来源有限,不敷应用,于是便出现了仿制贝。后来,发展到用铜来制造,这就是铜贝。铜铸币的产生,使古代货币进入了人工铸造的新时期。宋代的中国,经济在经历唐末五代动荡之后重新走上安定发展的道路,商品经济的发达,使宋代年均铸钱数超过唐代近20倍,同时,宋代铸造的多种多样的铁钱,也构成了中国货币史上最为复杂的铁钱制度。然而,大额交易时,铁钱重量大而价值低,不利于交换,于是宋朝在1023年诞生了一种纸币,被称为"交子"。它比美国(1692年)、法国(1716年)等西方国家发行纸币要早六七百年,因此也是世界上发行最早的纸币。

思考题:

货币的本质是什么?技术发展与货币的关系是怎样的?

第一节　货　币

一、货币的产生

在人类历史上,货币是随着人类生产实践的推进,商品交换发展的产物。货币的演变过程大致经历了以下三个时期:以物易物、商品货币和现代货币。

(一) 以物易物

以物易物指用商品去交换其他商品。尽管以物易物比起没有贸易来说实在是一大进步,然而它操作起来还是极不方便。如果不采用货币这一重大的社会发明,则复杂的劳动分工将会变得不可思议,我们的社会也就不会像今天这样兴旺发达。

（二）商品货币

在人类历史上,作为交易媒介的货币最初是以商品形式出现的。许多不同的商品在不同时期都曾被当做货币使用,如大象、橄榄油、丝绸、啤酒、贝壳、铜、铁、金、银等。上述每种东西都有优点和缺点。大象不能被分成很小的单位。虽然葡萄酒会由于储存而提高品质,但啤酒不能如此。橄榄油是一种良好的流质货币,可以随心所欲地被分成很小的单位以用于支付,但用起来却有点黏手,不易携带。

到19世纪,商品货币几乎全部局限于金银这样的贵金属。这些形式的货币具有内在价值,也即本身具有使用价值。它耐久、质地均匀、易分割、便于携带,可以制成个人装饰品和艺术品。由于具有内在价值,政府没有必要再去保证它的价值;货币的数量也可以通过市场对金银的供求来确定,当金属货币的供给超过市场需求时,多余金银就会从流通领域退出,进入价值储藏领域;反之,当对金属货币的需求超过市场供应时,金银又会从价值储藏领域进入流通领域。不过金属货币也有缺点:一是需要动用稀缺资源来从地下开采它,二是会由于偶然发现矿藏而突然变得丰富起来,中央银行对金属货币的供应量可控性较弱,通货体系不太稳定。此外,人们在每次交易时,都要对金银的成色、质量进行检验和称量,交易成本高。为了降低交易的成本,政府按照统一的标准将贵金属铸成钱币,如金币、铜钱、银元宝等。

因此,货币是充当一般等价物的特殊商品。在历史上,不同的地区曾由不同的商品充当一般等价物,同一地区的不同历史时期,充当一般等价物的商品也往往是不同的。随着商品生产和商品交换的发展,一般等价物的作用最终固定在其自然属性最适宜充当货币的贵金属上面。

400多年前,英国经济学家托马斯·格雷欣在金融货币领域发现了一个有趣的现象:当实际价值不同的金属货币被赋予同等法偿能力时,实际价值较高的货币即良币往往被收藏、熔化或被输出国外;实际价值较低的货币即劣币则充斥市场,成为主要手段。后人将这一发现称为格雷欣效应,亦称为劣币驱逐良币规律。追溯到古罗马时代,人们就习惯从金银钱币上切下一角,这就意味着在货币充当买卖媒介时,货币的价值含量就减小了。古罗马人很快就觉察到货币越变越轻。当他们知道货币减轻的真相时,就把足值的金银货币积存起来,专门用那些不足值的货币。这个例子说明:坏钱把好钱从流通领域中排挤出去了。为控制这一现象的蔓延,政府发行了带锯齿货币,足值货币的边缘都有细小的沟槽。如果货币边缘的沟槽被挫平,人们就知道这枚货币被动过手脚。劣币驱逐良币是当一个国家同时流通两种实际价值不同而法定比价不变的货币时,实际价值高的货币(良币)必然要被熔化、收藏或输出而退出流通领域,而实际价值低的货币(劣币)反而充斥市场的现象。

即时思考:1. 劣币驱逐良币的现象对国家经济造成什么影响?

2. 现代生活中,有哪些现象也体现了这一规律?

（三）现代货币

后来，政府开始发行可与金银兑换的票证作为货币，这时日常生活中人们很少使用金银，而使用纸币作为交易媒介，但是人们可以随时将手里的纸币按照政府事先承诺的标准兑换成金银。最后，人们发觉手里的票证是否能够兑换成金银已经无关紧要，因为这些票证可以被广泛接受。此时，商品货币时代已经让位于纸币时代。货币的本质现在已经很清楚。人们需要货币并不是因为货币本身具有什么价值，而是因为它可以买到所需要的其他商品或服务。我们并不想直接消费货币，而是要把它花出去。即使我们决定要把货币储存起来，它的价值也仅仅在于我们以后能够花掉它。现在，货币的内在价值成了它最不重要的方面。

纸币的普遍使用是因为它是一种方便的交易媒介。纸币易于携带和储存。依靠精心雕琢的底版，能够防止伪造纸币，从而保证了它的价值。受到国家法律限制，私人不能合法地制造纸币，因而它是稀缺的物品。供给上的这种限制条件使得纸币具有价值，它可以购买物品，只要人们能够使用纸币支付他们的账单，只要它被接受为一种支付手段，它就起到了货币的功能。

现在大多数货币是银行货币，储存在银行或其他金融机构中。在美国，企业和个人用支票账户的形式保持现金，并进行商品和服务的支付。他们认为支票账户是十分安全的，而且也确是这样。万一存款人存款的银行经营产生困难，四万美元以下的存款由联邦存款保险公司担保。

把支票当做货币，可能视为怪事。但是它们却受到公认的考验。企业公司、政府机关或者公共机构签署的支票毫无例外地被公众接受，个人支票也是这样。此外，购买越来越多地采用信用办法。月末账单纷至沓来时怎么付法？自然是用支票。这比到银行去取纸币要方便很多，而且关于你花了多少和买了什么也有详细的纪录。事实上，目前在美国有 90% 以上的支付是用支票，其余才是用现金。

随着科技的不断进步和金融体系的逐渐完善，数字货币及其相关技术正在日益成熟，数字货币是一个包括加密货币、虚拟货币和数字化货币的总称。虚拟货币则是在虚拟经济中流通的各种商品货币和所凭据的贵金属、货币等，是虚拟经济的一种体现。

数字货币最早可以追溯到 20 世纪 80 年代，当时一位名叫 David Chaum 的加密学家提出了一种叫作 DigiCash 的加密电子现金系统，该系统基于 RSA 加密算法和 Hash 函数，可以使用户实现数字货币的匿名付款。2008 年，著名的比特币问世，由于其分散式的交易记录机制和强大的密码学安全保障，比特币逐渐成为市场上受欢迎的数字货币。据统计，截至 2021 年年底，全球数字货币市值已经突破 1.5 万亿美元，其中以比特币为代表的加密货币市场占据了绝大部分份额，未来在政策支持和技术进步的推动下，数字货币将会更加安全、高效，交易市场也会更加多元化。

虚拟货币则起源于 20 世纪 90 年代初的虚拟社区，当时一些网站开始出现招募人们在虚拟世界的交易中使用虚拟货币，其中最著名的就是 1995 年创立的电子竞技社区奇迹世界，其虚拟货币"魔法石"开始成为电子竞技市场上的流通媒介。当前虚拟货币市场主要集中于游戏虚拟货币、电商虚拟货币和社交网络虚拟货币等类型。到 2023 年,全球虚拟货币市场规模达到约 40 亿美元,未来虚拟货币的主要应用领域将会是电竞社交娱乐及数字文化等领域。

世界上几种主要的货币

二、货币的基本职能

货币具有五种基本职能,其中价值尺度是第一位的,其他四种功能是流通手段、贮藏手段、支付手段和世界货币,它们与价值尺度职能的立足点不同。

第一,货币执行价值尺度职能,是把一切商品的价值都表现为一定的货币量。价值尺度,是指货币充当衡量商品所包含价值量大小的社会尺度。货币之所以能执行价值尺度职能,是因为货币本身也具有价值,因而能以自身价值作为尺度来衡量其他商品所包含的价值量。货币在执行价值尺度的职能时,并不需要有现实的货币,只需要观念上的货币。例如,1 辆自行车值 5 克黄金,只要贴上个标签就可以了。当人们在作这种价值估量的时候,只要在他的头脑中有金钱的观念就行了。用来衡量商品价值的货币虽然只是观念上的货币,但是这种观念上的货币仍然要以实在的金属为基础。

第二,货币充当商品交换媒介的职能,即流通手段。流通手段的职能是货币作为商品交换的媒介,即购买手段的职能。其主要特点是在商品买卖中,商品的让渡和货币的让渡在同一时间内完成,通俗地说是一手交钱、一手交货。在商品交换过程中,商品出卖者把商品转化为货币,然后再用货币去购买商品。在这里,货币发挥交换媒介的作用,执行流通手段的职能。货币充当价值尺度的职能是它作为流通手段职能的前提,而货币的流通手段职能是价值尺度职能的进一步发展。

第三,货币还具有贮藏手段。贮藏手段即货币退出流通领域充当独立的价值形式和社会财富的一般代表而储存起来的一种职能。货币能够执行贮藏手段的职能,是因为它是一般等价物,可以用来购买一切商品,因而货币贮藏就有必要了。货币作为贮藏手段,可以自发地调节货币流通量,起蓄水池的作用。当市场上商品流通缩小,流通中货币过多时,一部分货币就会退出流通界而被贮藏起来;当市场上商品流通扩大,对货币的需要量增加时,有一部分处于贮藏状态的货币,又会重新进入流通。

若一种资产没有贮藏价值,它将不能用作交换媒介。一种资产要成为货币,就必须具有贮藏价值。现代货币的贮藏价值会随着一国物价水平的变化而发生改变:如果物价上涨,货币存量在对其他物品的购买力上将变小;同时还因为货币通常不能生利,你要损失将货币的机会成本即将货币转化为其他形式的生息资产时的利息收入。因此,人们通常宁愿把他的财富在货币与其他形式的资产比如储蓄、公司股票、公债券等之间进行配置。这些行为对经济运行产生重大影响。

第四,货币具有支付手段的职能。支付手段是随着商品赊账买卖的产生而出现的。在赊销赊购中,货币被用来支付债务。后来,它又被用来支付地租、利息、税款、工资等。现代意义上的支付手段是指货币作为独立的价值形式进行单方面运动(如清偿债务、缴纳税款、支付工资和租金等)时所执行的职能。

第五，货币具有世界货币的职能。随着国际贸易的发展，货币流通超出一国的范围，在世界市场上发挥作用，于是货币便有世界货币的职能。世界货币除了具有价值尺度的职能，还有以下职能：① 充当一般购买手段，一个国家直接以金、银向另一个国家购买商品。② 作为一般支付手段，用以平衡国际贸易的差额，如偿付国际债务，支付利息和其他非生产性支付等。③ 充当国际财富转移的手段。货币作为社会财富的代表，可由一国转移到另一国，例如，支付战争赔款、输出货币资本或出于其他原因把金银转移到外国去。在当代，世界货币的主要职能是作为国际支付手段，用以平衡国际收支的差额。

货币的五种职能中前两种是货币通常履行的功能，但不是必定履行的功能；而价值贮藏功能则是许多资产都能履行的，并不是货币的独特功能。

战俘营里的货币

三、货币只包括现金和银行活期存款这两种资产吗

货币(money)是能方便用于购买产品和服务的任何资产。如果一种资产能够容易地变成货币，那么它就是流动资产(liquid asset)。货币不仅包括现金，根据定义，它具有流动性，也包括其他流动性较高的资产。如银行活期存款(checkable bank deposit)，也是货币。但是是否货币只包括现金和银行活期存款这两种资产呢？不一定如此。我们将在后面看到，使用货币供给(money supply)时有几个较为宽泛的定义，在一个经济体中，金融资产的总价值可被认为是货币。最狭义的定义只将流动性最高的资产视为货币：流通中的货币、旅行支票和银行活期存款。广义的定义除了这三类，还包括那些可方便转化为可开支票的其他资产，比如储蓄账户存款，通过电话指令就可转为活期存款。不管怎样，所有有关货币的定义都区分了容易用于购买产品和服务的资产和那些不能转化的资产。

在任何经济体系中，都有一个庞大的金融资产系列，从通货到对其他金融资产的复杂要求权。这些资产的哪一部分可以称为货币呢？以美国为例，主要的货币总量是货币供给的数量指标，通常包括 M1 和 M2。中美两国货币数量测算口径的分类，如表13-1和表13-2所示。下面我们给出关于各种货币的精确定义。

表 13-1　中国货币数量测算口径分类

统计口径	货 币 资 产 种 类
M0	流通中的现金(纸币、硬币)
M1	M0＋企业的活期储蓄存款＋政府部门、社会机构和部队的储蓄存款＋农村储蓄存款＋个人信用存款
M2	M1＋城乡居民定期储蓄存款＋企业定期存款＋外汇储蓄＋信托储蓄＋证券公司客户保证金

表 13－2　美国货币数量测算口径分类

统计口径	货 币 资 产 种 类
M0	流通中的现金(纸币、硬币)
M1	M0＋活期存款(demand deposits)＋旅行支票(traveler's checks)
M2	M1＋储蓄存款(savings deposits)＋定期存款(time deposits)＋货币市场共同基金(MMMF)和其他存款

(1) 通货(M0),即流通中的纸币和硬币。硬币和纸币是法定清偿手段,所有公共的或私人的债务都必须接受它作为偿还手段。相对而言,纸币是更重要的货币,那么纸币是用什么东西作担保呢? 若干年前,它是用黄金或白银担保。现在已经不再这样需要担保。这就是说,政府规定了某物为货币,该物品就是货币,即使它本身并没有价值。

(2) 狭义货币(M1),又称交易货币,是指实际用于交易的货币,包括流通中的通货(M0)和支票存款。支票存款是一种允许其持有者向第三者签发支票的银行账户,主要包括活期存款、旅行支票。支票存款是见票即付的,不必事先通知,就是说,一旦存款者来到银行要求提款,银行必须立即支付。由于支票存款具备货币的基本特性,因此,经济学家把支票存款也看成货币。就货币作为支付手段的功能而言,M1 是衡量货币的最佳指标。

(3) 广义货币(M2),又称准货币。它主要在 M1 的基础上加上储蓄存款和定期存款。一旦我们承认支票存款属于货币,则另外几种资产便也有资格进入货币的行列。例如,储蓄存款或定期存款是一种非交易用存款,它们的所有者不能对其签发支票,也不是见票即付的,但是它们可以比较容易地转换成通货或支票存款。

从上述分析可知,将货币划分为 M0 、M1、M2 的依据是货币在交易过程中的便利性,M0 和 M1 可直接用于支付,是最便利的支付手段;M2 则不可直接用于交易,便利性弱于前两个指标。

第二节　银行体系的构成

我们在日常工作、生活中,总在与各种各样的银行打交道,这些数量众多的银行可以划分为中央银行、商业银行和政策性银行三类。

一、中央银行

中央银行是一国最高的金融管理机构,负责监管商业银行和其他金融机构、调节货币供应量和利率、制订并执行货币政策。虽然中央银行被称为银行,但是并不经营银行业务,不追求利润最大化,是一个超脱于一般银行之外的政府管理部门。中央银行负责监督管理商业银行和其他金融机构、调节经济中的货币供应量和利率、制订并执行货币政策,以确保国民经济稳定、健康地发展。

中央银行的职能可以概括为发行的银行、银行的银行和政府的银行,中央银行通过履行这些职能,发挥调节经济运行的作用。

（一）发行的银行

中央银行是一国经济中唯一的纸币发行机构,垄断了纸币的发行权。通过这种垄断权,中央银行可以根据经济发展的需要,适时调节经济中的货币供应量。

（二）银行的银行

中央银行既是商业银行的监管者,也为商业银行提供服务。中央银行负责保管商业银行的准备金(下文将详细介绍)、办理商业银行之间资金清算并充当商业银行的最终贷款人。最终贷款人是指在危机时刻中央银行应尽的融通责任,它应满足对高能货币的需求,以防止由恐慌引起的货币存量的收缩。

（三）国家的银行

中央银行经办政府的财政收支、代理政府的金融事务并为政府提供资金融通。作为最高的金融管理机构,中央银行负责制订各种金融法规,执行对商业银行的监督管理。作为国家的银行,第一,它代理国库,一方面根据国库委托代收各种税款和公债价款等收入作为国库的活期存款,另一方面代理国库拨付各项经费,代办各种付款与转账;第二,提供政府所需资金,既用贴现短期国库券等形式为政府提供短期资金,也用帮助政府发行公债或直接购买公债的方式为政府提供长期资金;第三,代表政府与外国发生金融关系;第四,执行货币政策;第五,监督管理全国金融市场活动。

我国的中央银行是中国人民银行,美国的中央银行是联邦储备局,日本的中央银行是日本银行,英国的中央银行是英格兰银行,法国的中央银行是法兰西银行。

中国人民银行的发展历程

即时思考:
1. 中国人民银行产生的过程说明了什么?
2. 在当今世界,面临全球性金融危机时,各国央行能发挥多大作用?

二、商业银行

商业银行是经营货币业务的企业,通过货币资金存贷、提供清算理财服务、信息咨询等活动谋求利润的最大化。商业银行构成银行体系的主体,是唯一能够接受活期存款的金融机构,经济中的货币供给量正是通过商业银行的存款创造和收缩形成的。

我们平时接触最多的就是商业银行,商业银行向个人、各类企业提供存款、贷款、结算等服务,从中赚取利差、收取手续费。我们银行体系的核心是中国人民银行,主体是四大国有商业银行(中国农业银行、中国工商银行、中国建设银行和中国银行)在内的银行体系,四家国有商业银行拥有整个银行体系大部分的资本和业务量;此外,许多股份制商业银行也取得了较大的发展,其中包括交通银行、光大银行、上海浦东发展银行和深圳发展银行等。

　　商业银行之所以被称为商业银行,是因为早先向银行借款的人都经营商业,但后来工业、农业、建筑业、消费者也都日益依赖商业银行融通资金,故其客户遍及经济各部门,业务也多种多样,但出于习惯,原来商业银行的称呼被沿用下来。商业银行的主要业务是负债业务、资产业务和中间业务。负债业务主要是吸收存款,包括活期存款、定期存款和储蓄存款。资产业务主要包括放款和投资两类业务。放款业务是为企业提供短期贷款,包括票据贴现、抵押贷款等。投资业务就是购买有价证券以取得利息收入。中间业务是指代为顾客办理支付事项和其他委托事项,从中收取手续费的业务。

　　商业银行从存贷款的利息差中获取利润。也就是说,商业银行对存款支付较低的利息,而对贷款收取较高的利息,这中间的差额就构成了商业银行的利润。从这个意义上说,一个商业银行就是一个相对简单的企业,其存在的目的就是给它的所有者赚钱。

互联网金融:
大数据时代
下的银行的
蝶变

三、政策性银行

　　政策性银行是为了贯彻国家政策而设立的金融机构,国家通过政策性银行向需要发展的行业部门发放优惠贷款,提供资金支持。设立政策性银行是为了政策需要,而不是寻求利润,从这个意义上来说,政策性银行与商业银行存在本质的不同。

　　我国的政策性银行有三家:中国农业发展银行、中国进出口银行和国家开发银行。

亚投行

　　即时思考:1. 亚投行的成立为中国带来哪些好处?
　　　　　　　　2. 亚投行与亚开行相比有哪些优势?

第三节　货币的需求与均衡利率

　　简单地说,货币需求就是人们出于种种动机而对那些流动性较高的货币资产的需要,它表示社会各部门在既定的收入或财富范围内能够而且愿意以货币形式持有的数量。这里要注意,货币需求是对货币的真实余额的需求,即人们持有货币,关心的是货币的购买力,即用它能购买到的商品数量,他们并不关心手中持有多少钞票即名义货币持有量。那么,人们为什么放弃收益率较高的资产而选择持有流动性更强的货币呢?

一、货币的需求

　　凯恩斯在《就业、利息和货币通论》中指出,对货币的需求,又称流动性偏好,是指由于货币具有使用上的灵活性,能够满足如下三类不同的动机:交易动机、预防动机和投机动机,从而人们宁愿持有不带来利息或其他形式收入的货币。

(一) 交易动机

　　交易动机表示个人或企业为了应付个人日常生活上和厂商经营管理上的正常开

支,个人和厂商有必要手持的货币。收入和支出不是同步的,因而个人和企业必须有足够的货币资金来支付日常需要的开支。个人或企业出于这种交易动机所需要的货币量决定于人们的收入、财富水平,以及金融市场的完善和发达程度,而后两者在短期内一般可假定为固定不变,因此,按照凯恩斯的说法,这一货币需求量主要取决于收入,收入越高,交易数量越大,为应付日常开支所需的货币量就越大。鲍莫尔、托宾补充和发展了凯恩斯的交易需求理论,认为人们持有货币犹如持有存货,一方面随收入增加,需求有更多的货币从事交易;另一方面,随着利率的提高,持有货币的成本(放弃的利息收入)就上升,因此,货币的交易需求量会随收入增加而增加,随利率上升而减少。这就是货币需求的存货理论。

(二) 预防动机

交易性动机货币需求模型假定在一定时期内,个人和厂商的收入和支出都是确切已知的。事实上,实际发生的收入和支出受着许多偶然因素的影响,具有不确定性,人们只能大概地了解收入和支出的时间和数额。收支的不确定性,产生了人们持有货币以备万一的需要。货币需求的预防动机就是指为了应付意想不到的突发事件而持有货币的动机,如个人或厂商为应付事故、失业、疾病等意外事件而需事先持有一定数量货币。对货币的预防性需求产生于未来收入和支出的不确定性,尽管个人对货币的预防需求量主要取决于他对意外事件的看法,但从全社会来看,这一货币需求量大体上也和收入呈正比,是收入的函数。

(三) 投机动机

由交易动机和预防动机产生的货币需求,是易于理解的,因为货币具有交换媒介和购买手段的职能,要交换商品和劳务,要支付收入和支出,就要应用货币。但是在古典学派的模型中,却没有投机动机对货币的需求。在古典学派看来,货币不具有价值贮藏的职能,货币不是一种资产,持有货币并不能带来利息收入,因此拥有一定财富的人肯定会去购买生息证券,而不会持有货币。

凯恩斯是第一个提出投机动机货币需求的经济学家,在他看来,人们持有货币不仅出于交易动机、预防动机,还由于货币是保持财富的一种手段,是资产投资的一种方式。也就是人们出于投机动机也会拥有货币。用凯恩斯本人的话来说,就是人们出于对货币的流动性偏好。投机动机是人们为了抓住有利的购买有价证券的机会而持有一部分货币的动机。

(四) 货币需求函数

根据凯恩斯的观点,对货币的总需求是人们对货币的交易需求、预防需求和投机需求的总和。根据前面的分析,如果用 L_1 表示交易动机和预防动机所产生的全部货币需求量,用 y 表示收入,则这种货币需求量和收入的关系可以表示为:

$$L_1 = L_1(y) \text{ 或 } L_1 = ky$$

其中,k 表示出于上述两个动机所需货币量同名义收入的比例关系,y 表示名义收入,例如,若名义收入 $y=5\,000$ 万元,交易动机和预防动机所需的货币量占名义收入的 10%,则 $L_1=5\,000\times10\%=500$ 万元。

而货币的投机需求决定于利率,如果用 L_2 表示投机动机所产生的货币需求量,用 r 表示利率,则这种货币需求量和利率的关系可以表示为:

$$L_2=L_2(r)=-hr$$

式中,h 表示出于投机动机所需的货币量对利率的敏感程度,负号表示货币投机需求与利率变动有负向关系。

因此,对货币的总需求函数可写作:

$$L=L_1+L_2=L_1(y)+L_2(r)=ky-hr$$

式中,L、L_1 和 L_2 都代表对货币的实际需求,即对具有不变购买力的实际货币的需求量。如用 M、P、m 依次代表名义货币量、价格指数和实际货币量,则:

$$m=\frac{M}{P}$$

$$M=Pm$$

例如,若实际货币余额 $m=3\,000$ 元,价格水平 $P=1.1$,则名义货币余额为 $M=1.1\times3\,000=3\,300$ 元。

由于 $L=ky-hr$ 代表对货币的实际需求量,因此,要求出名义货币需求量还需实际货币需求量乘以价格指数,即名义货币需求函数

$$L=(ky-hr)P$$

k 衡量收入增加时货币需求增加多少,这是货币需求关于收入变动的系数,h 衡量利率提高时货币需求减少多少,这是货币需求关于利率变动的系数,如果知道了 k、h、y、r 和 P 之值,就不难求得货币需求量。

货币需求函数可用图 13-1 来表示。

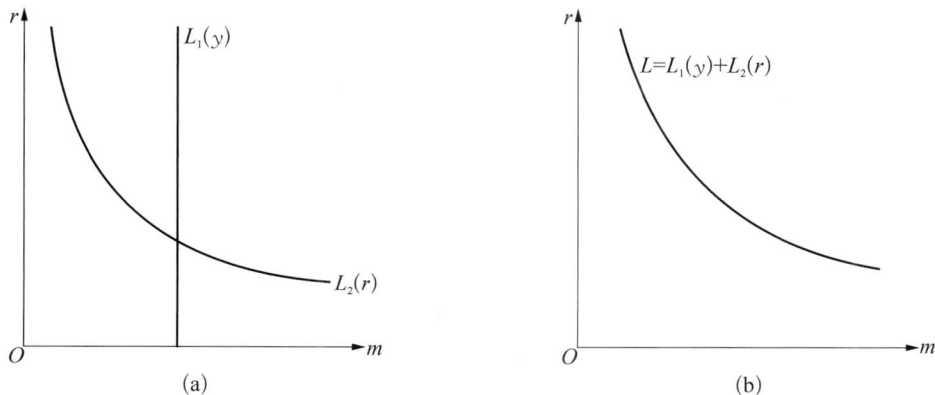

图 13-1　货币需求曲线

图 13-1(a)中横轴代表实际货币需求量 m,纵轴代表利率。垂线 L_1 表示为满足交易动机和谨慎动机的货币需求曲线,它和利率无关,因而垂直于横轴。L_2 线表示为满足投机动机的货币需求曲线,它起初向右下方倾斜,表示货币的投机需求随利率下降而增加,最后为水平状,表示流动偏好陷阱。在实际生活中,债券等有价证券的价格和利率是反向变化关系。假定一张债券一年可获利息 20 元,而市场利率若为 10%,则这张债券的市价就为 200 元,若市场利率为 5%,则这张债券的市价就为 400 元,因为 400 元在利率为 5% 时若存放到银行也可得利息 20 元。这样,当利率下降到一定程度之后,人们预计利率不可能再下降,即有价证券的价格不可能再上升而只可能下跌,为了避免持有有价证券所带来的风险,人们会卖出有价证券,选择全部持有货币,即使有了货币也不会再去购买有价证券,此时人们对货币的需求趋向无穷大,这就是流动性偏好陷阱,又叫凯恩斯陷阱。

图 13-1(b)中的 L 线则是包括 L_1 和 L_2 在内的全部货币需求曲线,其横轴代表实际货币需求量 m,纵轴代表利率。这条货币需求曲线表示在收入水平为既定时,货币需求量和利率的关系,利率上升时,货币需求量减少,利率下降时,货币需求量增加。

那么,如何反映货币需求量和收入水平的正向关系呢? 显然,在同一坐标图上,面对相同的利率,不同收入水平的货币需求量所处的位置是不同的。因而,不同收入水平所形成的货币需求曲线位置也不同。一般而言,利率一定,收入水平越高,货币需求量就越大,如图 13-2 所示。

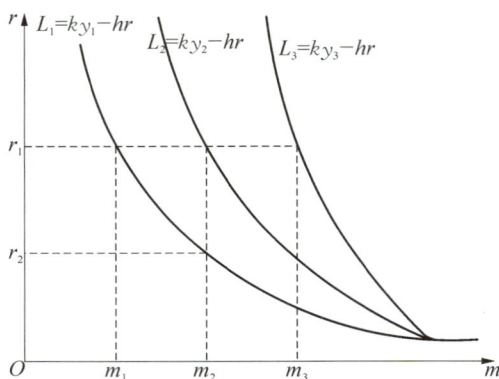

图 13-2　不同收入水平下的货币需求曲线

二、均衡利率

(一) 实际利率与名义利率

利息是对货币的使用所支付的报酬,也称资金的使用价格。利率是在单位时间内所支付的利息数量占所借本金的百分比。换句话说,人们必须为借钱付出代价,因为人们总是偏好当前的快乐甚于未来的快乐,因此利率就反映了对债权人的补偿。以货币衡量的每借 1 美元钱在 1 年当中所要支付的成本就是年利率。利率会随着贷款的期限、赋税待遇及其他因素而不同。

一般而言,利息以货币计量,而不以其他商品计量。名义利率衡量的是每投资 1 美元每年所获得的货币收益。但货币可能会是一把扭曲的尺子。房屋、汽车或其他商品的价格基本上每年都在变化,最近的价格也通常因为通货膨胀而上升。换句话说,货币利率并不能衡量出借人实际上所能得到的商品和服务。比如说你在年初以 5% 的年利率借出 1 000 美元,那么到了年末你将得到 1 050 美元。如果这一年的通货膨胀率刚好是 5%,则你的 1 050 美元只能购买到年初的 1 000 美元所能购买的物品,即现在的

1 050 美元只相当于年初的 1 000 美元了。则你今年借出的款项并没有为你带来任何实际收益。

由此,我们需要理解实际利率和名义利率。实际利率是剔除通货膨胀率后储户或投资者得到利息回报的真实利率。它衡量的是今天我们所放弃的商品在明天能为我们带来的商品的数量。名义利率是用货币表示的,名义利率是央行或其他提供资金借贷的机构所公布的未调整通货膨胀因素的利率。名义利率扣除掉通货膨胀率就是实际利率。

名义利率和实际利率的关系是:

实际利率＝名义利率－通货膨胀率

用 r 表示实际利率,i 表示名义利率,e 表示通货膨胀率,则三者关系也可用下式表示:

$$i = r + e$$

该等式被称为费雪方程,因为经济学家欧文·费雪首先阐述了这一关系。费雪方程表明,名义利率的变动可以由两方面的因素引起,一个是实际利率 r 的变动,另一个是通货膨胀率 e 的变动。

(二) 均衡利率的决定

从前面的分析可知,货币需求曲线是向右下方倾斜凸向原点的抛物线。而货币供给 M1 是指一个国家在某一时点上所拥有的不属于政府和银行所有的通货和活期存款的总和。通常认为,货币供给量是由国家用货币政策来调节的,其大小和利率高低无关,因此货币供给曲线是一条垂直于横轴的直线。将货币需求曲线与货币供给曲线结合起来,我们就可以得到均衡利率。

图 13-3 中,横轴代表实际货币供给量和实际货币需求量,纵轴代表利率。m 代表货币供给曲线,L 代表货币需求曲线,两条曲线的交点 E 决定了均衡的利率水平(r_0),该利率水平才能使货币供给等于货币需求,即货币市场实现均衡。如果市场利率低于均衡利率 r_0,如为 r_1,则说明货币需求超过货币供给,这时人们感到手中持有的货币太少,就会卖出有价证券,证券价格就要下降,亦即利率要上升。利率上升,一方面会减少对货币的投机需求,另一方面也会抑制投资需求,从而使国民收入下降,进而减少对货币的交易和预防需求。于是利率上升会一直持续到货币供求相等时为止。相反,当市场利率高于均衡利率 r_0 时,如为 r_2,说明货币供给超过货币需求,这时人们感到手中持有的货币太多,就会用多余的货币买进有价证券,证券价格就要上升,亦即利率要下降。利率下降,一方面会增加对货币的投机需求,另一方面也会刺激投资需求,从而使国民收入上升,进而增加对货币的交易和预防需求。于是利率下降会一直持续到货币供求相等时为止。只有当货币供求相等时,利率才不会变动。

货币需求曲线和货币供给曲线也会发生移动。例如,当人们对货币的交易需求或投机需求增加时,货币需求曲线会向右上方移动;当政府增加货币供给量时,货币供给曲线则会向右移动,如图 13-4 所示。

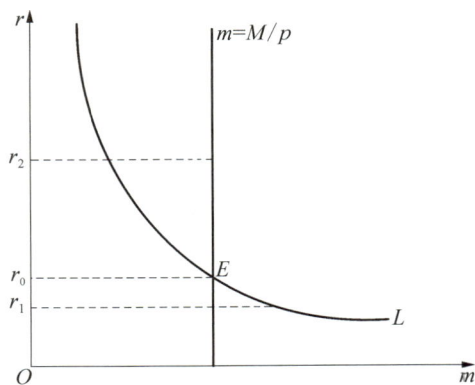

图 13-3　货币供给和货币需求的均衡

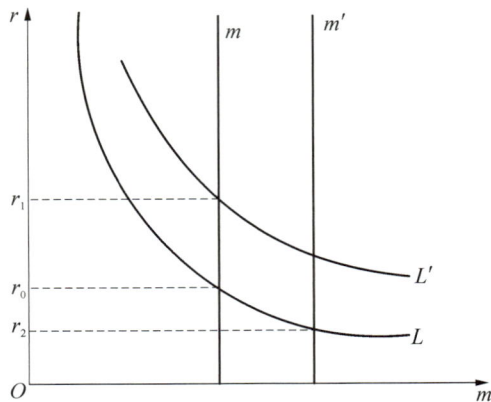

图 13-4　货币需求和供给曲线的变动

若货币供给不变,货币需求曲线从 L 上移到 L' 时,均衡利率就会从 r_0 上升到 r_1,相反,若货币需求不变,货币供给曲线从 m 右移到 m' 时,均衡利率就会从 r_0 下降到 r_2。如果货币需求和供给同时变动,利率就会受到两者的共同影响,在移动后的需求曲线和供给曲线的交点上达到均衡。

从图中还可以看到,当利率降低到一定程度时,货币需求曲线呈接近于水平状态,这就是凯恩斯所说的流动偏好陷阱。此时,不管货币供给如何增加即货币供给曲线向右移动多少,都不可能再降低利率。

我国利率市场化的进程

生活中的经济学　　　　　　　　央行数字货币

随着科技的进步,货币的形式愈发虚拟化。全球各国政府和央行在近年纷纷开展了对央行数字货币(CBDC)的研究,均发布了详细的研究报告,与公众沟通央行数字货币的研究进展与计划。我国对法定数字货币的研发,相较而言走在世界前列。另外,目前透露出的数字人民币 DCEP 测试内容主要集中在零售支付场景。

对我国央行数字货币,为什么更多人喜欢称作数字人民币呢?那么什么是数字人民币呢?数字人民币是中国人民银行尚未发行的法定数字货币,即数字货币电子支付,是有国家信用背书、有法偿能力的法定货币。

从使用场景上看,央行数字货币不计付利息,可用于小额、零售、高频的业务场景,相比于纸币没有任何差别。

它的主要优点在于避免纸钞和硬币印制发行成本高、携带不便、伪造、洗钱等缺点,满足人们一些正常的匿名支付需求,如小额支付等。

现在支付宝、微信支付等已经成为一种公共产品或服务,一旦出现服务中断等极端情况,会对社会经济活动和群众生活产生非常大的影响。数字人民币就不会存在这样的风险,即使没有网也能转账。

央行数字货币将具有两个突出特点:一是国家信用背书,具有无限法偿性与强制性。二是币值稳定,适用于各类经济交易活动。

信用是成为货币的基本前提,也是区别于虚拟货币的显著特征。货币最重要的本质是价值尺度,难以保持币值基本稳定就难以发挥价值尺度的作用。比特币等虚拟货币价格幅度波动较大,如果将比特币作为交易媒介,这种币值的巨幅波动会给使用者带来巨大风险。

从运营和技术层面看,我国央行数字货币主要有以下特征。

第一,双层运营。央行先把数字货币兑换给银行或者其他运营机构,再由这些机构兑换给公众,而不是由央行直接向公众发行。

第二,现金(M0)替代。数字货币主要用于小额、零售场景,替代一部分流通中的现金,因此也没有利息。

第三,可控匿名。数字货币在公众与商业银行之间是匿名的,但央行可以追踪数字货币的流向,较好地平衡了保护隐私和防范风险的双重需要。

近年来,数字经济已经成为全球经济重要驱动力和新的增长点。作为数字经济时代的“新基建”,数字货币自然而然地受到高度关注。各主要国家和地区央行及货币当局纷纷对数字货币开展研究,希望通过发行数字货币,满足数字经济发展对货币和支付体系的更高要求。

央行数字货币 DCEP 的研发已有 5 年,据有关的报道,我们可以知道 DCEP 支持双离线支付,即收付款双方都不需要连网,就能像付现金一样完成付款;DCEP 数字钱包存在分级、限额的设计等特性,这是与我们现在使用的微信、支付宝等这些流行的电子支付不一样的。但 DCEP 在用户体验上可能与现有的网银、支付宝、微信差异不大。中国法定数字货币的推进历程,如表 13－3 所示。

表 13－3　中国法定数字货币的推进历程

时　　间	进　　程
2014	中国人民银行开启关于 CBDC 的探索
2016	中国人民银行数字货币研究所成立
2019 年年底	人民银行宣布关于 DCEP 设计工作基本完成,开始进行闭环测试工作
2020.4	人民银行宣布,DCEP 先行在深圳、苏州、雄安、成都及冬奥会场景进行封闭试点测试,工、农、中、建四大国有商业银行和中国移动、中国电信、中国联通三大电信运营商都共同参与试点
2020.7	人民银行数字货币研究所与滴滴出行达成战略合作协议,共同研究探索 DCEP 在智慧出行领域的场景创新和应用

续　表

时　　间	进　　程
2020.8	商务部印发《全面深化服务贸易创新发展试点总体方案》,在京津冀、长三角、粤港澳大湾区及中西部具备条件的试点地区开展 DCEP 试点
2020.9	"工农中建"四大行、深圳分行部分员工获邀参与数字货币内测,测试内容仅限于下载、注册、兑换、转账 等基础功能。另外,深圳部分机构内部目前正在以数字货币进行党费、工会费用的缴纳
2020.10	深圳市人民政府联合人民银行开展了数字人民币红色试点,由深圳市罗湖区出资,通过抽签方式将一定金额的资金以数字人民币红包的方式发放至在深个人数字人民币钱包,社会公众可持发放的数字人民币红包在有效期内至罗湖区指定的商户进行消费

可以预见的是,央行数字货币上线后,从银联、网联,到商业银行,再到微信、支付宝,大家都会跟进。特别是商业银行及普通商户的跟进,将催生出设备升级改造等需求,并带动一大批产业发展。

央行数字货币将成为中国"新基建"的重要组成部分,撬动更为广阔的市场。

思考题:

中国法定数字货币与微信、支付宝支付有什么区别?

本 讲 小 结

1. 货币泛指被普遍接受的各种交易媒介和支付手段。根据流动性的不同,货币可以划分为 M0、M1 、M2。M0 指流通中的现金,M1 包括 M0 和各类活期存款,M2 包括 M1 和各类储蓄存款和定期存款。货币具有价值尺度、流通手段、贮藏手段、支付手段和世界货币的功能。

2. 银行体系包括中央银行、商业银行和政策性银行。中央银行是一国金融管理机构,负责制订执行货币政策,监管各类金融机构。商业银行是经营货币业务的企业,追求自身利润最大化。政策性银行是为了贯彻国家政策而设立的金融机构,为相关产业提供资金支持。

3. 货币需求包括交易需求、预防需求和投机需求三类。交易需求是为了日常交易而持有货币,预防性需求是预防意外情况而持有货币,这两部分需求都与收入呈正比;投机性需求是为了把握获利机会而持有货币,主要与利率相关,两者呈反比。

4. 货币市场均衡要求货币需求与货币供给相等,货币市场失衡时,利率水平将发生变动,直到均衡实现。当收入变化时,货币需求相应改变,从而影响货币市场均衡,货币需求增加使均衡利率提高,货币需求减少使均衡利率下降。货币供给由中央银行控制,可以视为外生变量,货币供给增加使均衡利率下降,货币供给减少使均衡利率提高。

思 考 及 运 用

1. 在人类历史上货币的演变大致经历了哪些时期?
2. 货币产生后,具有哪些基本的职能?
3. 人们为什么放弃收益率较高的资产而选择持有流动性更强的货币呢?
4. 如何解释劣币驱逐良币的现象?
5. 互联网金融对传统商业银行的挑战体现在哪些方面?

第十四讲　失业与通货膨胀

案例引入

中国 2024 年 4 月失业率概况

中国国家统计局于 2024 年 5 月 21 日公布了 4 月份的分年龄组失业率数据。数据显示,全国城镇不包含在校生的 16～24 岁劳动力失业率为 14.7%,较 3 月份下降了 0.6 个百分点;25～29 岁劳动力失业率为 7.1%,微降 0.1 个百分点;而 30～59 岁劳动力失业率则稳定在 4.0%。这些数字表明,中国劳动力市场在经历了短暂的波动后,正逐步回归稳定。

值得注意的是,自 2023 年 12 月起,国家统计局对分年龄组失业率统计进行了优化调整,开始发布不包含在校生的 16～24 岁、25～29 岁、30～59 岁劳动力失业率数据。这一调整使得失业率数据更加精确地反映了各年龄段劳动力的就业状况。

从全国城镇调查失业率来看,4 月份的数据为 5%,较上月下降 0.2 个百分点,连续两个月呈现下降趋势。这一趋势充分展示了中国政府在促进就业方面的积极成效。特别是农民工等重点群体的失业率下降显著,外来农业户籍劳动力城镇调查失业率降至 4.5%,较上月下降 0.5 个百分点,较上年同期下降 0.6 个百分点。这一变化凸显了中国政府在解决农民工就业问题方面所取得的显著成果。

思考题:

请分析失业与经济发展的关系。

第一节　失　　业

一、失业的概念

失业(unemployment)是指在当前工资水平下愿意工作的人无法找到工作的一种状态。按照国际惯例,成为失业者必须符合三个条件:年龄 16～65 岁(排除不在劳动年龄人口);有工作能力;愿意工作但没有工作。

从一个经济中的总人口看,可以分为成年人口和非成年人口。成年人口又可以划分为劳动力人口和非劳动力人口,即:成年人口＝劳动力人口＋非劳动力人口。

根据各国劳动就业统计的惯例,下列人员一般不被列入劳动力人口:① 军队人员;② 在校学生;③ 家务劳动者;④ 退休或因病退职人员和丧失劳动能力、服刑等不能工作的人员;⑤ 不愿工作的人员;⑥ 在家庭农场或家庭企业每周工作少于 15 个小时的人员。在成年人中减去上述六类人员余下的部分就称为劳动力人口。

劳动力人口在总的成年人口中占的比率被定义为劳动参工率,劳动参工率反映了一个经济中愿意就业者在适龄人口中所占的比例。

一个国家的失业总人数被称为失业人口,有工作的人的总数被称为就业人口,两者之和是一国的劳动力人口。失业人口就是劳动力人口减去就业人口的部分。因此可得如下关系式：

$$劳动力人口＝就业人口＋失业人口$$

即时思考：1. 无业游民是失业者吗？

2. 家务劳动者是失业者吗？

失业是劳动力没有就业，但正在或积极地寻找工作或等待返回岗位的一种状况。计量失业的指标有两个：失业人数和失业率，最基本的指标是失业率。失业率是失业人数占劳动力总数的百分比，用公式表示为：

$$失业率＝（失业人数÷劳动力人数）×100\%$$

一直以来，失业率被视为一个反映整体经济状况的指标，所以失业率指标被称为所有经济指标的"皇冠上的明珠"，它是市场上最为敏感的月度经济指标。一般情况下，失业率下降，代表整体经济健康发展；失业率上升，便代表经济发展放缓衰退。若将失业率配以同期的通货膨胀指标来分析，则可知当时经济发展是否过热，会否构成加息的压力，或是否需要通过减息以刺激经济的发展。

二、失业的类型

按不同的标准，失业可有不同的分类。最常见的是按照劳动力市场结构进行分类，将失业分为摩擦性失业、结构性失业、周期性失业。摩擦性失业和结构性失业与市场机制无关，因为在劳动市场供求平衡的情况下，仍然存在摩擦性和结构性失业人口，因此两者也称为自然失业；而周期性失业与市场机制有关，是劳动市场供求失衡的产物。

（一）摩擦性失业

在一个动态经济中，由于劳动者的偏好与能力不同，工作性质不同，或者想寻找更理想的工作，各部门、各地区的劳动需求是经常发生变动的。

摩擦性失业（frictional unemployment）是指经济中劳动力的正常流动引起的失业。这里所说的劳动力的正常流动包括老工人退休、年轻人进入劳动力市场的新老交替，以及由于迁移自由、选择职业的自由，人们放弃原来的工作，转移到新的地区，寻找新工作的情况。现实中，总有一部分人在不断地变换他们从事的工作，这可能是出于自愿，比如对原来单位的工资待遇不满意，想跳槽到另一家更好的企业；也可能是被辞退。这部分人能够而且可以找到满意的工作，社会上存在适合他们的工作岗位，只是暂时还没有进入就业状态。毕业的大学生暂时没有找到合适的工作也属于这种情况。

摩擦性失业的一个重要特点是经济中失业人数与职位空缺数额相当，但由于劳动者流动不充分和劳动力市场信息不灵等原因，而使职位与求职人员一时不能直接结合，出现工人暂时不能找到合适工作的情况。这种失业即使在充分就业的情况下也会存在。因而,在任何情况下,总会存在一定的摩擦性失业。不仅如此,随着经济的发展,摩擦性失业还表现出不断扩大的趋势。客观地说,经济中存在适当的摩擦性失业,有利于人才的流动,有利于实现人力资源的最优配置。

摩擦性失业既有自愿失业的因素,也有非自愿失业的因素。在许多情况下,很难分清摩擦性失业者是自愿失业还是非自愿失业。如一个人可能不愿接受某些工作机会,从有工作机会而没有接受这种机会的角度讲,他是一个自愿失业者;但从他没有找到他认为合适的工作来看,他又是一个非自愿失业者。至于他对工作的要求是否合理,则是很难判断的。

(二)结构性失业

结构性失业(structural unemployment)是劳动者的技能与空闲的工作岗位不匹配造成的失业。经济发展、技术进步、人们需求的层次和结构及人口规模和构成的变化,引起经济结构的变化,进而引起对劳动力需求结构的变化。劳动力供给结构的调整往往滞后于劳动力需求结构的变化,从而引起结构性失业。显然,由于经济结构的变化,劳动力的供需在职业、技能、产业、地区分布等方面不协调从而引起的结构性失业,往往属于非自愿失业。

结构性失业的特点是失业和职位空缺大体相等,但劳动力的供求长期不一致。因此,当某些部门相对于其他部门增长时,一方面对某种劳动的需求增加,另一方面对某种劳动的需求减少,但由于劳动供给方面不能迅速做出调整,而出现局部的失业。这就是说,即使劳动供给和需求总量相等时,结构性失业也可能存在。与此同时,不适当的政府政策常会引起或加剧结构性失业。某些抑制经济结构调整,抑制以机械替代劳动力的政策可能在短期内有助于减少失业,但从长期看,这种政策会降低受保护工业的竞争能力,从而无力与外国竞争者相抗衡,最终加重结构性失业。

摩擦性失业与结构性失业是有区别的,但两者之间不存在明确的界限,都是经济中某些难以避免的原因所引起的失业,在任何动态市场经济中这种失业都必然存在,而且失业者与职位空缺同时并存,这是两者的共同点。不同的是,在纯粹摩擦性失业的情况下,劳动力供给的结构与对劳动力的需求结构是相吻合的,每一个寻找工作者,都有一个适合他的职位空缺,只是寻找者尚未找到这个空缺,通常摩擦性失业起源于劳动力的供给方。在结构性失业的情况下,劳动力的供给结构与对劳动力的需求结构是不相符合的,寻找工作者找不到与自己的技能、职业、居住地区相符合的工作,通常结构性失业起源于劳动力的需求方。此外,摩擦性失业者失业时间一般较短,结构性失业持续的时间较长。以上两类失业均属于自然失业。

(三)周期性失业

周期性失业(cyclical unemployment)是指总需求水平不足导致企业生产减少,开工不足,由此带来的劳动力总需求不足而引起的短期失业,又称为需求不足型失业。这种类型的失业与经济周期相联系,当经济处于繁荣时期,总需求水平提高,促使企业增加雇用工人,提高产出水平,这时候失业率比较低;当经济处于萧条时期,总需求不足,企业降低产量,解雇工人,由此造成工人失业。由于它一般出现在经济周期的萧条阶段,故称周期性失业。

在经济周期波动过程中,当国民经济总需求或总产出下降时,对物品和劳务的需求也会减少,这种最终需求的变化又会引起劳动力这种中间需求的变化。其他条件不变,尤其是工资刚性的情况下,国民经济有效需求不足会导致周期性或需求不足型失业。

可见,周期性失业与摩擦性失业和结构性失业的根本区别在于,后两者即使在劳动力市场处于均衡状态时也会存在,而周期性失业则是劳动力需求不足引起。存在周期性失业时的劳动力市场必然处于非均衡状态,一些人愿意工作却无业可就,因此周期性失业基本上属于非自愿失业。

三、充分就业

充分就业是宏观经济学频繁出现而又容易引起误解的概念。什么是充分就业？是不是100％的劳动力都有工作才是充分就业？不是。如前指出,由于摩擦性失业和结构性失业的存在是一个动态市场经济社会正常运作中不能彻底消除的,因此,企图彻底消除失业,使100％的劳动力就业是不必要也不可能的。充分就业实际上指除了摩擦性失业和结构性失业,所有愿意工作的人都在从事工作的状态。在此状态下,或者说实现充分就业时,不存在周期性失业,只存在摩擦性失业和结构性失业。因此,充分就业时的失业率是摩擦性失业率和结构性失业率之和,或者说,是周期性失业率为零时的失业率。这是产出达到潜在水平时候的失业率,即充分就业情况下实际国民产出等于潜在国民产出。

充分就业时的失业率又称为自然失业率[①],两者含义完全相同,只是后者更常用。之所以说是自然失业率,是因为这部分失业是经济中不可避免的,即使经济资源全部得到充分利用,产出达到潜在的水平,经济实现充分就业也不意味着失业率为零。现实经济中的实际失业率一般都高于自然失业率的水平。当实际失业率等于自然失业率时,价格和工资的增长是稳定的,通货膨胀既不加速也不减速。如果实际失业率低于自然失业率,通货膨胀率就会不断上升,不断上升的通货膨胀率迟早会迫使政府采取措施加以抑制,而要抑制通货膨胀,首先要使失业率回升到自然失业率上来。自然失业率是劳动力市场和商品市场处于均衡状态时的失业率,也是能够长期持续存在的最低失业率。

即时思考：1. 失业可以完全消除吗？
2. 充分就业是指有劳动力的人都必须就业吗？

---

①　关于自然失业率,凯恩斯认为如果非自愿失业已经消除,失业仅限于摩擦性失业和自愿失业的话,就实现了充分就业;而货币主义针对凯恩斯的非自愿失业,提出了自然失业率的概念。它指在没有货币因素干扰的情况下,让劳动市场和商品市场供求力量自发作用时,总需求和总供给处于平衡状态的失业率。

四、奥肯定律

奥肯定律是由美国经济学家阿瑟·奥肯在 20 世纪 60 年代提出的。它是说明失业率与实际 GDP 增长率的关系的经验统计规律。这一规律表明,周期性失业率每上升 1%,实际 GDP 就会减少潜在 GDP 的 2%;反之,失业率每下降 1%,实际 GDP 就会增加潜在 GDP 的 2%。用公式表示为:

$$(Y - Y_f) \div Y_f = -a(u - u_f)$$

式中,u 表示实际失业率,对应的实际 GDP 为 Y;u_f 表示自然失业率,对应的潜在 GDP 为 Y_f;a 表示失业率变动与实际 GDP 增长率变动的关系系数,因为两者呈反方向变动,所以 a 前面为负号。据奥肯估算 a 约为 2。

上式还可表示为:$u_t - u_{t-1} = -a(y_t - y_{t-1})$。

五、失业的影响

(一)失业造成的经济损失

对任何经济体来说,理想的状态是包括劳动力在内的所有生产要素都能得到充分利用,由此取得的产出水平将是最大的,被称为是潜在的产出水平或是潜在国民收入。而实际中,资源往往得不到充分的利用,实际的产出水平也比潜在的产出水平低,它们之间的差距被称为是产出缺口。

失业会对社会经济造成重大影响而带来巨大损失。其中,最明显地表现为实际 GDP 的减少。我们知道,一国经济的就业水平决定产出水平,就业的变化会影响到产出的变化。可以肯定的是,失业率的上升意味着参加工作的人更少了,必然造成实际的产出降低,失业率与实际 GDP 存在负相关关系。当经济处于非充分就业状态,即存在周期性失业时,可以用奥肯定律来估算 GDP 的损失。

劳动力是最宝贵的经济资源,而且这种资源具有时效性,不能够存储,如果不能及时利用,就会永远地丧失掉。失业意味着一部分宝贵的劳动力资源被浪费了,这会减少经济中的产出,降低社会公众的福利水平。根据国务院新闻办公室发布的数据,2023 年全年中国城镇调查失业率平均值为 5.2%,比上年下降 0.4 个百分点,中国全力稳住了就业大局,就业形势总体改善。

(二)失业的社会成本

失业不仅会减少当事人的收入,还会给他们造成很大的心理伤害。从社会方面看,失业的影响虽然无法用货币单位表示,但这种影响却可能是非常巨大的。失业不但会使失业者及其家庭的收入和消费水平下降,而且可能给个人造成心理伤害,使他们承受沉重的精神压力,这种情绪会影响到家庭关系,造成家庭成员之间关系紧张,甚至会导致家庭的破裂,严重时还会产生对社会的仇视心理。现在西方国家则普遍实行了失业保险制度,由政府给失业者一定的失业救济金。这种失业保险制度在一定程度上缓解了失业的社会影响,但在高失业率长期持续时期,仍会有很多人在用完失业救济金之后找不到工作,而且即使得到失业救济金也远远不能抵消失业给失业者带来的损害。

失业给经济社会带来重大影响,因而在政治上也有重大影响。如果一个社会收入分配悬殊、失业问题突出,则会给失业者带来很大的心理不平衡,他们会采取游行示威、公开抗议等形式表达自己要求就业的愿望,严重的时候,可能会引起大规模的社会动荡。而当失业率较低时,政府会得到公众的信任,执政者会得到人们的拥护;当失业率较高时,政府和执政者会受到人们的谴责。而且,严重的失业会导致犯罪率上升,造成社会恐慌与社会震荡,高失业率还会促成政治危机,导致政权更替。因此,任何政府都必须关注失业问题,政府在制订一项宏观经济政策时,必须考虑其对失业的影响。

(三) 失业对分配的影响

失业成本的承担很不平衡。如果将失业划分为短期失业和长期失业的话,短期失业与长期失业对收入分配所造成的影响完全不同。

短期失业一般属于摩擦性失业,由于有许多人不断流入和流出失业队伍,这种失业的成本就许多人来承担,因而每个人承担的损失较小。

长期失业可能是由于劳动力市场的结构性因素或由于工资刚性而形成的。这种失业的成本主要是由少数人来承担,因而每个人承担的损失也就较大。另外,由于失业者可能停止纳税,还有可能得到失业保险的好处或其他的政府转移支付,则失业的损失也就由就业者,即纳税人来承担。

第二节　通　货　膨　胀

长期来看,经济应该处于充分就业、物价稳定的均衡状态,但是在短期内,经济往往处在不平衡的状态,伴随着暂时性的波动,从而极大地影响经济运行。其中最常见的就是失业和通货膨胀问题。这两大问题作为一种世界性现象,不同的国家,在不同的时期里都不同程度地反复出现,并成为宏观经济政策的部分主要目标。我们将在前面各节所介绍的现代西方宏观经济学基本理论的基础上,论述关于通货膨胀问题的理论和政策。

一、凡是物价上涨都是通货膨胀吗

(一) 通货膨胀的概念

通货膨胀是一个有多种定义和争议的概念,但一般接受的定义是:通货膨胀(inflation)是指在纸币流通的制度下,在一定的时期内,货币发行量超过流通中实际货币需求量而引起的物品和劳务价格的普遍持续性的上涨。这一定义既是对通货膨胀的表现形式的描述,又简要揭示了通货膨胀的本质。

通货膨胀是物价总水平的持续上升,因此,衡量通货膨胀的指标由物价指数(价格指数)来表示,称为通货膨胀率。若有用 π_t 表示通货膨胀率,P 表示价格指数,t 表示要计算的时期或年份,$t-1$ 表示基期,则计算 t 年的通货膨胀率的计算公式为:

$$\pi_t = [(P_t - P_{t-1}) \div P_{t-1}] \times 100\%$$

现在西方国家主要使用三种物价指数,即消费者价格指数(CPI)、生产者价格指数(PPI)和 GDP 平减指数,这是衡量通货膨胀的主要数据来源。

通货膨胀按照不同的分类方法可分为多种类型。

按照价格上升的速度或通货膨胀率的高低可分为爬行的通货膨胀(年通货膨胀率在 1%~3%)、温和的通货膨胀(年通货膨胀率在 3%~6%)、严重的通货膨胀(年通货膨胀率达到 6%~9%)、奔腾或急剧的通货膨胀(年通货膨胀率在 10%~100%)和恶性或超速的通货膨胀(年通货膨胀率在三位数以上并加速增长,价格总水平完全失去控制)五种类型。

按照对价格影响的差别可分为平衡的通货膨胀与非平衡的通货膨胀。前者每种商品和劳务的价格都按相同比例上升,后者每种商品的价格上升的比例不同。

按照人们对通货膨胀的预料程度可分为,预期到的通货膨胀(也称为惯性通货膨胀)和未预期到的通货膨胀两种类型。如果通货膨胀完全是在意料之中的,那么人们就可以预先采取某些措施抵消通货膨胀的影响,但在现实中,有些人即使预料到了未来的通货膨胀也找不到使自己免遭损害的办法。因此,通货膨胀总会造成某些影响。

(二) 货币供给与通货膨胀的关系

在古典经济学家们看来,通货膨胀实质上是一种货币现象。古典经济学家们关于货币供给与通货膨胀的关系分析如下。

古典经济学从货币数量论开始展开对货币作用的分析。货币数量论的基本观点是,货币数量的变化仅仅影响总价格水平,而不影响总产出水平。古典经济学在阐述货币数量时,对何种货币数量会影响总价格水平,有两种解释。根据这两种不同的解释,古典经济学的货币数量论也就有两种形式:费雪方程式和剑桥方程式。

费雪方程式是由美国经济学家费雪提出的。费雪方程式可以表示为:

$$MV = PY$$

式中,M 表示货币流通量;V 表示货币的流通速度;P 表示价格水平;Y 表示总产出水平,即实际 GDP。

按照费雪的解释,货币的流通速度 V 和总产出水平 Y 是大体不变的,因而可以视为常数。而在其他两个变量中,总价格水平是随着货币流通量的变动而呈正比例的变动的。货币流通量的变动是因,总价格水平的变动是果。总价格水平的变动取决于货币数量的变动,而且这里所说的货币,仅仅是指作为流通手段的货币。

剑桥方程式是由英国剑桥学派的庇古提出的。剑桥方程式可以表示为:

$$M = kPY$$

式中,M 表示货币存量即货币发行量;Y 表示总产出水平,即实际 GDP;P 表示价格水平;k 表示货币存量流通速度的倒数。

　　剑桥学派强调的是货币存量。而货币存量既包括作为流通手段的货币,又包括作为储蓄手段保留在厂商和家庭手中的现金余额。剑桥学派认为,一般情况下,货币存量中现金余额和货币流通量的比例是大体不变的,因而 k 和 Y 都可以视为常数。在这种情况下,总价格水平是随着货币存量的变动而正比例变动的。货币存量的变动是因,总价格水平的变动是果。

　　为便于总结货币供给和通货膨胀的关系,可将费雪方程式 $MV = PY$ 改写为变动率的形式,则有:

$$\frac{\Delta M}{M} + \frac{\Delta V}{V} = \frac{\Delta P}{P} + \frac{\Delta Y}{Y}$$

式中,第一项是货币数量的变化率 $\Delta M/M$,这完全由中央银行来决定。第二项是货币流通速度的变化率 $\Delta V/V$,我们已经解释过,这是由社会的制度和技术因素所决定。第三项是价格变化的百分比 $\Delta P/P$,也就是通货膨胀率,这正是我们所关心的变量。第四项是产出的增长率 $\Delta Y/Y$,按照我们前面的分析,该项取决于生产函数的技术进步速度和投入要素的增长速度。从分析价格水平如何变化的角度出发,又可改写成:

$$\frac{\Delta P}{P} = \frac{\Delta M}{M} + \frac{\Delta V}{V} + \frac{\Delta Y}{Y}$$

　　我们看到,决定一个经济通货膨胀率有三个因素:一是货币供给量的增长率,二是货币流通速度的增长率,三是实际 GDP 增长率。货币流通速度的增长率 $\Delta V/V$,从短期来看,V 会受到某些制度和技术因素的影响而产生变化;但从长期来看,V 相对固定,一般不会随着时间的变化而变化即 $\frac{\Delta V}{V} = 0$。因此,可以简化为

$$\frac{\Delta P}{P} = \frac{\Delta M}{M} - \frac{\Delta Y}{Y}$$

　　货币数量论认为,中央银行的货币供给行为最终决定经济中的通货膨胀率。如果中央银行保持货币供给稳定,通货膨胀率也会保持稳定;如果中央银行迅速增加货币供给量,通货膨胀率将有较大幅度的上升。如按照上式,在实际经济增长率不变的情况下,如果中央银行决定将流通中的货币供应量增长率 $\frac{\Delta M}{M}$ 提高 1%,通货膨胀率 $\frac{\Delta P}{P}$ 就会上升 1%,也就是说,通货膨胀纯粹是一个"货币现象"。因此,正如弗里德曼所说:"通货膨胀无论在哪里都只是一种货币现象"。

　　从货币数量论可以推出这样一个结论:如果一国政府通过发行货币来增加财政收入的话,必然会导致价格水平的上升,从而使得公众手中的货币的实际购买力下降。因此,通过发行货币提高政府收入就如同向持有货币的公众征收了一笔通货膨胀税,通常也被称为铸币税。虽然在大多数经济中,铸币税的数量并不大,但是它往往是有恶性通货膨胀的经济中政府收入的一个主要来源。

（三）通货膨胀与利率的关系

存款人将一定数额的货币存入银行,银行到期要支付给存款人一定的利息。银行所支付的利率称为名义利率,而考虑了通货膨胀因素的利率称为实际利率。名义利率(i)、实际利率(r)、通货膨胀(π)的关系可用公式表示为:

$$i = r + \pi$$

上式表明,名义利率的变动可由两方面的因素引起:一个是实际利率的变动,另一个是通货膨胀率的变动。通货膨胀率和名义利率具有一一对应关系,即通货膨胀率上升一个百分点,名义利率也上升一个百分点,这一关系被称为费雪效应。根据货币数量论,货币供给增长率上升一个百分点,通货膨胀率也将上升一个百分点。因此,货币供给增长率上升一个百分点,名义利率也将上升一个百分点。

对于实际利率来说,有事前利率和事后实际利率之分。事前利率是指借款人和贷款人在签订借贷合同时所期望的实际利率,但它不一定等于名义利率,而事后利率是指按照借贷合同上的名义利率所最终实现的实际利率。当人们签订合同时预期的通货膨胀与合同期内实际的通货膨胀不相等时,事前实际利率($i - \pi^e$,π^e表示预期的通货膨胀率)便不等于事后实际利率($i - \pi$)。

由于名义利率是人们在签订合同时所形成的,而在签订合同时人们尚不知道未来的实际通货膨胀率,因此,名义利率只能基于预期的通货膨胀率进行调整。于是上述名义利率、实际利率、通货膨胀率的关系变为:

$$i = r + \pi^e$$

从上式可以看出,名义利率将随着预期通货膨胀率(π^e)的变动而变动。

即时思考:事前利率和名义利率一致吗?

我国的通货膨胀

二、通货膨胀的经济效应

通货膨胀的经济效应是指通货膨胀的形成及其过程对经济所产生的影响。

（一）通货膨胀的产量效应

从长期来看,通货膨胀与产量不存在必然的联系。一般来说,在短期内,由于预期之外的需求拉上的通货膨胀会使产品价格的上涨快于货币工资率的上涨,实际工资率会有所降低,从而促使企业增雇工人,扩大产量以谋取利润,使就业和国民产出增加。但工人们不会长期容忍货币工资率滞后于产品价格上涨的情况。一旦工资提高了,通货膨胀促使就业和产出增加的效果就会消失。因此,通货膨胀对就业和国民产出的影响只能是暂时的。并且工人们会对通货膨胀进行预测,采取措施防止工资增加滞后于价格上涨的情况。如果通货膨胀是人们预料之中的,就不会对就业和国民产出水平发生直接的、实质性的影响。另外,与需求拉上的通货膨胀对就业和国民产业水平的影响不同,供给方面的冲击引起的通货膨胀,由于供给就是生产,生产取决于成本,成本的增加意味着只有在高于从前的价格水平时,才能达到与以前同样的产量水平,因此,供给方面的冲击引起的通货膨胀不但不会增加产出和就业,反而通常会引起产出和就业水平的下降,不过,这种影响也只能是短期的。

(二)通货膨胀的收入再分配效应

通货膨胀的收入再分配效应是指道货膨胀使一部分人实际收入增长,另一部分人实际收入减少的经济影响。这种收入再分配效应情况不会使经济社会总收入增加或减少,而仅仅是总收入在不同集团中分配的调整。那么通货膨胀会使哪些人受益,哪些人受损呢?

在债权人和债务人之间,通货膨胀将有利于债务人而不利于债权人。债务合同的名义利息率是根据签约时的通货膨胀率来确定的,当发生了未预期的通货膨胀时,债务契约又无法更改,而实际利息率是名义利率与通货膨胀之差,因此实际利息率会下降,债权人会受损,债务人会受益。这样,就会对贷款尤其是长期贷款带来不利影响,使债权人不愿意发放贷款。这种不可预期的通货膨胀对住房贷款这类长期贷款最不利,从而也就减少住房投资这类长期投资。

在雇主和工人之间,通货膨胀将有利于雇主而不利于工人。显然,在不可预期的通货膨胀之下,工资不能迅速地根据通货膨胀率来调整,从而在名义工资不变或略有增长的情况下,使实际工资下降。而随着通货膨胀的形成,价格调整速度通常会快于工资调整速度。这样,实际利润将增加,而实际工资则减少。价格上涨所带来的好处更多地归于利润所有者,或者价格上涨所带来的损失更多地由工资收入者来承担。

通货膨胀通常被视为对经济有不利影响的因素,因为它导致物价上涨和货币贬值,这可能对公众的生活质量和经济稳定性产生负面影响。然而,一些观点指出,在某些情况下,政府可能会通过通货膨胀来减轻其财政负担,但这并不意味着通货膨胀对公众没有负面影响。

(三)通货膨胀的财富再分配效应

非预期的通货膨胀还会引起财富的再分配效应。财富可以分为两类:货币财产和非货币财产。如果资产本身或者其收益的名义值是固定的,那么这种资产就是货币资产,如现金、活期存款、定期存款和债券。如果资产本身或者其收益的名义值是不固定的,那么这种资产就是非货币财产,如房产、股票等。

通货膨胀的财富效应是指通货膨胀对于居民户财产净值的影响。居民户的财产净值是指居民户所拥有财产的货币价值与负债的差额。通货膨胀使有些居民户财产净值增加,而使有些居民户的财产净值减少。由于这种财产分配是在既有的总财产值不变的各居民户之间发生的,所以又称财产再分配效应。在通货膨胀时期,货币资产或者其收益的名义值保持不变,而非货币资产或者其收益的名义值会随着价格水平的上升而上升。因此,在通货膨胀时期,非货币资产能够保值,而货币资产不能够保值。由于通货膨胀会同时减少货币资产和货币债务的实际值,因此,拥有货币资产的债权人在通货膨胀中受损,而拥有货币资产的债务人在通货膨胀中受益。

三、通货膨胀的成因

西方经济学家认为,通货膨胀是由多方面因素引起的。

(一)需求拉上的通货膨胀

从总需求的角度来分析通货膨胀的原因,将由总需求的增长而引起的通货膨胀,称为需求拉上的通货膨胀。这种观点认为当总需求过度增长,总供给不足,即"太多的货币追逐较少的货物",或者是"因为物品与劳务的需要超过按现行价格可得到的供给,导致一般物价水平的上涨",从而形成通货膨胀。

对价格水平产生拉上作用的过度需求有两个方面:实际因素和货币因素。实际因素包括过度的消费、投资和政府支出等,其中主要是过度投资,它们都可能使总需求增长。货币因素是指货币供给过度导致总需求过剩。如果总需求超过充分就业时所能达到的产出水平,就会出现通货膨胀缺口,从而引起价格总水平的上升,即引起通货膨胀。

(二)成本推进的通货膨胀

从总供给的角度分析通货膨胀的原因,把由供给方面的变化,即由成本的提高而引起的通货膨胀称为成本推进的通货膨胀。供给来自生产,生产取决于成本,当大多数企业成本过度增长,也会引起价格普遍上涨,从而形成通货膨胀。

这里所说的成本包括工资,用于购买原材料,能源的支出等项费用。成本的各个组成部分都可能提高,从而引起总成本的提高。成本提高的原因基本有两个:一是工资增长率快于劳动生产率的增长;二是一些垄断企业为了获得垄断利润,经常大幅度地提高垄断产品的价格。许多经济学家认为,工资是成本中的主要部分,在工会的卖方垄断的情况下,工会利用其垄断地位要求提高工资,雇主迫于压力提高了工资后,就把提高的工资加入成本,提高产品的价格,从而引起由"工资成本推进的通货膨胀"。还有一些西方经济学家指出,市场上具有垄断地位的厂商为增加利润,也可能先行提高产品价格,由此引起"利润推进的通货膨胀"。此外,进口原材料价格的上升及由资源枯竭、环境保护政策造成的原材料、能源生产成本和提高,还会引起"进口成本推进的通货膨胀"。

(三)需求拉上与成本推进混合的通货膨胀

成本推进说解释了在不存在需求拉上的条件下也能产生价格上涨。因此,在总需求一定时价格上涨,取得供求均衡的条件只能是实际产出下降,同时就业率下降。这种均衡是非充分就业的均衡。当非充分就业均衡非常严重时,往往会引出政府的需求扩张政策,以缓解矛盾,进而又可能造成通货膨胀。这样就会出现成本推进和需求拉上并存的混合型通货膨胀。这是一种将供求结合起来分析通货膨胀成因的观点,它认为实际通货膨胀形成过程中包含着"需求拉上"和"成本推进"两个方面的因素,即所谓"拉中有推,推中有拉"。

许多西方经济学家指出,需求拉上与成本推进不仅可能在持续的通货膨胀中交替地起主动作用,而且两种作用还可能同时存在于一个经济系统。在现实经济中,各部门、各行业,以及各种产品和劳务的供求变化是不平衡的。有些产品和劳务可能会由于需求的增加而出现需求大于供给的情况。而同时,另一些产品却可能处于供求基本平衡,甚至供大于求的情况,供小于求的产品价格会上涨,为多生产这些产品的企业的工人工资可能提高,从而使需求拉动与成本推进的通货膨胀同时并存。当然,某些行业的企业为了避免更大损失,会被迫提高工资,并一方面提高价格,另一方面减少产量和就业人数。这种情况下,产品价格的上涨是由成本(工资)推进的。

(四)结构性通货膨胀

由于不同国家的经济部门结构的某些特点,当一些产业和部门在需求方面和成本方面发生变动时,往往会通过部门相互看齐的过程而影响到其他部门,从而导致一般物价水平的上升而发生通货膨胀。这种通货膨胀被称为结构性通货膨胀。在结构性通货膨胀中,既有需求拉上的作用,又有成本推进的作用,它是由上述各部门、各行业供求变化不平衡引起的。

虽然通货膨胀有不同的原因,但都会破坏正常的经济秩序。特别是在发生严重通货膨胀时,会使货币功能丧失,对经济产生巨大危害。因此,为防止和治理通货膨胀,许多国家都采取一些相应的政策和措施。

四、通货膨胀的治理

(一)防止一次性通货膨胀演变为持续性通货膨胀

从理论上说,对于来自需求方面的冲击,可以采取一般的需求管理政策加以防止,尽力避免需求的过度增大。然而现实经济是极为复杂的,需求管理措施很难完全奏效,一旦需求的增长拉开了通货膨胀缺口,就会引起一次需求拉上的通货膨胀。

当发生一次需求拉上的通货膨胀,各种成本相应上升,若政府和中央银行运用需求管理政策,控制总需求,使之不再进一步增长,则总需求会下降,从而消除通货膨胀缺口。此时,虽然价格水平有所提高,但通货膨胀不会持续下去,从而避免一次性通货膨胀向持续性通货膨胀转化,但是,在现实经济中,通货膨胀往往不是单纯需求拉上的。

成本推进的通货膨胀,是无法用需求管理政策加以防止的。如果采用财政和货币政策刺激需求,可使总需求增加,迅速消除紧缩缺口,使失业率降低到自然失业率水平。但这样做很可能引起进一步的通货膨胀,使一次性成本推进的通货膨胀转化为持续性通货膨胀。因此,当发生成本推进的通货膨胀时,需要在较长期的经济停滞与引发持续性通货膨胀的风险两者之间做出抉择。为避免陷入这种两难的局面,许多西方经济学家提出了后面将要谈到的收入政策。

总之,无论是何种原因引起的通货膨胀,如果不及时采取措施控制需求都会转化为持续性通货膨胀。而通货膨胀持续的时间越长,惯性越大,要抑制通货膨胀所付出的代价就越大。因此,许多西方经济学家认为,最好在通货膨胀刚刚发生时,就采取措施加以控制,避免一次性通货膨胀转化为持续性通货膨胀。

（二）抑制持续性通货膨胀

现代西方经济学家普遍认为,在产出高于其潜在水平,失业率低于自然失业率水平时,通货膨胀会不断上升。因此,要抑制持续性通货膨胀,首先要消除通货膨胀缺口,使失业率不低于自然失业率。一般认为,采取财政和货币政策可以使失业率由较低的水平上升到自然失业率水平,消除通货膨胀缺口。实际上,通货膨胀缺口的消除并不能保证没有通货膨胀,甚至不能使通货膨胀率降低,而只保证通货膨胀不再加速,使通货膨胀维持在预期或惯性膨胀率水平,这正是持续性通货膨胀难以抑制的原因。

要使预期的或惯性的通货膨胀率减速乃至渐渐消除,必须使失业率高于自然失业率,或者说,必须有紧缩缺口存在。由于预期的或惯性的通货膨胀率的减速乃至消除需要一个过程,在这个过程中,一方面失业率高于自然失业率水平,存在紧缩缺口,另一方面通货膨胀仍在持续,因此,经济进入一个滞胀时期。失业的扩大会产生抑制通货膨胀的效果,使实际通货膨胀率逐渐下降。随着实际通货膨胀率的逐渐下降,人们对通货膨胀的预期也会发生变化,使预期的或惯性通货膨胀率逐渐下降。如果紧缩缺口持续存在,则预期的或惯性的通货膨胀率最终将会消失,滞胀阶段也会随之结束,但仍会存在一个较大的紧缩缺口,失业率仍高于自然失业率水平。

在滞胀时期结束时,情况与发生一次成本推进的通货膨胀相同。此时,要么是以忍受较长时期的高失业和紧缩缺口造成的损失为代价,等待通过工资等成本的降低使失业率回落,消除紧缩缺口;或者是甘冒重新引发持续性通货膨胀的风险,用财政和货币政策刺激需求,更快地使失业率下降,消除紧缩缺口。

总之,在控制总需求,尤其是控制货币供给抑制持续性通货膨胀的过程中,将会经历一个滞胀阶段和随后的停滞阶段。为抑制持续性通货膨胀所付出的代价,主要取决于这两个阶段时间的长短。时间越长,带来的损失越大,抑制持续性通货膨胀的代价越大。反之,这两个阶段所需时间越短,则造成的损失越小,抑制持续性通货膨胀的代价越小。一般地,这两个阶段时间的长短取决于工资、价格刚性大小和预期的形成方式。在产生了通货膨胀的情况下,人们要根据过去的通货膨胀率来预期未来的通货膨胀率,并把这种预期作为指导未来经济行为的依据。工资、价格的刚性越大,则预期通货膨胀的惯性越大,滞胀和停滞阶段持续的时间越长;工资、价格的刚性越小,则通货膨胀的惯性越小,滞胀和停滞阶段越短。

（三）治理通货膨胀的具体政策

抑制通货膨胀的政策基本上有需求政策、收入政策、收入指数化政策及供给政策。政府采用财政政策和货币政策来调节社会总需求,抑制通货膨胀,结果往往使经济常陷入膨胀与失业相互替代的两难境地。要抑制通货膨胀,就必须以提高失业率为代价,而当失业率上升到一定水平时,又不得不以提高通货膨胀率为代价来降低失业率。为此,西方经济学家和政府一直在寻找新的医治通货膨胀的药方。

第一,需求政策。如果通货膨胀主要是总需求过度膨胀引起的,那么采取紧缩性的财政和货币政策可能取得一定的效果。一般地,减少总需求的途径主要有紧缩财政和紧缩货币两种措施。

第二，收入政策。20 世纪 60 年代后期，为解决经济衰退伴随的高通货膨胀率的情况，西方经济学家们提出了收入政策的政策主张。收入政策是政府为了控制一般物价水平的上涨幅度而采取强制性或非强制性的手段，限制提高工资和获取利润，以抑制成本推进的通货膨胀。这一政策主张主要包括政府用来直接影响工资价格制订过程中的一系列措施：道德规劝和协商恳谈规劝（jaw boning），自愿的工资-价格指导线（voluntary wage-price guide lines），以税收为基础的收入政策（the tax-based income policies），以及工资-价格管制（wage-price control）。

第三，收入指数化政策。收入指数化政策是指各种名义收入（如工资、利息等）部分或全部地与物价指数相联系，自动随物价指数的升降而升降。该政策存在一定问题：指数化强化了工资和物价交替上升的机制，从而往往使物价越发地不稳定，而不利于通货膨胀率的下降。

第四，供给政策。供给学派认为，治理通货膨胀，摆脱滞胀困境，治本的方法在于着力增加生产和供给，即应从供给方面入手。最关键的措施就是减税，减税可以提高人们的储蓄和投资能力；其他措施包括削减政府开支增长幅度，争取平衡预算，消灭财政赤字，并缓解对私人部门的挤出效应；限制货币增长率，稳定物价，排除对市场机制的干扰，保证人们储蓄与投资的实际效益，增强其信心与预期的乐观性；改善劳动市场结构的人力资本政策，等等。供给学派认为这些措施既可增加就业和产出，又能避免物价上涨，从而消除通货膨胀和滞胀。

生活中的经济学 通货膨胀对经济的影响
——津巴布韦式的恶性通货膨胀

2008 年 4 月 4 日，津巴布韦中央储备银行宣布，从即日起发行面值为 5 000 万津元的纸币，以缓解目前该国市面上的资金短缺问题。2009 年 1 月，津巴布韦通货膨胀失控，通货膨胀率最高达 89 700 000 000 000 000 000 000%，政府一度放弃统计通货膨胀率数字。津巴布韦央行发行了 100 万亿面值的津元纸币，这只值 3 美元。随着物价上升和中央银行发行越来越大面值的货币，过去小面额的货币已经失去价值并变得一文不值。2009 年 4 月，其政府宣布不再流通本国货币，美元、南非兰特、博茨瓦纳普拉、英镑和欧元就成了法定货币，以后的几年里，政府又允许澳元、人民币、日元、印度卢比成为法定货币，而且政府不设定汇率。于是这个非洲内陆国家就成了世界上也许是唯一的多种货币共存的国度，唯独没有他们自己的本国货币。

这些年津巴布韦到底怎么了？政府这些年进行调控有效吗？

由于经济低迷和贸易收支恶化，外币在津巴布韦长期供应短缺。为此，津央行于 2016 年 11 月开始发行与美元等值的债券货币，以保持市场流动性。2018 年下半年以来，津巴布韦的美元和债券货币官方汇率与黑市汇率出现较大差距，导致物价大幅上涨。2019年2月,其央行开始通过市场手段调节美元与债券货币汇率,不再将两者官方汇率锁定在1比1。发行债券货币以来,津巴布韦一直面临现金短缺难题。2019年11月,其央行发行了首批新津元纸币,面值分别为2元和5元,从而结束了该国10年没有本币的局面。此后,其央行又于2020年5月和6月分别发行面值为10元和20元的新津元纸币,之后在2021年7月发行了面值为50元的纸币。然而,在通货膨胀高企的情况下,市场现金短缺没有得到缓解。并且直至2022年,津巴布韦的通货膨胀问题也没有得到遏制,2022年5月津巴布韦政府试图通过暂停对食用油、大米、面粉等基本商品征收进口税的方式调节价格。

津巴布韦政府违背了货币经济学规律,选择了通过增发货币,增加政府开支来掩盖国内出现的一些问题,从而使国家经济陷入了增发货币和通货膨胀的恶性循环。如果采取正确的政策组合来应对经济问题,则不会出现恶性通货膨胀。

思考题:

津巴布韦应采取怎样的政策组合来应对恶性通货膨胀?

第三节　菲利普斯曲线

失业与通货膨胀是短期宏观经济运行中的两个主要问题,在宏观经济学中,失业和通货膨胀的关系主要是由菲利普斯曲线来说明的。

一、菲利普斯曲线的提出

1958年在英国任教的新西兰籍经济学家菲利普斯在研究了1861—1957年英国的失业率和货币工资增长率的统计资料后,提出了一条用以表示失业率和货币工资增长率的替换关系的曲线,在以横轴表示失业率,纵轴表示货币工资增长率的坐标系中,画出一条向右下方倾斜的曲线,这就是最初的菲利普斯曲线(图14-1)。该曲线表明:当失业率较低时,货币工资增长率较高;反之,当失业率较高时,货币工资增长率较低,甚至为负数。

图14-2中改良的菲利普斯曲线刻画了失业率(unemployment rate)与通货膨胀率(inflation rate)的负相关关系,表明失业率与通货膨胀率存在替换的关系。

这一曲线经凯恩斯主义者萨缪尔森、索洛等人演化而成为反映通货膨胀率与失业率的关系的曲线,这一曲线,又称改良的菲利普斯曲线(图14-2)。他们认为,通货膨胀率和货币工资增长率有同方向变动的关系。因为货币工资的增长导致成本推进的通货膨胀。因此,菲利普斯所指出的失业率与货币工资增长率的反方向变动关系大体反映了失业率与通货膨胀率的关系,即失业率与通货膨胀率也具有反方向变动关系。但又认为工资增长率又不等同于通货膨胀率。

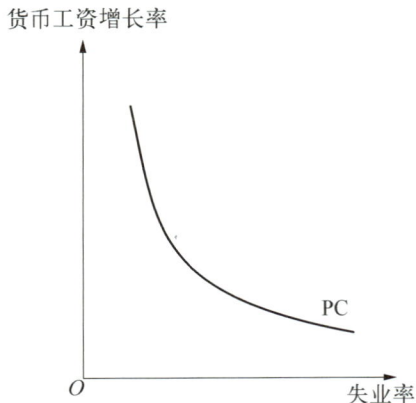

图 14 - 1　最初的菲利普斯曲线

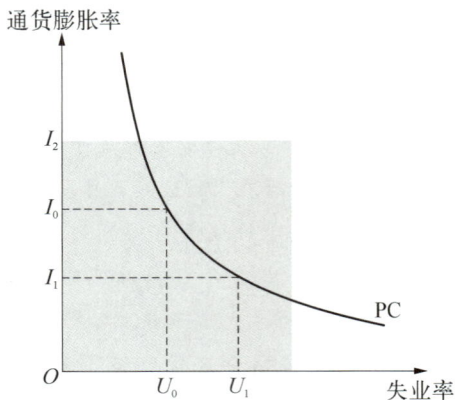

图 14 - 2　改良的菲利普斯曲线

它们具有下述关系：

通货膨胀率＝工资增长率－劳动生产率增长率

　　劳动生产率反映社会财富或社会总产品及劳务的增长。当工资增长率和劳动生产率增长率相等时，通货膨胀率为零；当工资增长率大于劳动生产率增长率时，通货膨胀率为正值，即存在通货膨胀；当工资增长率小于劳动生产率增长率时通货膨胀率为负值，即存在通货紧缩。

　　由于菲利普斯曲线比较直观地反映了失业与通货膨胀的反方向变动的相互替代关系，它也就成了说明凯恩斯主义相机抉择的需求管理理论的一个有效工具，为政府部门提供政策依据。如果经济中的失业率过高，则政府可以采取扩张性的财政政策和货币政策，提高总需求水平，增加产出，降低就业率，相应的代价是通货膨胀率上升；如果经济中的通货膨胀率过高，政府可以采取紧缩性的财政政策和货币政策，抑制总需求过度增长，降低通货膨胀率，相应的代价是失业率上升，这样经济社会就在一个可以忍受的失业率和通货膨胀率状态下运行。

二、附加预期的菲利普斯曲线

　　货币主义者在分析失业与通货膨胀的关系时引入了适应性预期的概念，即人们根据过去的经验来形成并调整对未来的预期。1968 年，货币主义的代表人物，美国经济学家费里德曼指出了菲利普斯曲线分析的一个严重缺陷，即它忽略了影响工资变动的一个重要因素：工人对通货膨胀的预期。费里德曼指出，企业和工人关注的不是名义工资，而是实际工资，当劳资双方谈判工资协议时，他们都会对新协议期的通货膨胀进行预期，并根据预期的通货膨胀相应地调整名义工资水平。根据这种说法，人们预期通货膨胀率越高，名义工资增加越快。由此，费里德曼等人提出了短期菲利普斯曲线的概念。货币主义者认为，在短期中，工人来不及调整通货膨胀预期，预期的通货膨胀率可能低于实际发生的通货膨胀率。这样，工人所得到的实际工资可能小于先前预期的实际工资，从而使实际利润增加，刺激了投资，就业增加，失业率下降，于是菲利普斯曲线在短期内成立,短期较高的通货膨胀会使失业减少。这里所说的短期,是指从预期到需要根据通货膨胀作出调整的时间间隔。短期菲利普斯曲线就是预期通货膨胀率保持不变时,表示通货膨胀率与失业率的关系的曲线。

以美国 20 世纪 60 年代初期和 80 年代初期为例,可以说明预期通货膨胀水平与附加预期的菲利普斯曲线的关系(图 14 - 3)。图中的两条短期菲利普斯曲线分别反映了20 世纪 60 年代初期较低的预期通货膨胀水平与 20 世纪 80 年代初期较高的预期通货膨胀水平。有两点需要注意,一是它们所反映的失业与通货膨胀的短期替换关系相同,即它们的斜率相等。二是 20 世纪 60 年代初期的充分就业水平(或相应的自然失业率水平)与大约 2‰ 的年通货膨胀率相对应,而 20 世纪 80 年代初期的充分就业水平与大约 7‰ 的年通货膨胀率相对应。总之,在西方学者来看,附加预期的菲利普斯曲线在解释失业与通货膨胀的关系方面还算是成功的。

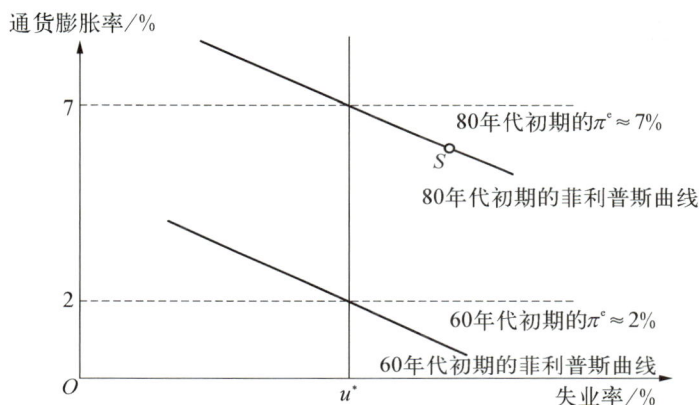

图 14 - 3　通货膨胀预期与短期菲利普斯曲线

应该指出,附加预期的菲利普斯曲线表明,在预期的通货膨胀率低于实际的通货膨胀率的短期中,失业率与通货膨胀率存在替换关系。由此,向右下方倾斜的短期菲利普斯曲线的政策含义就是,在短期中引起通货膨胀率上升的扩张性财政政策与货币政策是可以起到减少失业的作用的。换句话说,调节总需求的宏观经济政策在短期是有效的[①]。

三、长期菲利普斯曲线

货币主义者认为,短期中失业率与通货膨胀率存在交替关系,而在长期中不存在这种关系,从而认为宏观经济政策只在短期中有用,而在长期中无用。

在长期中,工人将根据实际发生的情况不断调整自己的预期。工人预期的通货膨胀率与实际上发生的通货膨胀率迟早会一致。这时,工人会要求增加名义工资,使实际工资不变,从而通货膨胀就不会迟早起到减少失业的作用。这时,菲利普斯曲线是一条垂线,表明通货膨胀与失业不存在相互替代的关系,而且,在长期中,经济中能实现充分

---

①　高鸿业.西方经济学(宏观部分·第六版).中国人民大学出版社,2014 年版,第 495 页.

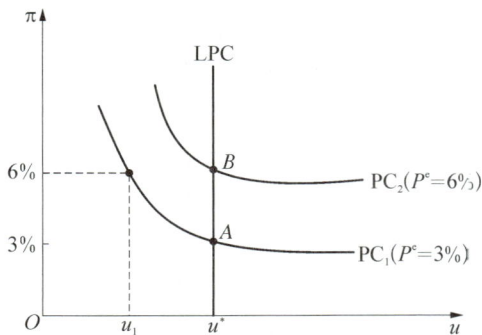

图 14 - 4　短期菲利普斯曲线与
长期菲利普斯曲线

就业,失业率保持在自然失业率水平上。为区分改良的菲利普斯曲线,此处用 π 表示通货膨胀率,则长期的菲利普斯曲线(LPC)是一条垂直于自然失业率水平的垂线,如图 14 - 4 所示。它表明,在长期中,无论通货膨胀率如何变动,失业率都保持在自然失业率水平上。所以,以提高通货膨胀为代价的扩张性财政政策和货币政策对减少失业率是无效的,即宏观经济政策只有短期的有效性,在长期中是无效的。

生活中的经济学　　　　　　　　　　▶　资产如何保值?

从 2007 年到 2017 年,我国的 GDP 平均增速是 8.72%,M2 平均增速是 15.55%。

我们可以把 GDP 简单理解成社会新创造的财富,把 M2 理解成社会上新增加的货币。正常的情况应该是,创造多少财富(GDP 增加多少),应该印多少钱(M2 就增加多少),这样就不会有通货膨胀的问题。现实却是,M2 增速远远大于 GDP 增速,M2 增速超过 GDP 的部分就可以简单看作是通货膨胀率。

当通货膨胀来了,存钱还有意义吗?

如今,银行利率在逐年降低,由最高的 12% 降到现在的不到 2%。

活期存款,相信不需要多说,大家也知道其收益是多么低。所以为了对抗通货膨胀,你需要学习如何投资理财。你可能会说,存款利率低不行,我就买银行理财。而现实情况是,即使按照 4% 银行理财利率,也根本跑不赢通货膨胀,银行理财最多是做到资产保值。而且,对于银行理财和余额宝这种现金管理工具来说,收益率下降是正在发生的事。随着未来我国利率下降,这两者收益注定还会继续下降。一些主流发达国家都已经进入"负利率"时代。

通货膨胀下,什么资产最保值呢?

大家第一个能想到的可能是黄金,但从长远的周期来看,黄金还真不算抵御通货膨胀的法宝,充其量只能说黄金可以勉强跑赢通货膨胀。

第二个大家能想到的是房子。从过去 30 年看是这样的,那是因为之前大量的货币投向房地产与基础设施建设。目前,"房住不炒"的背景下,未来房子还会这样上涨吗?显然不会。

第三,在行情较好时,股票的资产收益率较高,可能跑赢通货膨胀,但是高收益代表着高风险。

思考题：

查阅资料，在通货膨胀及通货紧缩的背景下，我们分别应建立怎样的财富观？

本 讲 小 结

1. 失业是在当前工资水平下愿意工作的人无法找到工作的一种状态。失业的计量指标有两个：失业人数和失业率，最基本的指标是失业率。失业率是失业人数占劳动力总数的百分比。

2. 按不同的标准，失业可有不同的分类。最常见的是按照劳动力市场结构进行分类，将失业分为摩擦性失业、结构性失业、周期性失业。摩擦性失业和结构性失业与市场机制无关，因此称为自然失业；而周期性失业与市场机制有关，是劳动市场供求失衡的产物。

3. 失业率过高，会带来一系列经济、社会、个人和家庭问题，影响经济正常发展，严重的甚至引发社会动荡。

4. 通货膨胀是在纸币流通的制度下，在一定的时期内，货币发行量超过流通中实际货币需求量而引起的物品和劳务价格的普遍持续性的上涨。衡量通货膨胀的指标是物价指数。主要有三种物价指数，即消费者价格指数、生产者价格指数和GDP平减指数。

5. 通货膨胀的经济效应包括通货膨胀的产量效应、通货膨胀的收入再分配效应和通货膨胀的财富再分配效应。总体上，通货膨胀对社会经济将会产生一系列的破坏性影响。

6. 从供给和需求两个方面来探讨通货膨胀的原因，包括需求拉上的通货膨胀、成本推进的通货膨胀和需求拉上与成本推进混合的通货膨胀。另外，不同经济部门结构的供求变化不平衡，往往会导致产生结构性通货膨胀。

7. 对通货膨胀的防范与治理，第一是要防止一次性通货膨胀演变为持续性通货膨胀，第二是要抑制持续性通货膨胀。在治理通货膨胀的具体政策方面，体现为需求政策、收入政策、收入指数化政策及供给政策等。

8. 可以用菲利普斯曲线表达失业率与通货膨胀率的联系，但对这种关系的解释存在三种学派即凯恩斯主义、货币主义与理性预期学派的争论。

思考及运用

1. 摩擦性失业和结构性失业是否属于自愿失业？为什么？政府如何降低摩擦性失业和结构性失业的人数？

2. 已知某国的情况如下：人口 2 500 万，就业人数 1 000 万，失业人数 100 万。

(1) 该国的劳动力人数是多少？

(2) 该国的失业率是多少？

(3) 如果摩擦性失业和结构性失业人数为 60 万人，自然失业率是多少？

(4) 在实现了充分就业时，该国应该有多少人就业？

(5) 如果在失业人口中有 10 万人是由于嫌工作不好而不愿就业，那么真正的失业率应该是多少？

(6) 如果该国有 10 万人为失意工人，这些人包括在失业者之中吗？这些工人的存在对真正的失业率有什么影响？

(7) 如果有 10 万人实际上只有部分时间工作，但其中仍有 5 万人正在寻找全日制工作，这时真正的失业率应该是多少？

3. 从什么意义上说，通货膨胀像一种税？

4. 通货膨胀的类型是如何划分的？

5. 如果某国某一时期经济中的货币供给增长了 6%，物价水平上涨了 4%，实际 GDP 增长了 3%，货币流通速度会有什么变化？

6. 如果某国某一时期经济中的货币流通速度是常数，实际 GDP 增长了 5%，货币供给增长了 14%，名义利率是 11%，则实际利率是多少？

第十五讲 国际贸易与国际金融

🔍 引导问题

什么是经济全球化？

为什么会发生国际贸易？

贸易保护和贸易摩擦为什么存在？

如何衡量各国货币的兑换比率？

🎯 核心概念

国际贸易　　绝对优势和比较优势　　贸易保护　　汇率

✐ 案例引入

经济全球化与日常生活

让我们来看看日常生活中都有哪些事情与全球化有关呢？上海的清晨,从事 IT 行业的"白领"小张被 iPhone 准时叫醒,洗漱完毕后,喝一杯 Nestle 咖啡,戴上 LONGINES 手表,找到他心爱的 Apple MacBook,开着 VOLVO 去上班,沿途顺道去 KFC 带了份早餐,到 Shell 加油站加满了油。而同一时间,地球的另一边,美国纽约,Bruce 一家三口在家里度过了一个愉快的假日。Bruce 先生在客厅里仔细品尝着来自中国的龙井茶,Bruce 太太正在厨房准备着美味的晚餐。她打开 Haier 冰箱寻找材料,用 Glanz 微波炉加热食物。儿子小 Bruce 一边抱着中国制造的小玩具,一边看着 TCL 电视机中播放的动画片。Bruce 太太准备再为小 Bruce 买双 LI-NING 鞋,这种鞋美观舒适,价格实惠,能为家庭节约支出。

思考题：

在国内市场上,你接触过哪些外国品牌？你知道哪些中国品牌在国际市场上畅销？这些都是经济全球化不断发展的结果。那么,什么是经济全球化？国际贸易为什么会发生？

第一节 经济全球化如何改变我们的世界

我们生活在一个国际化的时代。随着经济全球化的发展,世界各国的相互依存关系越来越密切。我们吃的食品来自世界各地：从美国到亚太地区、欧洲。我们开的汽车,不仅有我们自己生产的,还有日本、美国、法国和其他国家生产的,我们享受着世界各国企业为我们提供的软件、旅游、通信等各种服务。不仅如此,我们生产的产品出口到世界各地,"中国制造"正在走向世界。

在经济全球化成为世界经济主题的今天,地球上的任何国家都无法摆脱对其他国家和地区的依赖。商品通过国际贸易实现了从本土化到国际化的过程。商品国际化是一种不可逆转的发展趋势,并使人们生活发生了巨大的变化。随着世界经济迅猛发展,经济全球化浪潮已经渗入人类生活的各个方面,并且在不断扩大和深化。那么,什么是经济全球化？全球经济体系的"三大支柱"是什么？

一、经济全球化的概念

经济全球化指商品、劳务、技术、资金、人才在全球范围内流动和配置,使各国经济日益相互联系、相互依赖、相互渗透,世界经济越来越成为不可分割的有机整体,表现为市场全球

> **经济全球化（economic globalization）：** 一国经济与世界经济日益融合为一个整体的过程。

化、贸易全球化、生产全球化和金融全球化。它是以科学技术迅猛发展为动力、以跨国公司全球运作为载体而进行的一场全球范围内的产业结构调整。经济全球化的实质在于生产者与投资者的行为日益国际化。世界经济由统一的世界市场和生产区组成,国家和区域只是世界经济活动运行的分支单位。

经济全球化的发展使全世界发生了巨大的变化和变革,这不仅促进了世界经济的迅猛增长和世界市场中宏观经济的稳定发展,还改变了全球的收入分配状况,世界政治格局也随之出现了新的变化。当前经济全球化正呈现出三个特征:

一是全球制造产业向中国的转移。从中国制造业在世界所占份额可以看到近年来我国制造业在全球中表现出的重要作用。

二是跨国公司在全球的运作,形成新的区域和全球的生产链和供应链。例如,历经多年的精心研发,由我国自行研制,具有自主知识产权的中长途商用干线中型窄体客机C919正式亮相上海。当时,C919在研发上采用国际主流的"主制造商-供应商"的研制模式,即:主要研制单位是中国商用飞机公司,但商飞公司将发动机、机载设备、材料等部件的制造全部外包(图15-1)。

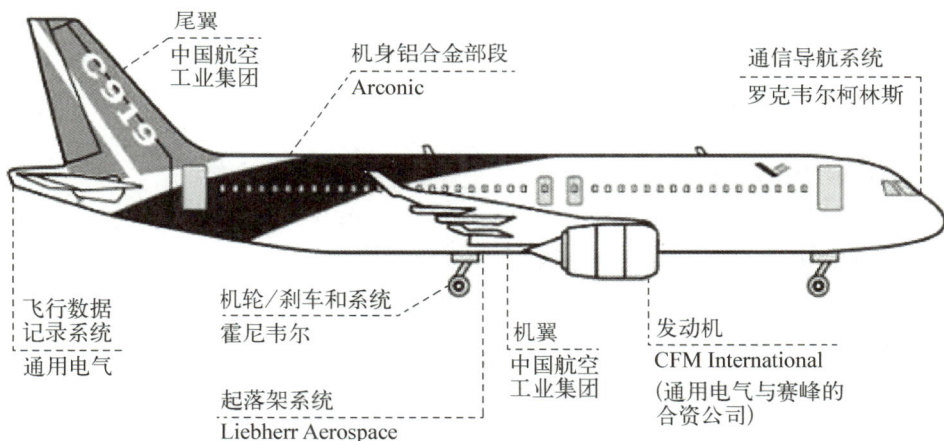

图 15-1　中国商飞 C919 客机的全球化生产网络

三是投资增长迅速。由于经济全球化的发展,现在投资比贸易显得更受人关注。在中国,吸引外资较多的地区也是外贸相对发达的地区。

即时思考:美国波音、福特公司等均在全球选择合作伙伴,这说明了什么?这种生产方式的好处是什么?

二、世界经济体系的"三大支柱"

世界经济体系包括哪"三大支柱"?具体如图15-2所示。

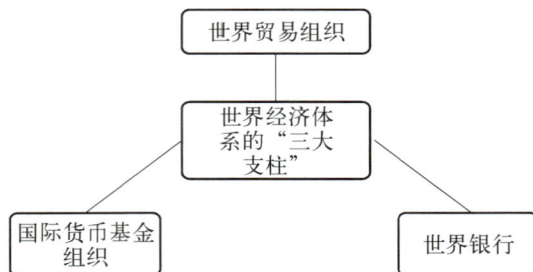

图 15 - 2　世界经济体系的"三大支柱"

第二次世界大战后世界经济体系包括贸易和货币金融体系两部分,其中,贸易体系的支柱是世界贸易组织,而货币金融体系的两大支柱是国际货币基金组织和世界银行,故第二次世界大战后世界经济体系可以简略地概括为"两大体系、三大支柱"。

（一）世界贸易组织

世界贸易组织（World Trade Organization,WTO）,于 1995 年 1 月 1 日正式成立,前身是关税与贸易总协定（General Agreement on Tariffs and Trade,GATT）。WTO是独立于联合国的永久性国际组织,总部设在日内瓦,截至 2024 年 8 月 21 日已有 165个成员。WTO 是当今世界上全面调整、规范国际贸易规则与贸易关系的全球性多边经济贸易组织,有"经济联合国"之称。

（二）国际货币基金组织

国际货币基金组织（International Monetary Fund,IMF）是政府间国际金融组织,是 1944 年在美国新罕布什尔州布雷顿森林召开"联合国货币金融会议"的产物,于1945 年 12 月 27 日正式成立。1947 年 11 月 15 日 IMF 成为联合国的一个专门机构,在经营上有其独立性,总部设在华盛顿。

IMF 的主要业务是向会员政府发放贷款,以弥补会员因经常项目收支而发生的国际收支暂时不平衡问题。IMF 只与各国财政部、中央银行等官方机构往来,贷款形式以会员本币购买外汇,到期以外汇购回本币。国际货币基金组织对世界范围内的贸易、金融自由化和战后国际货币体系的稳定和发展起到了十分重要的作用,在金融危机中对缓和并帮助解决一些会员国际收支困难发挥了协调和监督作用。

中国是 IMF 的创始国之一。1980 年 4 月 17 日,该组织正式恢复中国的代表权,我国在该组织中的份额为 33.852 亿份特别提款权（SDR）,占总份额的 2.34%。1991 年,该组织在北京设立常驻代表处。

（三）国际复兴开发银行

国际复兴开发银行（International Bank for Reconstruction and Development）,简称世界银行（World Bank）,是联合国属下的一个负责长期贷款的国际金融机构。1944年 7 月在美国布雷顿森林举行的联合国货币金融会议上通过了《国际复兴开发银行协定》,1945 年 12 月 27 日 28 个国家政府代表签署了这一协定,并宣布国际复兴开发银

中国入世之路

行正式成立。1947 年 11 月 5 日起,国际复兴开发银行成为联合国专门机构之一,是世界极大的政府间金融机构之一,总部设在华盛顿。

国际复兴开发银行成立初期致力于战后欧洲复兴,1948 年后转向世界性的经济援助。通过向成员提供生产性投资的长期贷款,为不能得到私人资本的成员的生产建设筹集资金,以帮助成员建立恢复和发展经济的基础,因此,贷款一般集中于交通运输、供水与排水等基础设施行业,其他还用于城市发展、教育、旅游,以及人口等项目。

1980 年 5 月,中国恢复了在国际复兴开发银行的合法席位,1981 年起开始借用该行资金。

三、逆全球化思潮

逆全球化思潮即与全球化进程背道而驰,重新赋权于地方和国家层面的思潮。实际上,逆全球化或反全球化现象在发生时间上并不滞后于全球化,而是全球化的伴生产物。

全球化概念产生于 20 世纪 70 年代,但实际上,此时的全球化已经进入迅猛发展的第三个阶段。这一阶段以来的经济全球化以金融资本的全球扩张为主导,其进程具有双重性,从正面效应来看,它促进了社会生产力的巨大发展;另外,它服从资本追求高额剩余价值的目的,金融垄断资本驱动的全球扩张使剥削、贫富差距等资本主义社会基本矛盾的弊端在全球蔓延。跨国资本在全球流动造成整个社会的分裂状态,形成长期失业和贫困人口,民众因此发起反全球化运动。

伴随世界经济增长持续低迷和世界格局的深度调整,西方国家从全球化的主要推手变成了全球化的反对者,逆全球化和保护主义倾向抬头,全球化进入相对低谷期。2008 年,美国次贷危机爆发,资本主义社会贫富差距进一步拉大、"占领华尔街"等抗议运动持续不断、民粹主义兴起,逆全球化突破了经济行为,进而表现为一定的政党行为、社会运动、国家行为和政府行为。英国脱欧公投、欧美实施的一系列逆全球化举措等,更是加剧了逆全球化思潮的持续翻涌。

第二节　绝对优势与比较优势

2010 年的情人节,是小张和他妻子的周年纪念日。这一天,小张打算为他的妻子买一打玫瑰。玫瑰花给了他一些想法,他在一次演讲上认为中国日益增长的鲜花进口量,把中国自己的鲜花种植者挤出了市场。确实,中国的鲜花等产品有一部分是从南美进口的,而且这个份额越来越大。可是,这真是一件坏事吗?

一国为什么要进行国际贸易?国家同个人一样,不可能在每种商品上都具备同等的生产能力。如果每个国家都专业化生产那些他们做得最好、最令人满意的产品,并通过贸易交换他们需要的其他产品,那么每个国家都会像个人一样从贸易中获得好处。贸易使世界商品和货物的总产出比没有贸易时多,在国际贸易中,所有国家都可以从商品买卖中获益,这比仅在国内市场进行交易的情况要好。

"一带一路"
与国际贸易
产业链

同国内贸易一样,国际贸易的产生是由社会分工决定的。如果不考虑本国产业保护,什么产品谁生产合算,就应该谁去做。

生活中的经济学 ▶ **小王应该自己搬冰箱吗?**

小王是当代知名的举重运动员,他在其他体力活动中也出类拔萃。设想小王可以比其他任何人都更快地搬家具。但是仅仅由于他能迅速地搬家具,就意味着他应该这样做吗?

为了回答这个问题,我们可以使用机会成本和比较优势的概念。比如说小王能用2个小时搬完4台冰箱,在同样的2个小时中,他能拍一部电视商业广告片,并赚到2万元。与此相反,邻居的孩子小李能用4个小时搬完4台冰箱,在同样的4个小时中,他可以在麦当劳店兼职并赚到40元。

在这个例子中,小王在搬冰箱上有绝对优势,因为他可以用更少的时间投入完成这项工作。但由于小王、小李搬冰箱的机会成本分别为2万元和40元,因此小李在搬冰箱上有比较优势。

在这个例子中,贸易的好处是巨大的。小王不应该自己搬冰箱,而应该去拍商业广告片,并雇用小李搬冰箱。只要他支付给小李的钱多于40元而少于2万元,双方的状况就都会变得更好。

思考题:

上述案例中,我们提到了绝对优势和比较优势,那么,什么是绝对优势?什么是比较优势?贸易双方达到双赢了吗?

一、绝对优势的概念

亚当·斯密在其代表作《国富论》中强调,每个国家都应按照各自的有利条件进行专业化生产,然后彼此进行交换,这将使各国的资源、劳动力和资本得到最有效

> **绝对优势**(absolute advantage):如果生产者生产一种物品所需投入较少,就可以说该生产者在生产这种物品上具有绝对优势。

的利用,从而大大提高劳动生产率和增加物质财富,并使各国从交换中获益。由于该理论是按照各国绝对有利的生产条件进行分工,所以被称为绝对优势理论,其主要观点包括以下几点。

(一)分工可以提高劳动生产率

斯密认为,人们为了交换自己所需的产品,就应该根据自己的特点进行社会分工,然后出售彼此在优势条件下生产的产品,这样双方都会获利。斯密非常重视分工,他认为分工可以提高劳动生产率,进而增加国家财富。分工促进生产率提高的途径主要包括:

（1）可以提高劳动者的熟练程度；

（2）使每个人专门从事某项生产，从而节省与生产没有直接关系的时间；

（3）有利于发明创造和改进工具。

分工的好处到底有多大？

（二）分工的原则是绝对优势

斯密认为，每个国家都有其适宜于某种特点商品的绝对有利的生产条件，如果每个国家都按照其绝对有利的生产条件（即生产成本绝对低）去进行专业化生产，然后彼此进行交换，则所有参加交换的国家都可以从中获利。例如，在气候寒冷的苏格兰，人们可以利用温室生产出极好的葡萄，并酿造出与国外进口一样好的葡萄酒，但建造温室的成本会远高于自然条件栽种葡萄的国家，因而要付出 30 倍高的代价，如果真那么做，那是明显的愚蠢行为。

（三）分工的基础是有利的自然禀赋或后天的有利条件

国际分工的基础是各自占有优势的自然禀赋或后天获得的有利条件。前者指自然赋予的有关气候、矿产、地理环境等方面的优势；后者则指通过自身努力而掌握的特殊技术。每个国家应按照各自的优势进行分工，并交换各自的商品，从而使各国的资源、劳动力、资本都得到最有效的利用，使国民财富增加。

生活中的经济学　大疆是如何赢得全球化市场的？

近年来，中国科技企业的崛起和发展引起了全球业界的广泛关注和讨论。其中，大疆是中国著名的无人机制造商之一，其技术水平和市场份额都处于领先地位。大疆作为中国无人机制造商的领军企业，其产品涵盖了消费级、工业级和政府级多个领域。在无人机技术方面，大疆一直处于领先地位，并且不断推出创新产品和解决方案。与其他全球化经营的企业不同，大疆并没有过多强调自身的"国际化"和"领先性"，而是专注于创新研发和品质保证，深入挖掘本土市场需求，加强技术研发和品质保证，从而提升全球竞争力。

大疆所在的航模行业的市场饱和度相较传统制造业产品的市场饱和度是较低的，这给中国企业带来了全球化发展的机会。在无人机市场上独占鳌头的大疆是先在欧美市场奠定了行业地位，再回到国内市场。

在全球市场的竞争中，大疆无人机依靠其技术实力和优质服务的口碑积累，赢得了消费者的信任和认可。不仅如此，大疆还通过建立全球服务网络、提供及时响应的技术支持等方式，为用户提供全面的服务保障，进一步提升了品牌形象和市场占有率。

大疆之所以能够在无人机市场获得较高的份额，主要因为其在该领域的专注。这也是营销学上讲的"聚焦定律"，消费者心智空间对一个品类的商品只能够存在 3 个品牌,企业发展战略的聚焦可以让消费者第一个就想到你。

2023 年,全国工商联发布 2023 中国民营企业 500 强,榜单披露 2022 年大疆的营业收入为 301.40 亿元。数据显示,当前大疆占据全球消费级无人机七成以上的市场份额。在国内的消费级无人机市场上,大疆更是占据 9 成以上份额。这足以体现大疆聚焦战略的成功。

思考题:

1. 大疆是如何利用经济全球化机遇来发展自身业务的?
2. 大疆在无人机领域具有哪些比较优势,使其能在全球市场获得高份额?

二、比较优势的概念

当一个国家在两种商品的生产上都有绝对优势,那它如何同另一国开展贸易呢?或者当该国均存在绝对劣势时,能否参与国际分工呢?为了回答这一问题,英国著名的古典经济学家大卫·李嘉图对斯密的绝对优势理论进行了扩展,构造了比较优势理论。那么,什么是比较优势?

> **比较优势**(comparative advantage):优势的程度差异,即一国能以比另一国低的机会成本生产一种商品时,该国就具备了该商品的比较优势。

在 1871 年出版的《政治经济学及赋税原理》中,李嘉图从生产成本的相对差别出发,论证了国际贸易分工产生的原因。李嘉图认为,参与国际分工与贸易的双方,不一定是每种商品生产的绝对成本都低,只要各自生产相对成本较低的商品进行互换,双方都可以获利。也就是说:即使一国与另一国相比,在商品生产上都处于绝对劣势,但只要本国集中生产那些绝对劣势较小的商品;而另一国在商品生产上都处于绝对优势,但只要该国集中生产那些绝对优势较大的商品,即按照"两优取其重,两劣取其轻"的原则进行国际分工与贸易,同样不仅会增加社会财富,而且交易双方都可以从中获益和实现社会劳动的节约。

那么,比较优势分工下对世界产出的影响如何呢?我们通过一个例子进行分析。基于两国、两商品、单要素模型,假定 A、B 两国的劳动产出如表 15-1 所示。

表 15-1　美国和中国的劳动产出表

国　家	人　数	每人每天的劳动产出	机会成本
A 国	20 人	5 台机器或 15 码布	1 台机器＝3 码布
B 国	60 人	1 台机器或 5 码布	1 台机器＝5 码布

由表 15-1 可知:A 国在机器和布的生产上都有绝对优势,而 B 国则正好相反。如果仅把绝对优势作为贸易的基础,那么 A 国与 B 国是不会有贸易发生的。然而,李嘉图的比较优势理论则显示互利贸易在两国间还是可以发生的。

当进行纵向比较时,即对不同国家生产同种产品的生产效率进行比较,不难发现 A

国工人相对于 B 国工人在机器和布的生产上拥有的优势程度是不同的。在机器生产上,A 国相对于 B 国的绝对优势程度是 5∶1;而在布的生产上的绝对优势程度是 3∶1。这意味着,A 国工人在机器生产上具有比布更大程度的绝对优势,而 B 国在布生产上的绝对劣势程度比机器生产要小。

根据比较优势的界定,A 国在生产机器方面有比较优势,应该专门从事机器生产并向中国出口;B 国在生产布方面有比较优势,应该专门从事布的生产并向 A 国出口。换句话说,假设 A 国和 B 国间开放贸易,A 国会从"向 B 国出口机器和进口布"中受益,B 国会从"向 A 国出口布和进口机器"中受益。原因在于:当 A 国每有 1 名工人从布生产转行到机器制造,A 国的机器产出会增加 5 台,布产出会减少 15 码;而当 B 国每有 1 名工人从机器制造转到布生产,B 国的布料产出会增加 5 码,机器产出会减少 1 台。因而,当 B 国有 3 名机器制造工人转到布生产时,B 国的布产出会增加 15 码,机器产量减少 3 台。在这种情况下,如表 15 - 2 所示,由于布的产量不变,而机器产量增加了 2 台,世界产出增加。

表 15 - 2　比较优势分工下世界产出的变化

国　　家	产　量　的　变　化	
A　国	+5 台机器	−15 码布
B　国	−3 台机器	+15 码布
世界产出变化	+2 台机器	0 码布

三、比较优势的利益分配

上例中,比较优势分工带来了世界产量的增加,那么,增加的产出如何在两国间进行分配呢? 当 A 国和 B 国开展国际贸易时,他们之间互利贸易的限制条件是什么呢? 互利贸易区间将由两种商品在各国国内的生产成本比率(或国内资源成本,或机会成本)所决定。为确保两国之间进行的是互利贸易行为,表 15 - 1 中的数据可以转换为如下的互利贸易界限:

$$1 台机器 \begin{cases} 对 B 国而言,最多交换 5 码布 \\ 对 A 国而言,最少交换 3 码布 \end{cases}$$

在此贸易界限内,假设两国商品交换比率是 1 台机器换 4 码布,从表 15 - 3 可以看出引入国际贸易前后两国的生产和消费组合,并可以得出贸易是互利的。专业化和贸易给各国带来的好处可以理解为它使每个国家的总消费效用水平提高,超出自给自足的情形。正是由于专业化分工带来了生产效率的提高,引入国际贸易后使机器的世界产出增加了 10 台,同时布料的世界产出增加了 50 码。同时,由于在两国间引入了国际贸易,新增的产出才转变为了贸易伙伴国消费总效用的提高。

表 15 - 3　贸易前后两国生产和消费状况

项　　目	A　国	B　国
充分就业状态下的产量	100 台机器＋0 码布	0 台机器＋300 码布
国际贸易后的消费量	50 台机器＋200 码布	50 台机器＋100 码布
国际贸易前的消费量	50 台机器＋150 码布	40 台机器＋100 码布
国际贸易前后得到的贸易利益	增加 50 码布	增加 10 台机器

即时思考：如果国际交易比率朝"1 台机器＝3 码布"或"1 台机器＝5 码布"的方向变动，贸易获利在两国间的分配将会发生什么变化？

四、比较优势陷阱

　　绝对优势理论和比较优势理论能够较好地解释现实中的一些贸易格局，然而如果一国（尤其是后进国家）完全按照比较优势，生产并出口初级产品和劳动密集型产品，在与技术和资本密集型产品出口为主的经济发达国家的贸易中，尽管能够获得贸易利益，但贸易结构不稳定，总是处在不利地位，从而落入比较优势陷阱。

　　比较优势陷阱可以分为两种类型。一是初级产品比较优势陷阱，指发展中国家运用劳动力资源和自然优势资源参与国际分工，只能获得相对较低的附加值，根据比较优势参与国际贸易会不断强化这种国际分工，使得发展中国家长期处在低附加值的生产环节。由于初级产品的需求弹性较小，价格相对较低，发展中国家的贸易条件将会不断恶化，甚至不可避免地出现贫困化增长现象。

　　二是制成品比较优势陷阱。由于初级产品的出口形势不断恶化，发展中国家考虑以制成品来替代初级产品的出口，利用技术进步来促进产业优化升级。但由于自身技术基础薄弱，前期主要通过大量引进、模仿先进技术或承接产业转移、接受技术外溢等作为主要途径，以改善国际分工地位，进而进入全球产业链的高附加值环节。但这种比较优势战略可能因为过度依赖技术引进，阻碍自主创新能力的提升，从而无法发挥后发优势，表现为对发达国家的技术依赖。

　　受比较优势理论的影响，中国曾把劳动力成本优势视为对外贸易中的比较优势，劳动力的数量成为竞争优势发挥的保障，产业结构上大力发展诸如纺织企业等众多以出口为导向的劳动密集型企业。

　　20 世纪 90 年代以来，全球经济逐渐进入一个以智力资源和知识要素占有、分配、生产和消费的知识经济时代。知识总量、人才素质和科技实力将代替资本成为竞争的根本要素，智力资源的丰缺程度将成为国际分工和国际贸易的决定性因素，自然禀赋状况的重要性日益被削弱,以自然资源为中心的分工体系逐渐被以知识技术为中心的国际分工体系所代替,科学技术知识将成为国际贸易发展的新的重要动因。如果中国仅按照比较优势进行国际贸易,过于强调劳动力成本优势,自主创新不足,将会陷入比较优势陷阱。中国要跨越比较优势陷阱,必须走科技含量高、经济效益好、资源消耗低、环境污染少、人力资源优势得到充分发挥的新型工业化之路。

"中国制造"的优势还在吗?

第三节　贸易保护与贸易摩擦

一、最常见的贸易保护措施:关税

关税作为一种间接税,最初由进出口商支付,但最后作为成本转嫁到商品价格上由消费者承担。关税壁垒对于实施国来说,主要有以下作用:保护本国市场,在对外谈判中争取有利地位,增加本国的财政收入。但关税的实施也会使国内企业对国家的保护养成依赖的习惯,不努力创新因而使

> 关税(tariff):进出口商品经过一国关境时,由政府所设置的海关向进出口商征收的税收。

其产品在国际市场上缺乏竞争力,更重要的是,从世界整体经济的角度来看,关税壁垒会削减进出口总额,阻碍国际贸易的发展。

生活中的经济学

进口关税的下调你感受到了吗?

2024 年 7 月,国新办举行"推动高质量发展"系列主题新闻发布会。据介绍,我国主动降低关税,关税总水平目前已降至 7.3%,接近发达国家平均水平。我国进口整体规模多年稳居世界第二,由 2012 年的 11.49 万亿元增长到 2023 年的 17.99 万亿元。2023 年,我国进口来源地覆盖了全球 200 多个国家和地区,较 2012 年成倍增长,中国市场机遇惠及全球。

根据最新发布的 2024 年关税调整方案,1 月 1 日起,中国对 1 010 项商品实施低于最惠国税率的进口暂定税率。

在近几年的关税调整中,医药一直是降税的重点领域,不少抗癌药、罕见病药及相关原料的进口关税已降至零。2019 年,抗癌药原料奥沙利铂、卡铂、奈达铂、顺铂等进口暂定税率调为零;2020 年,对治疗哮喘的药品及生产新型糖尿病药品的原料恩格列净、利格列汀、维格列汀实施零关税;2021 年,对第二批抗癌药和罕见病药品原料实行零关税;2022 年,对新型抗癌药氯化镭注射液实施零关税。

2024 年,《区域全面经济伙伴关系协定》(RCEP)进入生效实施的第 3 个年头,15 个 RCEP 成员将根据协定承诺,进一步降低轻工、汽车、电子、石化等产品关税,纳入零关税的产品进一步增加。RCEP 中关税减免是关键内容。根据协定,成员之间将采用两两制定关税方式,通过 10 年左右时间逐步将 90% 以上产品的关税降为零,并且区域

内将实施统一的原产地规则,规定货物原产地价值可享有在成员国内累积计算的待遇,这些都将持续促进成员之间的贸易自由化和便利化。

思考题:

1. 结合案例,中国主动降低关税对经济全球化的推动作用体现在哪些方面?

2. 案例中提到中国关税总水平不断下降,这与贸易保护主义形成了鲜明对比。中国的做法对应对贸易保护主义有何积极意义?

关税的征收会引起进口商品国际价格和国内价格的变动,从而影响到出口国和进口国在生产、贸易和消费等方面的调整,引起收入的再分配。从以下三方面可以分析征收关税带来的影响。

(一)价格效应

征收进口关税后的一个显著变化就是进口商品的价格上升,那么价格上升的幅度是否一定等于关税税额呢?或者说征收关税后出口国是否也要负担一部分关税呢?这就要看进口国在征收关税后是否会改变进口商品的国际价格。以其征收关税后对进口商品国际价格的影响能力为标准可将进口国区分为进口大国和进口小国。进口大国对某一商品征收关税后,该商品的需求量显著减小,从而使该商品的国际价格降低,但进口小国对进口商品价格几乎没有什么影响。

(二)国内经济效应

国内经济效应是指征收进口关税后对国内经济各方面的影响。在分析时,有必要将关税对消费者和生产者的影响区分开来。在分析过程中需要利用福利分析工具,即消费者剩余和生产者剩余。

以开放小国为例,征收关税前后所带来的需求量、供给量等的变化情况,如图 15-3 所示。在自由贸易下,开征关税前国内价格等于世界价格,为 P_0(P_0 为该商品的世界价格),此时国内厂商的产量为 Q_1,需求量为 Q_2,进口量则为 Q_2-Q_1。开征关税后,由于

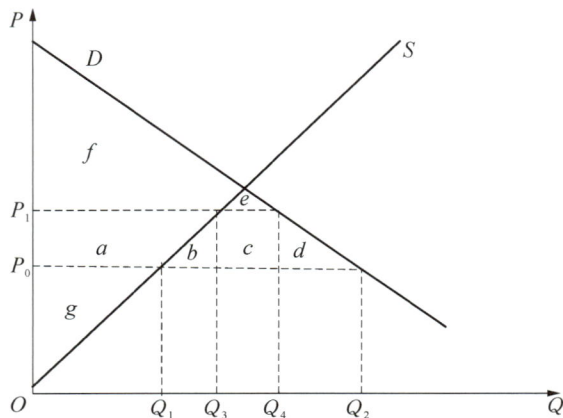

图 15-3　征收关税的国内经济效应

进口小国对商品的世界市场价格不会产生影响,此时进口价格不变,仍为 P_0,国内售价为 P_1(假设上升的幅度等于关税,即关税＝P_1-P_0),此时国内需求从 Q_2 下降至 Q_4,国内产量从 Q_1 增加到 Q_3,进口量减少为 Q_4-Q_3。

接下来就对开征关税前后的国内经济效应进行分析,如表 15-4 所示。由于消费者剩余减少的面积为($a+b+c+d$),生产者剩余增加为 a,政府的税收收入增加为 c,综合来看,进口国社会福利损失为($b+d$)。其中 b 可以看成保护的生产成本,即资源的非优化配置而损失的代价;d 可以看成保护的消费成本,即扭曲消费的代价,两者合起来是社会总体的保护成本,即小国征收关税必然带来一定的国民福利净损失。但是由于关税存在收入再分配效应,生产者剩余增加的 a 是消费者剩余减少所转移的收入再分配,政府财政收入 c 也是如此。可见,小国开征关税有利于生产者和政府,而不利于消费者。

表 15-4 征收关税带来的影响

比 较	关税前	关税后	变 动
消费者剩余	$a+b+c+d+e+f$	$e+f$	$-(a+b+c+d)$
生产者剩余	g	$a+g$	$+a$
政府收入	无	c	$+c$
总 剩 余	$a+b+c+d+e+f+g$	$a+c+e+f+g$	$-(b+d)$

即时思考: 大国征收关税会带来怎样的国内经济效应?与小国有什么区别?

(三)贸易条件效应

贸易条件效应是指征收进口关税对进口国贸易条件的影响。这里仍以进口小国为例进行讨论。由于贸易条件等于商品的进出口价格之比,而进口小国征税后进口价格不变,所以贸易条件不变。贸易条件效应取决于征税国和出口国对国际市场价格的影响力,以及出口国是否对进口国征收报复关税。征税国的影响力越大,出口国的影响力越小,则征税国征收进口关税对改善贸易条件的作用就越大。

生活中的经济学 新能源汽车出海热潮遭遇加征关税"逆风"

随着中国新能源汽车行业的发展,中国汽车正在成为拉动全球汽车销量增长的重要力量。海关总署数据显示,2023 年中国汽车整车出口 491 万辆,同比增长 57.9%,首次成为全球最大的汽车出口国。其中，新能源汽车出口再创新高，达到 120.3 万辆，同比增长 77.2％。2024 年，中国汽车出口依然保持增长势头。据中国汽车工业协会最新数据，2024 年 1—4 月，中国汽车出口 182.7 万辆，同比增长 33.4％。其中，新能源汽车出口 42.1 万辆，同比增长 20.8％。

海外市场规模持续扩大的同时，贸易壁垒也成为中国新能源汽车产业必须面对的出海挑战之一。日前，欧盟委员会发表声明称，拟从 2024 年 7 月 4 日起对从中国进口的电池电动汽车征收临时反补贴税。临时关税于 2024 年 7 月 5 日生效，最长持续四个月，期间欧盟成员将投票决定是否将其转为为期五年的正式关税。临时反补贴税的税率从 17.4％ 至 37.6％ 不等。目前，欧盟对所有进口车征收 10％ 的关税，加上此次加征关税，意味着部分中国电动汽车出口至欧洲所要缴纳的关税将达 47.6％。

从中短期看，加征关税会抬高中国电动车在欧洲的售价，在一定程度上影响市场竞争力。但从长远来看，这可能会倒逼中国车企加快在欧洲本土化生产的进程。

思考题：

1. 案例中提到欧盟加征关税会倒逼中国车企加快在欧洲本土化生产的进程，这可能会对中国国内汽车产业的发展布局产生什么影响？

2. 欧盟加征关税对中国新能源车企"出海"影响有多大？

非关税壁垒：贸易谈判新焦点

二、非关税壁垒

非关税壁垒是指关税以外的所有限制进口的法律与行政措施。其目的是试图在一定程度上限制进口，以保护国内市场和国内产业的发展。非关税壁垒种类繁多，常见的主要有进口配额、自愿限制出口、进口限价、技术性贸易壁垒、海关壁垒、环境贸易壁垒和歧视性政府采购政策等。

三、贸易摩擦

贸易摩擦增加已成为当今世界经济发展过程中的突出特征，那么，什么是贸易摩擦？

随着我国产品竞争力不断上升和出口贸易的持续发展，我国与主要贸易伙伴的局部冲突和矛盾将长期存在。这种矛盾主要表现为进口国对我国出口产品采取的各种

> **贸易摩擦（trade friction）**：在国际贸易中，经济体与经济体在进行贸易往来的过程中，在贸易平衡上所产生的，一般是一经济体的持续顺差，另一经济体的逆差，或一经济体的贸易活动触及或伤害另一经济体的产业。

贸易救济措施和贸易壁垒。从当前国内外的情况分析，我国今后相当长的时期内将会遭遇反倾销、反补贴、保障措施与特别保障措施、技术性贸易壁垒，以及涉及知识产权方面的贸易摩擦问题。基于此，我们应该对其长期性、复杂性有足够的认识，采取积极的应对措施。

（一）制度的调整和创新

制度既是引发贸易摩擦的原因也是解决问题的关键。为此，应完善社会主义市场经济体制，加强与主要贸易伙伴的协调，争取用磋商的方法解决贸易争端和摩擦。

（二）把扩大内需作为长期的发展战略

过高的外贸依存度极容易引起贸易摩擦。长远来看,将扩大内需作为确保我国经济可持续增长的战略,既有利于缓解贸易摩擦又有利于避免可能的产业空洞化问题。

（三）建立、健全和完善贸易救济体系

借鉴国外成熟的贸易救济机制,进一步完善我国实施反倾销、反补贴、技术性壁垒等的法律法规体系,建立符合国际惯例的贸易救济体系。同时,健全贸易摩擦的快速反应机制和产业损害预警机制,加强对不公平贸易做法的调查和制裁,保护国内产业和企业的应得利益。

（四）建立和完善摩擦和争端解决机制

建立多边救济、区域和双边救济、国内救济等多层次的贸易救济机制,增强适应和应变能力;建立贸易和投资申诉中心,维护企业合法权益。

生活中的经济学

美国为什么制裁华为?

2019 年 5 月,美国商务部正式宣布把华为集团和附属 70 多家子公司加入实体清单。加入实体清单以后就无法从美国供应商购买产品和技术,从非美国的供应商购买产品也需要符合美国技术含量占比小于 25% 的要求。制裁后,华为无法使用高通 5G 芯片,谷歌停止与华为合作,华为失去安卓系统更新的访问权。同年,华为推出了自研 5G 旗舰处理器麒麟 990 5G,还推出了自研跨终端的操作系统——鸿蒙系统。华为 2019 年披露的财报显示:2019 年,华为营收 8 588 亿元,同比增长了 19.1%。

2020 年 5 月,美国升级制裁,用 eda(美国技术)的厂家比如台积电、中芯国际,均不能给华为代工芯片。这是华为受到的第二轮升级制裁,华为被严格限制使用美国的技术、软件设计和制造半导体芯片。但是此禁令并未立即实施,美国给出 120 天缓冲期,这代表着台积电可以安排在 120 天缓冲期内,完成对华为的芯片供货。同年,华为推出了全球首款 5 nm 的 5G soc——麒麟 9000,带来了 Mate40 系列旗舰手机。

2020 年 8 月 17 日,美国再次展开第三轮制裁,宣布将 21 国的 38 家华为子公司列入实体清单,彻底封杀了华为通过第三方购买美国零件路径。从 2020 年 9 月 15 日起,美国 2020 年 5 月 15 日下发的对华为芯片管制升级令正式生效,台积电停止为华为代工生产麒麟芯片,高通、三星及 SK 海力士、美光等都将不再供应芯片给华为。这意味着华为的高端芯片生产被完全切断,无法投产。

2021 年 4 月,限制华为的器件供应商只要涉及美国技术的产品,就不允许其供应的芯片出现在华为的 5G 设备上。

2023 年 1 月,美国政府宣称将对华为实施第五次限制措施,考虑停止向华为出口大部分产品和技术许可证,包括 4G、Wi-Fi 6 和 Wi-Fi 7、人工智能,以及高性能计算和

云项目。

美国为什么制裁华为？首先，华为和瑞典的爱立信、芬兰的诺基亚，以及美国的思科，是全球通信领域的四巨头。进入 5G 通信时代，华为的领先优势进一步放大。华为手中握有的 5G 通信专利，占全球总专利数量的 15%。其次，华为旗下的海思半导体，已经成长为全球半导体领域的新势力，对美国的半导体企业构成了相当大的挑战。最后，华为是部分中国科技企业遭遇美国打压的一个缩影。截至 2022 年 12 月 12 日，被美国商务部列入"实体清单"的中国实体已达 2 029 个，横跨通信、金融、交通航运等多个领域。

面对不确定性日益增加的外部环境，唯有不断增强科技创新实力，用确定性对冲不确定性，才能给发展带来最大的"安全感"。

思考题：

中国高科技企业海外发展受阻，应当采取什么应对策略？

第四节　汇率与国际收支

生活中的经济学　　　　　　　　▶ 快乐的单身汉

故事发生在美国和墨西哥边界的小镇上，有一个单身汉先在墨西哥一边的小镇上付了 1 比索买了一杯啤酒，啤酒的价格是 0.1 比索，找回 0.9 比索。转而他来到美国一边的小镇上，发现美元和比索的汇率是 1 美元∶0.9 比索。他把剩下的 0.9 比索换了 1 美元，用 0.1 美元买了一杯啤酒，找回 0.9 美元。回到墨西哥的小镇上，他发现比索和美元的汇率是 1 比索∶0.9 美元。于是，他把 0.9 美元换为 1 比索，又买了啤酒喝。这样在两个小镇上喝来喝去，总还是有 1 美元和 1 比索。换言之，他一直在喝免费啤酒，这可真是个快乐的单身汉。

思考题：

这个快乐的单身汉为什么能喝到免费的啤酒呢？

一、汇率

在上述故事中，单身汉之所以能喝到免费的啤酒，这和汇率有关。那么，什么是外汇与汇率呢？一个国家的外汇是指以外币表示的用以进行国际结算的支付手段。由于世界各国货币的名称不同，币值不一，所以一国货币对其他国家

> **汇率（exchange rate）：** 本国货币与外国货币（外汇）的交换比率，也就是买卖外汇的价格。

的货币要规定一个兑换率,即汇率。

(一)汇率标价方式

汇率是不同货币之间的比价,因此要表示汇率,必须先确定用哪个国家的货币作为标准。确定的标准不同,于是便产生了以下不同的汇率标价方法。

1. 直接标价法

直接标价法表示一定单位的外国货币可以折算为多少单位的本国货币。目前,世界上绝大多数国家都采用直接标价法。我国人民币对外汇率也采用直接标价法,即外国货币数额固定不变,本国货币数额随两国货币币值和供求关系的变动而变动,若数额变小,表示外汇汇率下降,外币贬值而本币升值。例如,2003 年我国人民币汇率(年平均价)为 \$100 = ￥827.70,2023 年变为 \$100 = ￥704.67,表示每 100 美元贬值 123.03 元,人民币升值已经接近 15%。

2. 间接标价法

间接标价法表示一定单位的本国货币能折算为多少单位的外国货币。在间接标价法下,本国货币数额固定不变,外国货币数额随两国货币币值和供求关系的变化而变化,若数额变小,表示外汇汇率上升,本币贬值而外币升值。

> **固定汇率制度(fixed exchange rates)**:两国的货币以货币法定含金量为汇率基准,比价基本固定的汇率制度。

例如,1999 年 1 月欧元刚上市挂牌交易时,€ 100 = \$118.06,到 2024 年 1 月为 € 100 = \$110.35,表示美元升值、欧元贬值。

(二)汇率制度

目前世界各国的汇率制度包括固定汇率制度与浮动汇率制度。

1. 固定汇率制度

固定汇率制度是在金本位制度和布雷顿森林体系下通行的汇率制度。20 世纪 70 年代以前,许多国家都采用这种汇率制度。

为什么世界过去长期实行固定汇率制度? 由于该制度下汇率稳定,因此其有利于国际贸易和世界经济的发展。但同时我们也要看到其缺点,例如,当一国国际收支恶化,加上国际游资的冲击,会引起一国黄金、外汇储备减少。一国法定货币贬值,尤其是作为国际储备的美元贬值,会导致各国美元储备贬值,以及国际外汇制度的动荡和混乱,从而不利于国际贸易的进行。

生活中的经济学　▶　不同汇率制度下的风险对比

固定汇率制度的主要优点是可以稳定国际贸易和国际投资,避免汇率波动造成的损失。汇率波动会对国际贸易和投资构成风险,例如,2024 年 1 月 1 日,一家广东企业与美国公司签署进口合同,规定支付日期为当年的 8 月 1 日,以美元计价并以到期的汇率结算。签订合同时,人民币汇率是 1 美元＝7.103 9 元人民币,合同金额是 7 103.9 万元人民币,企业需要支付 1 000 万美元。但到 8 月实际交货时,人民币汇率贬值为 1 美元＝7.132 3 元人民币,企业支付 1 000 万美元需要人民币 7 132.3 万元人民币,企业遭受 28.4 万元的损失。如果汇率是固定的,这样的风险就可以避免。

思考题:

查阅资料,分析汇率制度对经济的影响。

---

2. 浮动汇率制度

在布雷顿森林体系下,必须维持美元兑换黄金的稳定关系。20 世纪 70 年代初,随着美元危机进一步激化,美元兑换黄金的稳定关系难以为继。伴随着布雷顿森林体系的终结,以美元为中心的固定汇率制度开始让位于浮动汇率制度。20 世纪 70 年代以后,大部分国家实行浮动汇率制度。那么,什么是浮动汇率制度?

> **浮动汇率制度(floating exchange rates):** 政府不再规定本国货币与外国货币的比价,不再规定汇率波动的上下限,中央银行也不再承担维持汇率波动界限的义务,听任外汇市场根据外汇的市场供求情况,自行决定本国货币对外国货币的汇率。

按政府是否对汇率浮动进行干预,浮动汇率制度又可分为自由浮动和管理浮动两类。自由浮动即政府不采取任何干预汇率的措施,听任外汇市场供求状况来决定汇率。管理浮动即政府采取一定限度的干预措施,以使市场汇率朝有利于本国的方向浮动。目前,多数国家政府都实行管理浮动,即对市场汇率进行或明或暗的各种干预,使汇率保持在一定水平上。

浮动汇率制有哪些优缺点呢? 它可以使各国独立地实施自己的货币政策、财政政策和汇率政策,以便国内经济持续稳定发展,减少国外经济波动和国际游资的冲击,防止外汇储备大量流失。但是,浮动汇率制会导致汇率波动频繁,不利于国际贸易的正常进行,助长投机,容易引起银行倒闭和金融危机。

(三) 汇率波动的影响

1. 汇率波动对本国经济的影响

如果本币汇率下跌,通常可以扩大出口,抑制进口,改善国际收支,影响本国的进出口贸易量,但这样将增加外贸风险;有利于扩大旅游等非贸易收入和劳务输出;有利于吸引外资流入;会减少本国外汇储备的实际价值,增加外汇债务负担;若进口的是价格弹性较小的必需品,因进口量不能减少,必将引发进口成本上升,进口商品的国内价格上涨,带动国内物价水平上涨。反之,若本币汇率上升,则上述影响正好相反。

2. 汇率波动对世界经济的影响

汇率波动过于频繁,将增大进出口贸易的风险和不稳定因素,导致投机和贸易保护措施增加,影响国际贸易的正常进行。汇率波动会对国际金融市场尤其是外汇市场带来冲击和干扰,影响国际资本的流动。随着汇率波动,各国政府为避免外汇储备的损失,必然调整其外汇储备的货币结构,实行多元化货币结构,由此将影响国际储备的结构。

二、一国国际收支状况如何反映

经济学家通过收益表和资产负债表记录经济运行的绩效,而在国际经济领域,一个国家的国际收支状况通常用国际收支平衡表来反映。国际收支平衡表系统地记录了一定时期内该国与外国的全部经济交易活动,其包括以下几部分内容。

(一)经常项目

经常项目是指经常发生的交易,在国际收支平衡表中是最基本、最重要的项目,由贸易收支、劳务收支和转移支付构成。

(二)资本项目

资本项目是与经常项目相对应的对外资产与对外负债增减的交易。按资本期限的长短,资本项目可分为长期资本和短期资本两类。

(三)平衡或结算项目

平衡或结算项目包括错误与遗漏、分配的特别提款权和官方储备等项,用于平衡经常项目差额与资本项目差额之和为主体的国际收支差额。

IMF 统一规定了编制国际收支平衡表的若干标准项目,各会员国必须按其规定的标准项目制表,并报送基金组织。表 15 – 5 是我国国际收支平衡表。

表 15 – 5　我国国际收支平衡表　　　　　　　　　　　　　　　　单位:亿美元

项　　目	2010 年			2022 年		
	差额	贷方	借方	差额	贷方	借方
一、经常项目	3 053.74	19 467.63	16 413.89	4 018.55	39 507.84	35 489.29
A. 货物和服务	2 320.62	17 526.21	15 205.59	5 763.33	37 158.28	31 394.98
货物	2 541.80	15 814.17	13 272.38	6 686.33	33 468.75	26 782.42
服务	−221.18	1 712.03	1 933.21	−923.03	3 689.53	4 612.56
B. 收益	303.80	1 446.22	1 142.42	−1 936.07	1 902.46	3 838.53
C. 经常转移	429.32	495.21	65.88	191.32	447.10	255.78
二、资本和金融项目	2 260.45	11 080.30	8 819.84	−3 112.99		
A. 资本项目	46.30	48.15	1.85	−3.099	2.395	5.494
B. 金融项目	2 214.14	11 032.14	8 818.00	−3 109.89	−294.50	2 815.39
直接投资	1 249.30	2 143.64	894.34	304.74	1 801.67	1 496.92

续　表

项　　目	2010 年			2022 年		
	差额	贷方	借方	差额	贷方	借方
证券投资	240.38	635.85	395.46	−2 811.13	−1 079.20	1 731.93
其他投资	724.46	8252.65	7 528.19	454.23	931.87	−1 386.10
三、储备资产	4 717.39		4 717.39	−999.61		999.61
货币黄金				−35.25		35.25
特别提款权	−1.07		1.07	19.06	19.06	
在基金组织的储备头寸	−20.76		20.76	−1.5		1.5
外汇	4 695.56		4 695.56	−981.92		981.92
其他债权						
四、净误差与遗漏	−596.80		596.80	−905.57		905.57

　　表中数据来自 2011 年和 2023 年的《中国统计年鉴》；表中数据的单位为亿美元；表中统计采用四舍五入法，存在合计误差。

本 讲 小 结

　　1. 经济全球化：一国经济与世界经济日益融合为一个整体的过程。

　　2. 绝对优势理论：根据亚当·斯密的观点，贸易的基础是绝对优势，即按照各国绝对有利的生产条件进行国际分工。

　　3. 比较优势理论：大卫·李嘉图认为，国家间应按照"两优取其重，两劣取其轻"的比较优势原则进行分工。

　　4. 贸易保护措施包括关税和非关税壁垒。其中，关税是指进出口商品经过一国关境时，由政府所设置的海关向进出口商征收的税收；而非关税壁垒是指除关税以外的所有限制进口的法律与行政措施。

　　5. 汇率：本国货币与外国货币（外汇）的交换比率，也就是买卖外汇的价格。其标价方式包括直接标价法和间接标价法；汇率制度包括固定汇率制度与浮动汇率制度。

思考及运用

1. 假设世界上打字最快的恰好是一名非常有名的律师,那么他应该自己打字还是雇用一个秘书? 请予以解释。

2. 假设小王和小李是室友,他们把大部分时间用于学习,但也留出一些时间做他们喜欢的事:做比萨饼和制造奶茶。小王制作 1 桶奶茶需要 4 小时,做 1 块比萨饼需要 2 小时。小李制作 1 桶奶茶需要 6 小时,做 1 块比萨饼需要 4 小时。请回答以下问题:

(1) 每个室友做 1 块比萨饼的机会成本是多少? 谁在做比萨饼上有绝对优势? 谁在做比萨饼上有比较优势?

(2) 如果小王和小李交换食物,谁将用比萨饼换取奶茶?

(3) 比萨饼的价格可以用若干桶奶茶表示,能使两个室友状况都变好的比萨饼交易的最高价格是多少? 最低价格是多少? 请说明原因。

3. 设想华盛顿州红酒生产者敦促州政府对从加利福尼亚进口的红酒征税。他们认为,这种税既能筹集州政府的收入,又能增加华盛顿州红酒行业的就业。你同意这种说法吗? 这是一种好政策吗?

第十六讲　宏观经济调控

2020 年美国货币和财政政策的回顾

自特朗普至拜登政府,美国国会已批准实施三轮财政刺激计划,此外还有美国总统签署的一系列总统备忘录和行政令。同时,美联储积极配合财政政策的实施,将联邦基准利率降至零,并推出无限量量化宽松政策,运用多种工具为财政救助资金提供融资,向市场注入巨额流动性。

一是救助规模和力度空前。此次美国实施的财政刺激政策的总规模约为 5.9 万亿美元,2020 财年联邦财政赤字率高达 14.9%,2021 财年预计达到 15%,而金融危机期间最高的财政赤字率记录是 2009 年的 9.9%。此次危机中美联储资产规模从 2020 年 3 月初的 4.2 万亿美元飙升至 2021 年 5 月 31 日的 7.95 万亿美元,15 个月扩张了 3.75 万亿美元,而上轮金融危机中,2008—2014 年才扩张 3.6 万亿美元。

二是企业和居民成为重点救助对象。2008 年金融危机,大量金融机构破产或者被接管,当时美国政府实施的 1.9 万亿美元的经济刺激计划中,用于救助金融机构的抵押贷款保险基金(3 000 亿美元)和金融救援法案(7 000 亿美元)占比达 52.6%。此次危机中,受新型冠状病毒感染冲击的是实体经济而非金融机构,封锁措施导致企业关停、居民失业。

在 2020 年之前,美国经历了长达 128 个月的史上最长的经济增长,得益于 2008 年非常规货币政策与财政刺激,美国经济自 2009 年起复苏。由于宽松流动性政策的支持、贸易格局的重塑,以及相关新科技新概念的炒作,美国股市一路上涨。道琼斯工业指数在 2020 年 2 月 12 日创下了 29 568 的历史高点。但 2020 年 3 月起 OPEC+谈判破裂、国际原油价格暴跌、黄金的价格也连续下挫,直接导致股市恐慌情绪迅速蔓延且不断上升,美股连遭四次熔断。由于新型冠状病毒的扩散性与高传染性,美国政府出台大量暂停实体经济活动等一系列政策,虚拟经济也随之出现一系列问题:投资者逃离风险资产与流动性差的资产,致使许多市场承压,美债收益率连创新低,资本市场的剧烈波动,全球出现了罕见的风险资产与避险资产同时大幅下滑的情形。融资困难也影响着美国国债市场,中长期国债利率急剧下降,隔夜证券利率数次跌破零。美国 GDP 一季度年化增长率为 −5%,4 月份美国联邦政府财政赤字 737 851 亿美元,创下历史新高。失业率从较稳定的 3.5% 左右水平跃至 4 月份的 14.7%。5 月份美国企业申请破产保护数同比上涨 48%。

为应对新型冠状病毒的影响,美联储采用了非常规的货币政策。常规与非常规货币政策的理论框架,如表 16-1 所示。

表 16-1　常规与非常规货币政策的理论框架

项　　目	常规货币政策(CMP)	非常规货币政策(UMP)
政策目标	单一通货膨胀目标制、宏观经济稳定	2008 年金融稳定、刺激私人部门借贷；2020 年为支持财政当局提升名义需求
政策工具	总量型：利率、存款准备金率、再贴现率	定向型：资产负债表工具、利率前瞻性指引、信贷便利工具等
政策策略	相机抉择、循序渐进	过度宽松、稳定通货膨胀预期、大胆激进、先发制人
政策规则	泰勒规则	最优控制政策和成本收益比较
政策手段	调整联邦基金目标利率	降低政策利率、提供流动性
传导渠道	主要是利率渠道	主要是资产负债表渠道与预期渠道

思考题：

面对全球经济危机，美国采用财政和货币政策刺激经济，这就是国家的一种宏观调控。那么，政府为什么要干预经济？ 政府干预经济的手段主要有哪些？ 政府干预经济总是有效的吗？

第一节　市场失灵与宏观经济调控

一、市场失灵的概念

有些人认为市场经济可以让人们买到更多价廉物美的东西、享受更好的服务、生活更加方便……总之一句话，市场经济给人们带来了诸多好处，并且让消费者和商家达到了共赢。但是，市场也不是万能的，市场也有失灵的时候。例如，1929 年，西方国家经历了历史上最严重的一次经济危机，史称大萧条，这次危机给当时的西方国家带来了巨大的破坏作用，这其实就是市场失灵的表现。

> 市场失灵(market failure)：通过市场不能够达到稀缺资源的优化配置，即市场私人选择结果不能实现社会福利的总体优化。

二、市场失灵产生的原因

那么，为什么会出现市场失灵呢？ 由于市场机制有效发挥作用是在完全竞争市场和其他一系列的理想化假定条件下得到的，如：所有商品必须是由完全竞争厂商有效率的生产出来的；所有商品必须是像面包一样的私人产品，并可以被分为许多独立的部分供不同的个人消费；不存在像空气污染这样的外部性问题；消费者和厂商必须对于他们买卖商品的价格和特征有充分的信息等，如果不能满足这些条件，那么市场调节就会失灵。因此,在现实资本主义经济中,除了用市场这只"看不见的手"来调节经济,还需要用政府这只"看得见的手"来弥补市场失灵。

三、市场失灵的表现

那么,市场失灵体现在哪些方面呢? 主要包括:第一,不完全竞争条件下的垄断导致社会福利的损失;第二,信息不完全、不对称和不确定,影响市场效率;第三,外部性和公共品的存在,使个人选择偏离社会选择最优结果;第四,按要素分配的结果导致贫富悬殊差距过大;第五,经济增长不稳定,一国经济总是在扩张与收缩、繁荣与萧条的交替波动中发展。

四、宏观经济调控的概念

正是由于市场机制并非完全有效,这就需要一个机构来改善和修正市场运行的结果,即政府"有形的手"对经济进行宏观调控。宏观经济调控是指政府运用一定的政策与手段对社会经济总量的变动进行调节和控制,使之符合一定的社会和经济发展目标的要求。

五、宏观经济调控的目标

在宏观经济学中,宏观经济政策的目标主要包括以下四个方面:第一,充分就业,是指在社会可接受的失业率(自然失业率)的基础上的总就业水平;第二,价格稳定,是指在社会可接受的通货膨胀率基础上的,政府所维持的一种低而稳定的通货膨胀率;第三,经济持续增长,是指政府所要求达到的,既能满足社会发展的需要同时又是人口增长和技术进步所能达到的适度的长期经济增长率;第四,国际收支平衡,随

> **宏观经济政策(macro-economic policy):** 政府为了增进社会福利、改善经济运行状况,以达到一定的政策目标而对宏观经济领域进行的有意识的干预。

着国际经济交往的密切,国际收支平衡也成了一国宏观经济政策的重要目标之一,它是指既无赤字也无盈余的国际收支,西方经济学家认为,一国的国际收支状况不仅反映了这个国家的对外经济交往情况,还反映出该国经济的稳定程度。当一国国际收支失衡时,无论是赤字还是盈余,都会对国内经济形成冲击,从而影响一国的就业水平、价格水平,以及经济增长。

第二节　财　政　政　策

财政政策是政府干预经济活动的主要政策之一,分为扩张性财政政策和紧缩性财政政策。其中,扩张性财政政策是通过降低税率、增加政府购买、提高转移支付等,以期增加社会有效需求,从而提高国民收入水平;紧缩性财政政策则是通过提高税率、减少政府购买、减少转移支付等,从而降低国民收入水平。财政政策的最终目标与宏观经

> **财政政策(fisical policy):** 政府根据既定的经济发展目标,通过财政收入、财政支出和公债的变动,以影响宏观经济活动水平的经济政策。

济政策的四大目标是一致的。此外,保证国家职能的实行和减少社会分配不公现象也是财政政策的重要目标。

一、财政的构成与财政政策工具

虽然西方国家的经济是市场经济,但政府在经济生活中发挥十分重要的作用,这种作用与财政直接相关。在西方国家中,近几十年来政府参与经济活动的规模有了显著增长,例如,目前美国政府支出约占 GDP 的 1/3,而在法国和德国,政府支出的比重更高,约占 GDP 的一半。西方国家的财政包括政府支出和政府收入两个方面。其中,政府支出是指整个国家中各级政府支出的总和,由具体的支出项目构成,主要分为政府购买和政府转移支付两类;而政府收入则包括税收和公债两部分。

(一)政府购买

政府购买是指政府对商品和劳务的购买。政府购买是一种实质性支出,有商品和劳务的实际交易,因而政府购买支出是决定国民收入大小的主要因素之一,其规模直接关系到社会总需求的增减。政府购买支出对整个社会总支出水平具有十分重要的调节作用。例如,在社会总支出水平过高时,政府可以采取减少购买支出的政策,降低社会总需求水平,以此来抑制通货膨胀,反之则可以通过增加政府购买支出以增加社会总需求水平。因此,政府购买支出的变动是财政政策的有力手段。

(二)政府转移支付

政府转移支付是指政府在失业救助、救济金和社会福利保险等方面的支出。政府转移支付虽然是一种货币性支出,但政府在支付这些货币时并没有相应的商品和劳务的交换发生,是一种不以取得本年生产出来的商品和劳务作为报偿的支出。由于转移支付的大小与本年度生产出来的商品和劳务无关,它所做的仅仅是通过政府将收入在不同社会成员之间进行转移和重新分配,即并不影响社会的总收入水平,因此不能算作国民收入的组成部分。

政府支出中各部分的比例是一成不变的吗?

> **即时思考:** 我国政府支出中各部分是如何变动的,请查找资料予以说明,并结合我国当时的实际情况说明发生变化的原因。

(三)税收:无处可逃的强迫

我国《宪法》规定,依法纳税是每个公民应尽的义务。作为公民的你是否对税收有足够的了解呢?税收是政府收入中最重要的组成部分,它体现了政府与纳税人以法律为准绳结成的特殊分配关系。税收具有强制性、无偿性和固定性三大特征,简称税收的"三性"。

国家税收种类很多。根据课税对象不同,可以分为财产

> **税收(tax revenue):** 政府为了满足公共财政支出的需要,凭借政治权力,按照法律规定的标准,对经济主体占有的社会资源强制课征的收入。

税、所得税和流转税三种。财产税是对不动产即土地和土地上的建筑物等所征收的税。所得税是对个人和公司所得征收的税,因而它又分为个人所得税和公司所得税。财产税和所得税都实行累进税率。流转税则是对流通中商品和劳务买卖的总额征税,其通常实行比例税率。

按税收能否转嫁,可分为直接税和间接税。直接税由纳税人直接负担,不能转嫁他人,包括财产税和所得税两大类。间接税的纳税人可在不同程度上向他人转嫁税收,如通过提高售价等方式将至少一部分税收转嫁给最终消费者,流转税属于间接税。日常生活中税收转嫁的例子很多,例如,你去书店花 30 元买本书,书店在售出书这种商品后要向税务机关缴纳税金,其缴纳的税金就包含在 30 元价款中并由你先支付。

生活中的经济学 ▶ 今天你该缴纳多少个税?

个人所得税可以说和我们每个人的生活息息相关。自 1980 年我国首次实施《个人所得税法》以来,为适应国情的变化该法前后共经历了六次修正,经过几十年的不断发展,我国个人所得税也表现出了自己的特点。首先来看看我国个人所得税在整个税收和 GDP 中所占的比重,具体如表16-2 所示。

表 16-2　我国个人所得税在整个税收和 GDP 中所占比重

年份	个人所得税/亿元	总税收/亿元	GDP/亿元	个人所得税占总税收的比重/%	个人所得税占GDP 的比重/%
2000	659.64	12 581.51	99 214.55	5.24	0.66
2005	2 094.91	28 788.54	184 937.37	7.28	1.13
2010	4 837.27	73 210.79	401 512.80	6.60	1.20
2011	6 054.11	89 738.39	47 314.05	6.75	1.28
2012	5 820.28	100 614.28	519 470.10	5.78	1.12
2013	6 531.53	110 530.70	568 845.21	5.91	1.15
2014	7 376.61	119 175.31	643 563.1	6.19	1.15
2015	8 617.27	124 922.20	688 858.2	6.90	1.25
2016	10 088.98	130 360.73	746 395.1	7.74	1.35
2017	11 966.37	144 369.87	832 035.9	8.29	1.44
2018	13 871.97	156 402.86	919 281.1	8.87	1.51

续　表

年份	个人所得税/亿元	总税收/亿元	GDP/亿元	个人所得税占总税收的比重/%	个人所得税占GDP的比重/%
2019	10 388.53	158 000.46	986 515.2	6.57	1.05
2020	11 568.26	154 312.29	1 015 986.2	7.50	1.14
2021	13 992.68	172 735.67	1 141 230.8	8.10	1.23
2022	14 922.85	166 620.10	1 197 250.4	8.96	1.25

数据来源：2023 年《中国统计年鉴》，经整理计算所得。

　　我国个人所得税主要呈现出以下特点：① 分类所得税制征收。把应税所得分为工资、薪金所得、个体工商户的生产经营所得等 11 项内容，分别采用不同的费用扣除标准、不同的税率和不同的计算方式课税；② 课源制和申报制征纳方法并用。个人所得税征纳办法采用由支付单位代扣代缴及纳税人自行纳税申报两种方式；③ 费用扣除标准内外有别。个人所得税的税率：

　　（1）综合所得，适用百分之三至百分之四十五的超额累进税率；

　　（2）经营所得，适用百分之五至百分之三十五的超额累进税率；

　　（3）利息、股息、红利所得，财产租赁所得，财产转让所得和偶然所得，适用比例税率，税率为百分之二十。

　　个人所得税税率表（综合所得适用），如表 16-3 所示。

表 16-3　个人所得税税率表（综合所得适用）

级数	全年应纳税所得额	税率/%	速算扣除数
1	不超过 36 000 元的部分	3	0
2	超过 36 000 元至 144 000 元的部分	10	2 520
3	超过 144 000 元至 300 000 元的部分	20	16 920
4	超过 300 000 元至 420 000 元的部分	25	31 920
5	超过 420 000 元至 660 000 元的部分	30	52 920
6	超过 660 000 元至 960 000 元的部分	35	85 920
7	超过 960 000 元的部分	45	181 920

　　注 1：本表所称全年应纳税所得额是指依照《个人所得税法》的规定，居民个人取得综合所得以每一纳税年度收入额减除费用六万元以及专项扣除、专项附加扣除和依法确定的其他扣除后的余额。

　　注 2：非居民个人取得工资、薪金所得，劳务报酬所得，稿酬所得和特许权使用费所得，依照本表按月换算后计算应纳税额。

思考题：

如果你毕业后到某个金融机构工作,月收入为8 000元,按照现行的个人所得税征收标准,请计算你应缴纳的个人所得税款。

（四）公债：政府的债务

公债是政府对公众的债务,包括中央政府和地方政府的债务。按发行期的长短,公债可分为短期公债、中期公债和长期公债。短期公债是指发行期限在一年之内的公债。短期公债流动性大,因而成为短期资金市场（货币市场）主要的买卖对象。中长期公债一般通过发行中长期债券取得,由于期限较长,因而成为长期资金市场（资本市场）主要的交易品种之一。因此,政府公债的发行,一方面能增加财政收入,影响财政收支,属于财政政策,另一方面又能对包括货币市场和资本市场在内的金融市场的扩张和收缩起重要作用,影响货币供求,从而调节社会的总需求水平。因此,公债也是政府实施宏观调控的经济政策工具。

二、自动稳定器

一般认为,财政政策具有一种自动调节国民经济的功能,也就是说,在经济繁荣时期具有抑制经济进一步扩张的功能,在经济衰退时期具有阻止经济进一步衰退的功能。这种无须政府财政政策的干预,仅通过政府财政收入与支出的自动变化,就能够减轻或消除经济波动,维持经济稳定的功能,被称为自动稳定器。其自动稳定的调节机制,主要是通过以下几方面来实现的。

（一）机制一：累进税制度

在税制体系中,所得税实行累进税率。当经济出现衰退和萧条时,国民收入下降,边际税率也会自动下降,累进所得税减少的幅度大于收入减少的幅度,从而遏制公众可支配收入的下降,使经济不至于过度萎缩;反之,当经济繁荣时则会有效地限制社会总收入的扩张,使经济不至于过度膨胀。因此,西方学者认为,税收随经济波动而自动发生变化的机制是一种有助于减轻经济波动的自动稳定因素。例如,目前个税的起征点是5 000元,当经济萧条时,由于收入减少,税收会自动减少,从而刺激了消费与投资的增加,有助于减轻萧条的程度;当经济繁荣时,则正好相反。

（二）机制二：政府转移支付制度

政府转移支付的变化与累进税变化类似。当经济出现衰退时,失业率提高,符合救济条件的人数也增多,政府的失业救济及其他福利支出增加,这可以抑制人们收入水平的下降,进而抑制消费需求的下降,从而有助于刺激经济的复苏;反之,当经济繁荣时则有助于抑制总需求的膨胀。

（三）机制三：农产品价格支持制度

政府通常对农产品价格实行补贴或支持。当经济衰退时,农产品价格下跌,政府按支持价格收购农产品,以防止农产品价格的进一步下跌,并增加财政支出,刺激社会总需求的扩大;反之,当经济繁荣时,农产品价格上升,政府将减少农产品的购买并抛售农产品,这样既抑制了农产品价格的进一步上涨,又增加了财政收入,使社会总需求的膨胀得到抑制。

虽然上述机制能在一定程度上对经济进行调节,但是,这种自动稳定器调节经济的作用是有限的。它只能减轻萧条或通货膨胀的程度,并不能改变萧条或通货膨胀的总趋势,只能对财政政策起到自动配合的作用,并不能代替财政政策。

三、财政政策的挤出效应

已知政府购买支出具有乘数效应,即政府支出增加时,国民收入将会成倍地增加。如果加上货币市场的影响,就会发现,政府支出增加在产生乘数效应的同时,还存在挤出效应。

挤出效应的存在使扩张性财政政策刺激经济的作用被减弱。财政政策挤出效应存在的最重要原因就是政府支出增加引起利率上升,而利率上升会引起私人投资与消费减少。分析挤出效应的大小,主要看政府支出增加后所引起的利率上升的大小。如果利率上升高,则挤出效应大,反之,利率上升低,则挤出效应小。

> 挤出效应(crowding-out effect):政府支出增加所引起的私人消费或投资降低的效果。

增税反而促进经济增长?克林顿政府财政政策评析

生活中的经济学　　"国家账本":钱花得怎么样?

2023年,全国一般公共预算收入216 784.37亿元,比上年增长6.4%;全国一般公共预算支出274 573.81亿元,完成预算的98%,增长5.4%。《2023年中国财政政策执行情况报告》显示,2023年财政收入恢复性增长,保持了必要支出力度,全年预算执行情况总体良好。

2024年的政府工作报告提出,积极的财政政策要适度加力、提质增效。这需要多种政策工具有机组合、发挥整体规模效应,其中既包括赤字,也包括地方政府专项债、国债、税费优惠等其他政策工具。按照预算报告,今年将安排全国一般公共预算收入22.4万亿元,增长3.3%;全国一般公共预算支出28.5万亿元,增长4%。赤字率按3%安排。

为什么赤字率是3%?

国际上有一个"3%赤字率警戒线"的说法,很多国家的赤字率在一定时期远远超过3%,有的达到两位数。对中国而言,这些年赤字率一直保持在合理适度的水平,只有在2020年、2021年超过了3%,前些年都是在3%以下。2024年的赤字率按3%安排,既保证了政策连续性与必要支出强度,也有利于增强财政可持续性。

适度加力如何体现?

　　政府工作报告和预算报告明确,今后几年连续发行超长期特别国债,专项用于国家重大战略实施和重点领域安全能力建设,今年先发行 1 万亿元,不计入赤字。同时,今年新增地方政府专项债务限额 3.9 万亿元,比上年增加 1 000 亿元,支持地方加大重大领域补短板力度。此外,中央预算内投资安排 7 000 亿元,比上年增加 200 亿元。

　　作为财政政策"工具箱"中的重要工具,超长期特别国债引发了社会关注。从"超长期"来看,在债券市场上,一般认为发行期限在 10 年以上的利率债为"超长期债券"。相较于普通国债,超长期国债能够缓解中短期偿债压力,"以时间换空间"解决经济发展和地方债务的不平衡。"特别"则强调资金用途,是为特定目标发行的、具有明确用途的国债,资金需要专款专用。超长期特别国债与需要长期投入的重大项目更加匹配,有利于缓解重大项目的资金周转压力,保障项目可持续性。同时,超长期特别国债的资金专项用于支持国家重大战略实施和重点领域安全能力建设,如科技创新、基础设施、生态环境、民生保障等,有利于促进现代化产业体系建设,形成新质生产力。

　　思考题:

　　如何看待国家账本中的财政安排?

第三节　货　币　政　策

生活中的经济学　▶　中国现代货币政策框架的完善

　　党的二十届三中全会提出要"健全宏观经济治理体系",现代中央银行制度是其中的重要内容,而现代货币政策框架正是现代中央银行制度的重要组成部分。央行应该立足服务高质量发展首要任务,加快完善中国特色现代货币政策框架。始终保持货币政策稳健性,充实货币政策工具箱,完善货币政策传导机制,提高资金使用效率,为经济持续回升向好和高质量发展营造良好的货币金融环境。

　　2024 年 6 月 19 日,人民银行行长潘功胜在陆家嘴论坛发表《中国当前的货币政策立场及未来货币政策框架的演进》的演讲。他指出,保持币值稳定,并以此促进经济增长,是法律明确规定我国货币政策的最终目标。首先,为了实现最终目标,货币政策需要关注和调控一些中间变量,主要发达经济体央行以价格型调控为主,而我国采用数量型和价格型调控并行的办法。近年来已淡出量化目标,转为"与名义经济增速基本匹配"等定性描述。随着经济高质量发展和结构转型,实体经济需要的货币信贷增长也在发生变化。货币信贷总量增长速度的变化,实际上是我国经济结构变化,及与此相关联的我国金融供给侧结构变化的反映。因此需要优化货币政策调控的中间变量。

其次，要进一步健全市场化的利率调控机制。央行政策利率的品种还比较多，不同货币政策工具之间的利率关系也比较复杂。未来可考虑明确以央行的某个短期操作利率为主要政策利率，目前，7天期逆回购操作利率已基本承担这个功能。调控短端利率时，中央银行通常还会用利率走廊工具作为辅助，把货币市场利率"框"在一定的区间。目前，我国的利率走廊已初步成形，上廊是常备借贷便利（SLF）利率，下廊是超额存款准备金利率，总体上宽度是比较大的。这有利于充分发挥市场定价的作用，保持足够的弹性和灵活性。

再次，逐步将二级市场国债买卖纳入货币政策工具箱。历史上曾经有一段时间我们主要靠外汇占款被动投放基础货币；2014年以来，随着外汇占款减少，我们发展完善了通过公开市场操作、中期借贷便利等工具主动投放基础货币的机制。随着我国金融市场的快速发展，债券市场的规模和深度逐步提升，把国债买卖纳入货币政策工具箱，将其定位于基础货币投放渠道和流动性管理工具，既有买也有卖，与其他工具综合搭配，共同营造适宜的流动性环境。

最后，健全精准适度的结构性货币政策工具体系。传统意义上，货币政策是总量工具，但结构性货币政策工具作为常规总量工具的有益补充，通过内嵌激励机制，能够以市场化方式引导金融机构优化信贷结构，并注重防范道德风险。

从货币政策框架的完善方向来看，货币政策框架向价格型为主转型契合党的二十届三中全会提出的"必须更好发挥市场机制作用"，能够提高货币政策的传导效率。价格型调控强调市场在金融资源配置中的决定性作用，通过利率变动引导资金流向，促进资金的有效配置，强化市场纪律和风险定价机制。这种机制有助于形成更加灵敏的市场反应，使货币政策能够更快速地传递到经济的各个层面，提高调控的时效性，从而提高货币政策的传导效率。

思考题：

什么是货币政策？货币政策为什么重要？

货币政策犹如一只"大手"，对经济产生着重要影响。货币政策作为国家干预经济活动的基本政策之一，同财政政策一样，分担着宏观经济调控的各种目标。此外，货币政策还有其特殊的政策目标，这就是稳定金融秩序，防止大规模银行倒闭和金融恐慌；稳定利率，防止利率大幅度波动引起经济秩序的混乱。

> **货币政策（monetary policy）：** 国家根据既定经济发展目标，通过中央银行运用其政策工具，调节货币供给量和利率，以影响宏观经济活动水平的政策。

货币政策一般分为扩张性货币政策和紧缩性货币政策。其中，扩张性货币政策是指在经济萧条时，中央银行通过增加货币供给，以期引起利率降低，从而刺激投资和消费，扩大总需求，提高国民收入水平。紧缩性货币政策是指在经济过热、通货膨胀严重时，中央银行通过减少货币供给，以期引起利率提高，从而抑制投资和消费，减缓增长速度，控制物价水平。货币政策的实施及其传导机制如图16-1所示。

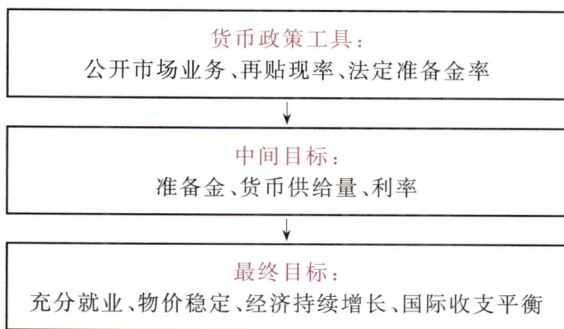

货币政策工具：
公开市场业务、再贴现率、法定准备金率

中间目标：
准备金、货币供给量、利率

最终目标：
充分就业、物价稳定、经济持续增长、国际收支平衡

图 16－1　货币政策传导机制图

货币政策工具是中央银行为了实现货币政策的目标而采用的措施和手段。那么，中央银行采用的政策工具有哪些呢？主要包括公开市场业务、再贴现率和法定准备金率，有人称之为"三板斧"。

一、公开市场业务

公开市场业务是中央银行控制货币供给最重要、最常用的政策工具，也是最灵活的一种政策手段。公开市场业务一般是逆经济风向行事的，若总支出不足因而失业有上涨的趋势时，中央银行在证券市场上买进政府债券，公众将债券收入存入商业银行，将增加银行系统的准备金，并通过货币创造乘数，使货币供给量成倍扩大。与此同时，当在公开市场上买进政府债券时，债券价格因需求扩大而上升，由于债券价格与利率呈反方向变动，因此利率下降，从而促进消费和投资的扩张。反之中央银行则卖出政府债券。

> 公开市场业务（open market operation）：中央银行在证券市场上买进或卖出政府债券，以调节货币供给量和利率，进而调节宏观经济活动水平的政策行为。

公开市场业务有如下优点：第一，中央银行可以通过买卖政府债券，把银行准备金控制在自己期望的规模内；第二，公开市场业务是按照中央银行的意愿主动进行的，不像银行借款，只能鼓励或限制借款，无法控制其数量；第三，起到微调作用的公开市场业务，相对于改变贴现率和法定准备金率而言更为温和，不会引起社会震荡。

美国 QE 政策的实施及退出

二、再贴现率

2020 年 2 月 26 日，央行出台了 5 000 亿元再贷款再贴现专用额度政策专门支持企业复工复产。截至 2020 年 3 月 30 日，地方法人银行累计发放优惠利率贷款包含贴现 2 768 亿元，支持的企业户数（含农户）是 35.14 万户。具体来说，涉农贷款是 552 亿元，加权平均利率 4.38%；普惠小微贷款 1 556 亿元，加权平均利率 4.41%；办理贴现 661 亿元，加权平均利率 3.08%。这几个利率都符合国务院不高于 4.55% 的要求。

> 再贴现率（rediscount rate）：中央银行对商业银行和其他金融机构的贷款或放款利率。

什么是再贴现政策呢?

当银行资金周转困难时,可以用贴现的商业票据向中央银行申请抵押贷款,即再贴现。中央银行一般也是逆经济风向调整再贴现率。当总支出不足因而失业有持续增长的趋势时,央行会降低再贴现率,这将鼓励银行贴现,增加货币供给量,刺激经济扩张。反之则会提高再贴现率。

中央银行的再贴现主要是为了解决商业银行周转资金短缺的问题,而商业银行担心向中央银行再贴现会给人以财务状况不良的印象,况且这种短期周转资金的不足可以通过同业拆借作暂时性弥补,所以,该手段并不常用。使用再贴现率实际上主要是为了发出一种信号,当中央银行下调再贴现率时,就意味着经济将扩张,反之将收缩。

三、法定准备金率

随着 2007 年投资继续过热,通货膨胀加重的经济变化,央行加大上调存款准备金率的力度。2007 年央行共 10 次上调准备金,2008 年年底存款类金融机构人民币存款准备金率达到 17.5% 的历史新高。如此强大的货币政策取得了明显的成效,国内通货膨胀得到明显的遏制,物价回归到合理的水平。存款准备金为何有如此大的威力?

法定准备金率在保证商业银行和其他金融机构日常提款需要的同时,也为中央银行提供了一个最简单而且有力的控制货币供给的政策工具。如需要紧缩货币供给,只要提高法定准备金率,就等于减少了各银行可用于贷款的货币量,从而通过货币创造乘数成倍地缩小货币供给。反之则降低法定准备金率。然而,中央银行一般不愿轻易使用这一政策工具,原因在于,第一,由于变动法定准备金率会影响到所有的金融机构,对银行产生的作用剧烈,容易导致中小银行的破产;第二,银行向中央银行报告它们的准备金和存款状况有一定的时滞,因此准备金率变动要过一定的时间才会发挥作用。

除上述三种主要的政策工具外,货币政策还有一些其他工具,如道义劝告和窗口指导。道义劝告是指中央银行对商业银行发出口头或书面的谈话或声明,劝说商业银行自动遵循中央银行所要求的信贷政策。道义劝告虽不具有法律地位,也不具有行政强制性,但往往被商业银行视为经济形势的可靠信息和不服从中央银行的一种潜在威慑。窗口指导是指中央银行通过劝告和建议来影响商业银行信贷行为的一种温和的、非强制性的货币政策工具,是一种劝谕式的监管手段。

生活中的经济学 ▶ 中美货币政策调控的差异是什么?

中美货币政策调控往往相异。除了经济周期不同步造成中美货币政策方向往往不一致,在货币政策工具运用上,中美两大经济体也各具特点。

我国货币政策运用以调整法定存款准备金率为主,美国则以调节利率为主。我国根据银行规模大小划分了三档存款准备金率,"工农中建交"和邮政储蓄银行六大商业银行实行10.75%的存款准备金率,股份制商业银行、城市商业银行、外资银行和部分规模较大的农村商业银行实行7.75%的存款准备金率,农村信用社、农村合作社、村镇银行、服务县域的农村商业银行实行5%的存款准备金率。

2016年至2024年10月,我国法定存款准备金率调整过20次,均为向下调整(降准)。其中,有8次下调了0.5个百分点,4次下调了1个百分点。而同期我国政策利率(中期借贷便利MLF利率)调整过12次,其中,向上调整(加息)4次,向下调整(降息)6次,每次以调整5到10个基点为主,最多的一次性下调幅度为15个基点。目前1年期MLF利率为2.50%。

相比之下,美国货币政策运用以调节利率为主。自20世纪80年代以来,美联储主要采用调节短期利率(联邦基金利率)来达到就业和通货膨胀的双重任务目标。联邦基金利率,就是商业银行借入或融出准备金的利率。至今,这一利率仍是美联储主要政策工具。2016年以来(截至2023年8月31日),美国政策利率(联邦基金利率)调整过24次,向上调整(加息)19次,向下调整(降息)5次,每次以调整25个基点为主。目前联邦基金利率目标区间为5.0%至5.25%。

我国金融体系的一个重要特征是以间接融资为主,因而商业银行在我国货币政策调控中的作用就更为关键。目前我国商业银行的资本补充途径少、资本压力较大。在此背景下,将商业银行的净息差与利润维持在一定水平,能够有效帮助银行补充核心资本,增强其服务实体经济的能力。

从LPR报价看,2024年7月,1年期LPR为3.35%,5年及以上LPR为3.85%,均已处于2019年8月改革以来的最低值。这体现了目前我国逆周期调控政策中,金融部门向企业部门让利。

2023年上半年,商业银行累计实现净利润1.3万亿元,同比增长2.6%,增速较上年同期下降4.5个百分点。目前我国商业银行净息差处于历史低位。截至2024年6月末,我国商业银行净息差为1.74%,为2010年有统计数据以来的最低值。

相比之下,海外银行在近期连续加息的背景下,净息差已经大幅恢复,美国银行的平均净息差已经达到3.3%以上。净息差高于不良贷款率将是防范银行风险的重要保证。

思考题:

中美货币政策调控的差异会造成什么结果?为什么说我国存款准备金政策的效率相对更高?

第四节　政府是万能的吗

有时候政府的干预反而会弄巧成拙,在经济学上被称为政府失灵。由于宏观经济政策本身具有一定的局限性，从而可能导致难以达到最初设想的效果。那么，其局限性主要体现在哪些方面呢？

一、政策时滞

经济学中有一则"迟钝的猪"的故事：有一天，几个动物要过河，可只有一只船，于是它们商定：每个动物必须讲一个笑话，如果有一个动物没有笑，就把讲笑话的这个动物丢进河里。于是，猴子开始第一个讲，等它讲完后，所有动物都笑了，只有猪没有笑，它们只好把猴子丢进河里；第二个讲笑话的是兔子，它讲完后，所有的动物都笑了，还是只有猪没有笑，它们只有把兔子也丢进河里；第三个讲笑话的是乌龟，等它讲完后，所有的动物都没笑，只有猪笑了。其他的动物觉得很奇怪，就问它笑什么，猪回答说："猴子的笑话好好笑哦！"

该故事可以运用至政策的时滞效应。在弥补市场失灵时，政府往往会对市场进行调节，但等到政策发挥效用却需要较长的时间。那么，究竟什么是政策时滞呢？

政策时滞分为外在时滞和内在时滞。其中，外在时滞是指从政策实施到政策在经济中完全发挥作用或达到预期目标的时间间隔。由于政策实施后首先要影响中间变量，再由中间变量影响到目标变量，这都需要一个时间过程。例如，减税实施后首先影响到可支配收入（中间变量），然后才能影响到消费和投资进而影响到国民收入（目标变量）。内在时滞是指从经济中发生了引起不稳定的变动直至决策者制订出适当的经济政策并付诸实施的时间间隔。其中包括：第一，从经济中发生了引起不稳定的变动直到决策者认识到有必要采取某种政策的认识时滞；第二，从有必要采取某种政策到实际作出决策的决策时滞；第三，从作出决策到政策付诸实施的实施时滞。各种政策时滞包含的阶段如图 16-2 所示。

> **政策时滞**（policy hysteresis）：任何政策，从政策的提出，到开始推行，再到它在经济中达到预期的目标，这中间会有一定的时间差，这个时间差便称为政策时滞。

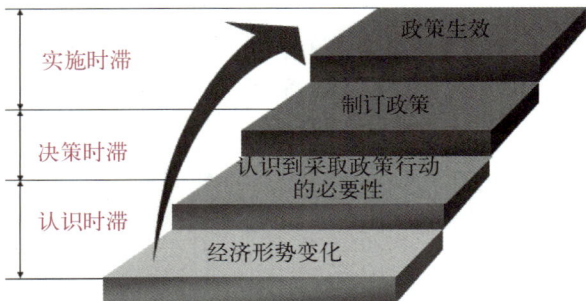

图 16-2　政策时滞

各种宏观经济政策的时滞因政策本身的性质而存在较大的差别。一般来讲，财政政策从决策、议会批准到实施，需要很多的中间环节，因而内在时滞较长，但其作用较直接,见效快,外在时滞较短;相反,货币政策由于是中央银行直接决定的,所经中间环节少,因而其内在时滞较短,但其作用较为间接,外在时滞较长。虽然从主观上来讲,可以尽量地缩短政策的时滞,但时滞的某些方面是客观存在的。因此在决策时,一定要充分考虑各种政策的时滞,以免政策无法达到预期的目标。

即时思考:请举例说明现实生活中的政策时滞。

二、严重萧条时货币政策无能为力

当经济出现严重萧条时,人们对经济前景的信心异常低下。这时,即使是采取非常宽松的货币政策,即以低微的利息率提供大量的贷款,此时企业仍然可能不愿意投资,而消费者仍然不愿意增加消费。正所谓:"你可以把马牵到溪流中,但不能强迫它喝水"。有的西方学者把这种货币政策无能为力的情况比喻为"牛马用缰绳来推车",意思是说:用紧缩性的货币政策来制止通货膨胀相当于牛马通过缰绳来拉车,这种方法当然是有效的,但是,如果反过来,用缰绳推车前进,即相当于采用扩张性的货币政策走出萧条状态,这显然是难以办到的。

三、政治经济周期

政治经济周期是指尽管政策正确而适时,但官员们却有可能由于利己的政治考虑而不予执行。在西方,政治官员们最关心的是能在竞选中取胜,因此,他们对经济政策的执行往往以能否有利于竞选取胜为前提,而不以能否对人民真正有利为前提。这样,在他当选以后的一段时期,由于照顾党派或与己有关的利益,他可以容忍对经济表现不利的政策,从而导致经济发展迟缓,因为他可以把责任推给上一届的当权者。然而,当他快要面临再度竞选连任时,则必须迅速执行有利于经济的政策,使它呈现出蓬勃发展的面貌。如此交替循环,形成下降和上升的周期。例如,在总统大选前夕,尽管经济中已经出现通货膨胀,但任内的总统为了连任,一般不会采取紧缩性的宏观经济政策,因为那样会导致失业增加、经济萧条,从而对他当选带来不利的影响。

市场机制所牵涉的为数众多的变量和因素使财政政策和货币政策所能运用的有限手段难以奏效。市场机制是复杂多变的,而与此同时,财政政策和货币政策可以运用的手段,如税收、政府支出、公开市场业务、再贴现率、准备金率的改变等,又是为数有限的。要想以如此之少的手段来控制如此复杂多变的市场机制的运行,其效果显然难以达到设想的程度。

四、政策目标之间的矛盾

(一)充分就业与经济增长的矛盾

经济增长与充分就业虽然有一致的方面,即经济增长会提供更多的就业岗位和就业机会,但两者也存在矛盾的一面,经济增长会不断推动技术进步,这会引起资本对劳动的替代,从而相对地缩小了对劳动的需求,导致部分人员失业。

（二）充分就业与物价稳定的矛盾

为了实现充分就业,需要运用扩张性的财政政策和货币政策,而财政赤字的增加和货币供给量的增加会引起通货膨胀。

（三）经济增长与物价稳定的矛盾

在经济增长过程中常常会伴随着通货膨胀,而过高的通货膨胀又会阻碍经济的进一步增长。

（四）充分就业与国际收支平衡的矛盾

充分就业会引起国民收入增加,而在边际进口倾向既定的情况下,这又会引起进口增加,从而导致国际收支状况恶化。

上述矛盾要求政策的制订者要么是确定重点政策目标,依主次顺序决定先采取什么政策,再采用什么政策;要么是设法对这些政策目标进行协调,以便使宏观经济政策达到的效果最大。

本 讲 小 结

1. 宏观经济政策的目标包括充分就业、价格稳定、经济持续增长和国际收支平衡。

2. 财政政策是指政府根据既定的经济发展目标,通过财政收入、财政支出和公债的变动,以影响宏观经济活动水平的经济政策。财政政策分为扩张性财政政策和紧缩性财政政策。

3. 财政政策具有自动调节国民经济的功能,其自动稳定的调节机制是通过累进税制度、政府转移支付制度和农产品价格支持制度三方面来实现的。

4. 货币政策是指国家根据既定的经济发展目标,通过中央银行运用其政策工具,调节货币供给量和利率,以影响宏观经济活动水平的政策。货币政策一般分为扩张性货币政策和紧缩性货币政策。

5. 货币政策工具是中央银行为了实现货币政策的目标而采用的措施和手段,主要包括:公开市场业务、再贴现率和法定准备金率。

思考及运用

1. 如果经济处于衰退时期,政府特别关心富人在近年蒙受的损失,那么,政府更喜欢采用什么政策工具来刺激经济?

2. 出于各种原因,当产量和就业波动时,财政政策会自动发生变化:

(1) 为什么当经济进入衰退时税收收入会变动?

(2) 为什么当经济进入衰退时政府支出会变动?

主要参考文献

［1］ 曼昆. 经济学基础［M］.8 版.梁小民,梁砾,译.北京：北京大学出版社,2022.

［2］ 萨缪尔森,诺德豪斯. 经济学［M］.19 版.萧琛,译.北京：商务印书馆,2013.

［3］ 克鲁格曼,韦尔斯.克鲁格曼经济学原理［M］.4 版.赵英军,译.北京：中国人民大学出版社,2018.

［4］ 斯蒂格利茨,沃尔什. 经济学［M］.4 版.北京：中国人民大学出版社,2013.

［5］ 范里安.微观经济学现代观点［M］.9 版.费方城,朱保华,译.上海：格致出版社,2015.

［6］ 平狄克,鲁宾费尔德.微观经济学［M］.9 版.北京：中国人民大学出版社,2020.

［7］ 曼昆.宏观经济学［M］.10 版.卢远瞩,译.北京：中国人民大学出版社,2020.

［8］ 萨缪尔森,诺德豪斯.宏观经济学［M］.19 版.于健,译.北京：人民邮电出版社,2012.

［9］ 高鸿业.西方经济学(微观部分)［M］.8 版.北京：中国人民大学出版社,2021.

［10］ 高鸿业.西方经济学(宏观部分)［M］.8 版.北京：中国人民大学出版社,2021.

［11］ 梁小民.西方经济学基础教程［M］.3 版.北京：北京大学出版社,2014.

［12］ 黎诣远.西方经济学(宏观经济学)［M］.3 版.北京：高等教育出版社,2008.

［13］ 叶德磊.微观经济学［M］.5 版.北京：高等教育出版社,2019.

［14］ 叶德磊.宏观经济学［M］.4 版.北京：高等教育出版社,2019.

教师教学资源服务指南

关注微信公众号"**高教财经教学研究**",可浏览云书展了解最新经管教材信息、申请样书、下载课件、下载试卷、观看师资培训课程和直播录像等。

课件及资源下载

电脑端进入公众号点击导航栏中的"教学服务",点击子菜单中的"资源下载",或浏览器输入网址链接http://101.35.126.6/,注册登录后可搜索相应资源并下载。

样书申请及培训课程

点击导航栏中的"教学服务",点击子菜单中的"云书展",了解最新教材信息及申请样书。

点击导航栏中的"教师培训",点击子菜单中的"培训课程"即可观看教师培训课程和"名师谈教学与科研直播讲堂"的录像。

| 在线直播 |
| 培训课程 |
| 会议预告 |
| + |

| ⌨ | ◦ 教师培训 | ◦ 教学服务 | ◦ 教材样章 |

| 云书展 |
| 免费样书 |
| 资源下载 |
| 经管目录 |
| 免费试卷 |

| ⌨ | ◦ 教师培训 | ◦ 教学服务 | ◦ 教材样章 |

联系我们

联系电话:(021)56718921   高教社经济类教师交流QQ群:247459712